那一方土地,
那祖辈辈讲给我们的故事,
我们不该忘记。

放缓脚步,
去故事里闻一闻乡土气息,
重拾遗失的美好记忆。

中国民间文艺家协会　组织编写
总主编/罗杨　本卷主编/段忠民

云南 大理

剑川卷

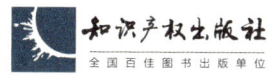

《中国民间故事丛书》总编委会

总　顾　问 | 冯骥才
总　主　编 | 罗　杨
副总主编 | 周燕屏
执行总主编 | 王润贵　刘德伟

《中国民间故事丛书》云南省编委会

顾　　问 | 赵廷光　张文勋　杨知勇　李缵绪　刘辉豪
名誉主编 | 郑　明　黄映玲　左玉堂
主　　编 | 杨利先
副 主 编 | 张福三　王明达　王四代　杨海涛　罗新元
　　　　　段炳昌　唐似亮　殷海涛　钱　勇　普学旺
编　　委 | （以姓氏笔画为序）
　　　　　王四代　刘　怡　张亚平　普学旺　李　昆
　　　　　杨羊就　杨利先　杨甫旺　杨海涛　昂自明
　　　　　罗新元　段炳昌　唐似亮　殷海涛　钱　勇
　　　　　龚正嘉　谢道辛

《中国民间故事丛书》大理白族自治州编委会

总 顾 问 | 顾伯平　赵立雄
顾　　问 | 赵济舟　黄永华　杨宴君
主　　编 | 赵寅松　施珍华
编　　委 | （以姓氏笔画为序）
　　　　　王丽珠　严春华　刘纯洁　李　公　李文波
　　　　　李洪文　李玫仙　张　昭　张云霞　杨义龙
　　　　　杨伟民　杨建伟　周绍忠　赵　才　菡　芳
　　　　　章虹宇　谢道辛

《中国民间故事丛书》剑川县编委会

总 顾 问 | 张　学　王以志
顾　　问 | 张宗全　刘　洪　段忠民　王　洪　李劲松
　　　　　尹福舟　刘丹霞
主　　编 | 段忠民
编　　委 | （以姓氏笔画为序）
　　　　　张印铭　张　笑　陈瑞鸿　张　文　陆家瑞
　　　　　羊雪芳
摄　　影 | 张　笑

↗ 金华山
→ 石宝山山门
↓ 剑湖

中国民间故事丛书·云南大理 剑川卷

← 海云居
↓ 石宝山

→ 红砂石大王
↓ 剑川古城

中国民间故事丛书 云南大理 剑川卷

← 甘露观音
↓ 赵式铭故居

↗ 墨斗山
→ 赵藩故居
↘ 南诏王

← 石钟
↓ 老君山

↗ 金龙河
→ 永丰河
↓ 老君山

中国民间故事丛书 云南大理 剑川卷

↖ 老艺人
← 石龙霸王鞭
↓ 白王碑

→ 宝相寺
↓ 石宝山歌会

中国民间故事丛书 云南大理 剑川卷

← 木雕金花
↓ 《中国民间故事丛书》剑川县编委会成员

人类不能没有故事（序一）
罗 杨

故事，是人类对历史的记忆，它记叙和传播着社会的文化传统与价值观念，引导着社会性格的形成，构建着社会的文化形态。具有五千年文明底蕴的古老中国，是一个充满故事的国度，有着悠久的讲故事的传统。那些"夸父逐日""嫦娥奔月""精卫填海""愚公移山"等神奇的故事，至今仍散发着迷人的魅力，澎湃着感人的生命张力。作为先人创造和遗留下来的宝贵文化财富，民间故事中充满了民族的智慧和生命的记忆，它传承了朴素的文化血脉，是民族文化得以认同的载体。

我们每个人都是听着故事长大的。那些爷爷奶奶、爸爸妈妈讲给孩子们的故事，对于生命尊严的守护和价值观的养成，甚至比上学读书带来的影响力还要绵久和强大。民间故事中蕴含着的历史文化、理想信仰、价值观念、情感道德、生活知识等丰富内容，具有精神娱乐、知识传播和教化启蒙三重作用，不仅给人以知识和智慧，也给人以启迪和力量；不仅传播着社会价值理念，也构建着美好的精神家园。

纵观中华民族的文明文化史，我们的祖先讲着"女娲补天"的故事，开创了华夏民族的创世纪元；伟大领袖毛泽东讲着脍炙人口的故事"愚公移山"，带领中国人民推翻了三座大山；改革开放大潮中，我们又讲着春天的故事，跨入了豪迈的新时代。一个有故事的人生是辉煌的人生，一个有故事的民族是充满希望的民族。故事，始终伴随着我们的民族走向成熟，也伴随着我们的国家走向强大。

伟大的民族不能没有故事，强大的国家不能没有故事，复兴的时代不能没有故事。那些美妙动人的民间故事，在世代的传承中，已经内化为我们的民族精神，融入中华儿女的品格中。然而，在文明更迭、社会转型的年代，很多优秀的民间故事正面临着失传的危险。把祖先留下的精神遗产抢救下来、保存下来，完整地交给后人，是几代民间文艺工作者的责任和使命。为此，中国民间文艺家协会把对民间故事的抢救和传承作为一项长期工作延续了半个多世纪，并将《中国民间故事丛书》列入中国民间文化遗产抢救工程重点项目，常抓不懈。

除了中国，哪个国家还能有如此丰富的故事，并有如此众多的故事传承人和听众！作为一种民间文学样式和娱乐方式，民间故事或许会被人们冷落，但我相信，作为中华文明的血脉，民间文化的基因始终流淌在亿万人民的血液里，它的根不会断。

人类没有故事将会平淡无奇，世界没有故事将会索然无味。随着社会发展和文明进步，我们越来越需要倾听那些本真的、自然的，充满着文化多样性魅力的故事。让我们把祖祖辈辈流传下来的美好故事世世代代地讲下去，让中国的崭新故事向人类倾诉更多的精彩。

2014年4月
（作者系中国民间文艺家协会分党组书记，驻会副主席）

大理山茶别样红（序二）
杨亮才　赵寅松

《中国民间故事丛书·云南大理卷》（包括12个县市卷）的编纂工作，在中国民间文艺家协会、云南省民间文艺家协会和大理州委、州政府的领导和支持下，经该州各地文化部门及民间文艺工作者的共同努力，已如期完成，即将由知识产权出版社出版。这是继"三套集成"之后的又一重大文化工程。它的编纂出版，无疑对于我国目前正在进行的抢救、保护民间文化遗产，弘扬祖国文化和进行社会主义精神文明建设，都将产生深远的历史影响。

一

大理白族自治州位于云南西部。它东连楚雄彝族自治州，南与思茅、临沧地区毗邻，西接保山市和怒江傈僳族自治州，北与丽江市接壤。总面积达29459平方公里。山地面积占总面积的83.7%，坝区仅占16.3%。全州境内有108个大小盆地（当地叫坝子），是人口主要聚居区和农业耕作区。

大理大部分为纵谷区，属横断山脉南端。地势呈南北走向，西北高，东南低。境内最高山为剑川西部的雪邦山，海拔4295.3米，最低点是云龙县怒江边的红旗坝，海拔724米。金沙江、澜沧江、怒江、红河（元江）穿境而过，160多条大小河流遍布全州。境内湖泊主要有洱海、剑湖、茈碧湖、西湖、海西海、青海湖、草海、天池等。

大理地区山脉属云岭山脉和怒山山脉。著名的苍山十九峰将全州切割为东西两部不同的地理环境。西部是崇山峻岭，高山峡谷，东部则地势平缓开阔。大理名山不少，除著名的点苍山外，还有罗坪山、雪邦山、老君山、无量山、哀牢山、鸡足山、马鞍山、天马山、石宝山等。

苍山，又名熊山，白语叫"极造赛"，意为老熊出没的地方。这里由于气候适宜，雨量充沛，很适合于植物生长。据有关部门统计，森林中高等植物类，仅大理苍山上就有182种之多。云南八大名花山茶花、杜鹃花、玉兰花、报春花、百合花、龙胆花、兰花、绿绒蒿，苍山上都有生长，尤以山茶为最。大理是山茶的故乡，素有"云南山茶甲天下，大理山茶甲云南"之誉。

在这块广袤、富饶、美丽的土地上，1956年11月22日，成立了大理白族自治州。自治州现辖12个县、市，即大理市、洱源县、云龙县、剑川县、鹤庆县、宾川县、弥渡县、祥云县、永平县、漾濞彝族自治县、巍山彝族回族自治县、南涧彝族自治县。自治州首府设在大理市。大理市距省会昆明398公里，是国道214线及320线的交汇点。大理自古以来既是滇西政治、经济、文化中心，也是滇西的交通中心。新中国成立以来，大理的交通事业有了飞速的发展。如今被当地群众称为"铁公鸡（机）"的广（通）大（理）铁路，楚（雄）大、大丽（江）、大保（山）高速公路、大理机场均已全线开通，大大地缩短了祖国边陲大理与内地的距离，大大促进了大理地区工农业、文化以及旅游事业的发展，这是上世纪末和本世纪初大理交通史上的一件大事。

大理白族自治州是一个以白族为主体的少数民族自治州。全州现有人口326.09万（1999年年末），其中少数民族人口160.5万人，占人口总数的49.22%。少数民族人口中白族108.5万人，占总人口的33.27%，大理州内汉族不少，占自治州人口的半数左右。人们喜欢把少数民族称为兄弟民族，这不无道理。

因为很多民族的创世神话，都说各民族是一母所生的亲兄弟。居住在大理的各民族，历来都友好相处。今天，大理各族人民在党的民族政策的光辉照耀下，"秉苍山洱海之神韵，承南诏大理之荣光"，更加团结和睦，同心协力，共同建设自己的美好家园。

二

大理是祖国西南边陲开发较早的地区之一。据考证，远在4000多年前，大理地区就有人类居住。自20世纪30年代以来，在以洱海为中心的200多公里范围内，已经发现或发掘出新石器、金石和青铜器遗址近百处，其中以白羊村文化遗址、大理佛顶、马龙等文化遗址、剑川海门口文化遗址、祥云大波那文化遗址等最为典型。在白羊村遗址出土文物516件，除大量手制陶器和部分石器外，还有猪、狗、牛、羊以及其他野兽的骨、角、牙器和蚌器等，屋基内还有稻作文化遗存。这说明，洱海地区的居民当时已开始经营农业，并已形成定居的村落。经测定，白羊村遗址距今约4000年，相当于夏王朝的早期。海门口遗址出土文物近1000件，其中陶器最多，而且还有制陶工具。陶器中有不少陶网坠，还出土有铜钓钩，说明这里居民以捕鱼为业。同时出土有麻石制作的工具。海门口遗址距今约3200年，相当于夏王朝晚期。海门口的铜石并用文化是洱海区域的新发展。大波那出土一具以楠木为外椁的铜棺，随葬品90多件，绝大多数是青铜器，其中有锄、锛、矛、剑、钺、尊、杯、勺、斧、匕、杖等器物，有鼓、钟、葫芦笙等乐器，还有房屋、牛、马、羊、猪、鸡的模型和其他饰物。该墓葬距今约2400年，相当于战国中期。这些文化遗存表明，在很早以前，大理各族先民就已在以洱海为中心的这片辽阔的土地上繁衍生息，他们一步步从新石器时代走向铜石并用时代，再走向青铜时代，他们通过自己的智慧和辛勤劳动，共同创造了大理的历史和文化，创造了洱海文明。

大理一向被称为"亚洲文化十字路口的古都"。所谓十字路口，是说著名的"南方丝绸之路"与"茶马古道"在这里交汇，使大理成为连接东南亚、南亚的重要交通枢纽。"南方丝绸之路"又称"蜀身毒道"，是一条从四川经大理通往印度及中亚的民间商道。从成都到大理的路线实际上有两条。一条称灵关道，也称西路，是从成都经雅安、西昌、盐源、会理、大姚到大理；另一条称五尺道，也称东路，是从成都经乐山、宜宾、昭通、曲靖、昆明、楚雄到大理。而从大理经永平、保山、腾冲到缅甸、印度一段称博南道。大理刚好在灵关道、五尺道和博南道的交汇点上。

所谓茶马古道，是滇川藏进行商业贸易和文化交流的通道。它是以大理为中心往东经楚雄到昆明，再到内地；往南经巍山到茶叶主产区云县、凤庆及普洱、思茅等地；往西经保山到缅甸，再到东南亚诸国；往北经丽江、中甸到西藏，再到印度、不丹、尼泊尔诸国。在这条古道上，大理各族先民们早在两千年前就已做着马匹、茶叶、药材和皮毛的生意了。

据文献记载，早在先秦时期，大理地区已出现了以从事农业生产为主的部落，而且有了君长，出现了不同的族称，如僰、叟、昆明、嶲、白蛮、乌蛮等，大理的多民族性此时已初步形成。

西汉元封二年（前109年），汉武帝发巴蜀兵征云南，滇王投降，汉武帝以其故地置益州郡，下辖24县，大都在云南境内，郡治在滇池县（今晋宁）。从此洱海地区便完全置于中央王朝直接管辖之下。

东汉时期，为了加强对洱海地区的统治，东汉王朝将益州郡中的不韦（今施甸）、嶲唐（今云龙西南）、比苏（今云龙）、楪榆（今大理）、邪龙（今巍山）、云南（今祥云）划出，加上新设置的哀牢（今腾冲）、博南（今永平）二县，置永昌郡，治所在不韦（今保山东北）。永昌郡地域广大，史称"东西三千里，南北四千六百里"。它除包括今天的整个大理白族自治州外，还包括保山、德宏、西双版纳和临沧的部分地区。

三国时期，诸葛亮平定南中（今云南贵州一带，史称南中），进一步推行郡县制。建兴三年（225年），从益州郡中划出弄栋（今姚安），从永昌郡中划出楪榆（今大理）、邪龙、云南三县，从越嶲郡中划出遂久（今丽江）、姑复（今永胜）、青蛉（今姚安）三县，合七县设立新郡——云南郡，郡治云南（今祥云县境）。

隋末唐初，天下大乱，云南大部分部落支离，各据一方。此时洱海地区有蒙嶲诏（今漾濞）、邓赕诏（今洱源邓川）、浪穹诏（今洱源）、施浪诏（今洱源东北）、越析诏（今宾川）、蒙舍诏（今巍山），先后崛起，史称"六诏"。蒙舍诏因地处南部，又称南诏。唐开元二十五年（737年），南诏在唐王朝的支持下，征服了其他五诏，统一了洱海地区，建立了南诏国。先建都太和城（今大理太和村），后迁都羊苴咩城（今大理古城）。南诏共传13代王，历时165年。

乾宁四年（897年），权臣郑买嗣杀死南诏王隆舜，后又杀死隆舜子舜化贞及南诏王室800人于五华楼下，夺取了南诏政权，建立了大长和国。天成二年（927年），权臣杨干贞又杀死郑买嗣之孙郑隆亶，灭大长和国，立赵善政为王，建立大天兴国。10个月后，杨干贞又废赵善政，自立为王，改国号为大义宁国。

后晋天福二年（937年），"白蛮"段思平联合滇东"三十七部蛮"进军大理，推翻了大义宁国，建立了大理国，定都羊苴咩城。大理国共传22代，历时316年。

元宪宗三年（1253年），元世祖忽必烈率10万大军，分三路进攻大理，忽亲率中军，"革囊渡江"，攻破大理，国相高祥被杀，国王段兴智逃至押赤城（今昆明）。翌年（1254年），城破，段兴智被俘，大理国遂亡。六年（1256年），元宪宗蒙哥赦免大理国王段兴智，封他为"摩诃罗嵯"（大王）称号，并授予管理大理各部的权力，俗称大理总管。终元之世，段氏世袭大理总管，传11世。

明洪武十四年（1381年），朱元璋以傅友德为统帅，蓝玉、沐英为副帅，调集30万大军征讨云南，很快攻占昆明、大理。梁王自杀，大理总管段明兄弟被俘。明军攻下大理后，实行改土归流，废除世袭土官，在大理地区设置大理、鹤庆、蒙化（今巍山）府。

清顺治十六年（1659年），清军兵不血刃，进入昆明。清军占领云南后，仍沿用明朝建制，大理地区分属大理府、丽江府、永昌府和蒙化厅。大理府为迤西道治所、云南提督驻地。

清咸丰六年（1856年），在滇西爆发了以回族杜文秀为首的各民族起义。起义军很快攻占了大理。杜文秀做了总统兵马大元帅，在大理建立了元帅府，势力扩大到了滇中、滇西50多个县，大理政权存在达18年之久。

宣统三年（1911年），武昌起义成功，各省纷纷响应。10月30日（农历九月初九），云南人民在昆明举行"重九起义"，随后在昆明五华山成立"大汉云南军政府"（大中华国云南军政府）。云南军政府成立后，改迤西道为滇西道，后为腾越道。民国十八年（1929年）废除道制，实行省县两级制，大理地区设置祥云、弥渡、宾川、凤仪、蒙化、大理、永平、云龙、漾濞、邓川、洱源、剑川、鹤庆13个县。

大理地区的历史变迁和地理沿革大致如此。

三

大理是一个美丽神奇的地方。提起云南大理，人们并不陌生。以产大理石和山茶花闻名的点苍山，峰岚岩岫，气象万千。19个山峰，由北向南，像一座天然的屏风，矗立在洱海边上。18条溪水从山顶倾泻而下，像一条条闪光的银链，悬挂在山峰之间。山顶上，古木参天，萦云戴雪，四时不消。山上冰天雪地，山下温暖如春。

苍山对面的洱海，湖水碧蓝，酷似大海。极目眺望，由南至北，浩渺汪洋，烟波无际；从西向东，纤细秀美，形如新月。巍峨的苍山与柔美的洱海相映衬，构成了一个令人遐想的神话世界。

大理好就好在她山水相依。在我国所有的高原城市中，恐怕也没有能与大理相比的风光。在这里山和水都凸现了它们的极致，互相依偎，互相衬托。可以这样设想，如果大理只有山而没有水，那么无论苍山怎么高峻，他也如同一位单身的俊男，虽俊但未免感到寂寞；如果大理只有水而没有山，那么尽管洱海多么清蓝，她也只像一位单身的美女，虽美但毕竟感到孤单。大理真是天作之合，有山有水，山水相依，阴阳调和，刚柔并济，真是再美不过了。

大理的美就美在自然景观与人文景观兼而有之。一个地方，如只有自然景观，而无人文景观，就如同一位未曾受过教育的村姑，打扮得很漂亮，但没有气质，人虽美却不耐看。这种美是不完全的美。大理得天独厚。老天赋予大理的美是完全的美。既有自然之美，又有人文之美，二者可谓相得益彰，使人看了心旷神怡。

大理，一幅美丽的风景画。

大理，一部厚重的历史书。

大理是风花雪月之城。风花雪月原是曲牌名称，但把它用在大理的生态环境上，是再合适不过了。所谓风即下关风，花即上关花，雪即苍山雪，月即洱海月。当地民谣："身披下关风，脚踏苍山雪，早看上关花，晚观洱海月。"下关风猛如虎。它从苍山与哀牢山之间呼啸而来，至下关天生桥峡谷口，风势便由下往上窜，出现了一些奇异的自然景象。下关一年四季风吹不断，故有风城之名。上关花是指上关有棵奇花——十里香树，花大如莲，其果黑而坚硬，可作朝珠，故又名朝珠树。《大理府志》载："花树高六丈，其质似桂，其花白，每朵十二瓣，应十二月，逢闰年则多一瓣，欲以神仙遗种。"今此花已不见，但上关花的传说却一直流传下来。苍山，即点苍山。苍山雪是指苍山顶上一年四季不化的积雪。洱海，又名昆明池，古称榆泽。因湖状如耳，故名洱海。每逢农历十五之夜，泛舟洱海，仿佛见到洱海月在上空，天上月掉进海中。苍洱风光千变万化，构成了"下关风大、上关花艳、苍山雪莹、洱海月明"四大奇景。此外，大理的苍山玉带云，望夫云，花甸坝，蝴蝶泉，天生桥，还有宾川的鸡足山，云龙的三江并流天池风景区，洱源的清源洞、鸟吊山和九气台热水城，剑川的三江并流老君山自然保护区等，也都很美、很有名。

从人文景观看，大理更是一颗熠熠生辉的明珠。由于大理曾是古南诏、大理国建都的千年都城，因而留下了许多文物古迹。最著名的有大理崇圣寺三塔、蛇骨塔、太和城遗址、南诏德化碑、元世祖平云南碑、剑川石宝山石窟、弥渡南诏铁柱、大理古城、巍山古城、喜洲白族民居建筑群以及万人冢、段功墓、杜文秀墓等，都是闻名遐迩的名胜古迹。

大理的美就美在人与自然的和谐。当你走进大理白族村落的时候，就会深深地感受到这一点。

一棵大青树，一堵彩绘照壁，一座戏楼，就是一个白族村落的村口。

那盘根错节、枝叶茂盛的大青树，仿佛记下了村落的漫长岁月与民俗；它的浓荫至今还在庇佑着村落子民的安宁，难怪当地人把它称作"风水树"。

照壁设计也独具匠心。"壁"就是"避"。这有两层意思，一是不让村里的"风水"外泄；二是不让外面邪气进村来。所以在大理地区，不仅村口有照壁，就是宅第和寺庙中，也能常常看到。

不少村子都有戏台，每逢重大节日，如春节、本主会等，村民们都要在此举办各种演出活动，娱人娱神。

在大理地区，最惹人注目的，莫过于白族民居建筑了。走进大理，给人的第一个印象就是村落整齐、美观。白族是一个尚白的民族，不仅服装喜用白色，墙壁、照壁，也多为白色粉墙。当你走在用卵石铺成的街巷里，淡淡的花香扑面而来；路旁是一条清澈见底的小河，苍山上的雪水就是沿着这条河流遍全村。这就是人们通常说的"街街流水、户户养花"了。两旁的房屋，其结构、布局、造型大抵与北京四合院相同。不同处是北京不太注意照壁和门楼，而大理白族则十分注重门楼和照壁的装饰。在当地，一正两厢带照壁的宅院称"三坊一照壁"，四坊围合，有四个小天井和一中心庭院的称"四合五天井""走马转阁楼"；由一个"三坊一照壁"和"四合五天井"组成的两进宅第，称作"六合同春"。大理民居建筑多用石头砌成，远远望去，一色的白墙青瓦、耀人眼目。民谣云："大理有三宝，石头打墙不会倒……"大理以风景优美著称，大理人民很会利用自然条件来营造自己的住房，人工建筑与自然风景往往融为一体，互为映衬。

大理白族民居建筑中，喜洲白族民居最受关注。2001年，喜洲白族民居建筑群已被国务院列为国家重点文物保护单位。

据记载，远在13世纪，"亚洲文化十字路口的古都"大理，是当时世界

14个大城市之一，名列世界第十三、中国第二（当时我国在国内外影响最大的城市有二，一是宋都开封，名列第二，二是大理国国都大理，名列第十三）。

　　1982年3月大理被国务院公布为第一批全国（24个）历史文化名城之一；同年12月，大理又被国务院公布为第一批（44个）国家级重点风景名胜区之一；1994年，巍山古城被国务院公布为第三批全国历史文化名城；2004年，大理又获中国最佳魅力城市的殊荣。剑川三江并流老君山自然保护区、云龙三江并流天池风景区，已被联合国教科文组织列入世界自然文化遗产名录。如今大理地区拥有国家级重点文物保护单位6处，省级重点文物保护单位33处，可供游览的景点达130多个。

　　一个地方有如此多的优美的自然风光，如此悠久的历史文化和如此浓郁的民族风情，这在其他地方是很少的。

　　大理的湖光山色就是天下最醇香的美酒，不饮自醉。大理本身就是一首最美的诗。杨奇鲲走了，"风里浪花吹又白，雨中山色洗还清"的诗还在；杨渊海走了，"蝴蝶梦残滇海月，杜鹃啼破点苍春"的诗还在；邓子龙走了，"唯有苍山公道雪，年年披白吊忠魂"的诗还在；杨桂楼走了，他创作的咏苍洱胜境的《山花碑》却永存天地间……

四

　　美丽而富于变化的大理自然景色，成为大理人民幻想的一个源泉。苍山洱海之间每年旧历冬腊月出现的风暴，产生了著名的传说《望夫云》；周城一年一度的蝴蝶会，产生了同样著名的《蝴蝶泉》传说；罗坪山上每年中秋前后有候鸟迁徙，产生了著名的《鸟吊山》传说；下关四季不停的大风，苍山上终年不化的白雪，洱海湖面上迷人的月光，上关常年不败的花朵，都产生了各自的优美传说。可见大理优美的自然环境，对大理人民的思想感情、对他们所创作的传说故事，都有不小的影响。

　　大理山茶别样红。大理的民间传说故事，如同大理的山茶花一样，见风就长，遍布苍山洱海、大街小巷，俯拾皆是，且常开不败，别具特色。

　　一个地区的民间传说是这一地区人民经年累月口传下来的精神食粮，大理也不例外。大理的民间传说主要也是靠口头流传。大理称讲故事为"讲古本"。这种"讲古本"的形式今天还有。大理地区历来重视民间传说的收集、记录、整理工作。从新中国成立初期就开始收集，至今不断。其中规模比较大的有四次：

1956年秋，中国科学院文学研究所组织民间文学调查组，由毛星带队，成员有李星华、孙剑冰、刘超、陶阳等，对大理地区的民间文学进行了第一次调查采录；

1958年，中共云南省委组织了以云南大学为主的大理民间文学调查队，由张文勋带队，深入大理、洱源、剑川等县，对大理地区民间文学进行了第二次调查采录；

1980年，云南民族文学研究所、云南省民间文艺研究会组成联合调查组，对大理地区的民间文学进行了第三次调查采录；

1984~1988年，大理白族自治州民间文学集成办公室组织各县集成办，对大理地区的民间文学进行了第四次拉网式的调查采录。

这四次调查、采录成果都很大，为后来大理地区的民间文化抢救、保护工程奠定了坚实的基础。

大理的民间故事源远流长，内容丰富。它包括神话、传说、故事、笑话等。它充分表现了大理地区悠久的历史文化传统和大理的"一地风情"，有浓厚的民族特色和地方特色。

在大理民间传说故事中风物传说特别多，特别丰富，如前所述，这可能与大理的优美的自然环境有关。《望夫云》《蝴蝶泉》《蛇骨塔》《辘角庄》《火烧松明楼》《鸟吊山》《牧笛》《大理石和玉带云》《感通寺》《三月街》《绕三灵》等都属于这一类。

其次是龙的故事。在大理地区，尤其是洱海周围地区，龙的故事特别多，流传也很广。主要作品有《九隆神话》《雕龙记》《掷珠记》《浪穹龙王》《小黄龙与大黑龙》《玉白菜》《金猪窜三海》《龙母神话》《金鸡和黑龙》《大官与恶龙》《牧童与龙女》等，收集到的已有100多篇。大理民间故事中，龙的故事之所以如此之多，是与大理一带水多有关系。古代，大理各族先民居住的地方，大小河流纵横，湖泊沼泽密布。水给人们带来了幸福，也给人们带来灾难。古代人的观念是有水就有龙，龙主水。于是就有很多龙的故事产生。在龙的故事中，有好龙，也有恶龙。好龙普施雨露，造福人类；恶龙兴风作浪，危害人民。于是又有好龙与恶龙斗争的故事产生，而且又通常是好龙战胜恶龙。这反映了古代大理各族人民同自然做斗争和战胜自然的理想和愿望。

再次是本主故事。本主是白族崇奉的保护神。白族本主故事是大理民间故事中特色最浓的故事。主要作品有《大黑天神》《白崖王子》《红沙石大王》《石宝大王》《沙漠大王》《段赤城》《猎神杜朝选》《柏洁夫人》《九坛神》《药神孟优》《太阳神》《黄牛本主》《金沙圣母三姐妹》《海神姑娘》《南诏始祖细奴逻》《段思平开创大理国》《中央本主段宗牓》等。

本主故事，生活气息很浓。他们有父母、兄弟、姐妹、爱人，甚至情人。有嗜好和忌讳，有男女的欲望。如大理喜洲本主九坛神，在人们求雨时，被邀去赴宴，竟然醉倒，至天明，无法回到神坛。大理河涘村本主娶了村里一个美女做妻子。鹤庆东山本主与民间妇女私通，被人捉住，还穿错一只鞋子，所以他现在是一只脚穿着靴子，另一只脚穿着绣花鞋。还有一个本主，他有一个情人，他要经常和她幽会，所以本主庙的东墙总是倒塌。人们多次修，多次倒，总修不好，因为这位本主要从这里进出偷情。故事多有意思，在至高无上的神坛里，竟然出现此等事，这哪是神呵！

在这些本主故事中，人与神往往交织在一起。在白族人民心目中，本主也是人，是和自己生活在一起的。他们把本主看作神，具有超人的力量；又把本主看作人，他有优点，有值得颂扬之处，但也有缺点错误，甚至卑劣行为（除男女关系外还有偷盗的本主）。人们可以歌颂本主，也可以批评、讥讽和嘲笑本主。

再是木匠故事。剑川是有名的木匠之乡，木雕工艺十分发达。工匠之多，盖过全滇。因而在剑川一带，木匠故事特别多。具有代表性的作品有《拉木经和压木经》《木马进水一分三》《师傅带徒弟》《黄贡爷吹仓仓》《二七一两三》《木匠翰林》《鲁班传木经》等。这些故事大都是传授生产知识和经验的，它多方面地形象地反映了木匠艺人的生活。

　　人物故事也比较突出。明建文皇帝朱允炆，明谪迁大理的成都人杨升庵，本地文人杨桂楼、艾自修等都有许多故事在民间流传。特别是段功和杜文秀的故事，令人荡气回肠。段功是大理第九代总管，著名的《孔雀胆》就是演绎着他与梁王之女阿禨公主之间真实的阴谋与爱情的故事，可歌可泣，是真正意义上的爱情悲剧。

　　杜文秀也是一个值得歌颂的人物。清咸丰年间，他领导着大理各族人民起义，反对腐败的清政府，建立了大理政权。但最后还是失败了。当清军兵临大理城下的时候，他知道大势已去，回天无术，表示愿意用自己的生命去换取全城数万民众的安全。他义无反顾地带领着他的108位家眷集体服下孔雀胆，演出了又一幕惊天地泣鬼神的孔雀胆故事。

　　此外还有历史故事、民俗故事、地名故事、生活故事等。

　　著名民间文学家李星华1956年来大理采风后说："大理山川名胜，旖旎宜人，凡是到过那里的人，都会为它的胜境所陶醉。苍山十九峰，像一幅天然的彩屏，紧紧环抱着洱海，著名的'风、花、雪、月'四大奇景都蕴藏着最优美的传说，大理白族地区是神话的海洋，在大理，几乎一山一水、一草一木都有传说。"

　　其他各民族的民间故事也同样像白族一样绚丽多姿，收入本书各卷中的各民族民间故事充分展示了这一现象，相信读者开卷后会获得许多美的享受。

　　民间文化遗产是一个民族情感的重要载体，是民俗风情的结晶，是普通百姓代代相传的文化财富。在当前现代化发展的狂潮中，民间文化面临灭顶之灾。为了保护这些不可再生的文化遗产，中国民间文艺家协会发起了抢救收集、编辑整理出版《中国民间故事丛书》这一功在当代、泽被深远的文化工程。大理州民间文化工作者无不欢欣鼓舞。作为民间文学蕴藏十分丰富的大理地区，古往今来，许多有识之士，以"衣带渐宽终不悔"的奉献精神，做了大量工作。据不完全统计，全州各民族民间故事有2500多个，其中1949年以来已出版的各县故事书45本，共541万字，除去反复选用的300多个故事，也有200多万字，为这次故事书的编选，奠定了基础。加上此次广泛深入调查，又有200多个故事发掘出来，基本查清了全州各民族民间故事的现存家底，有效地抢救和保护了这一批民间文化遗产。

需要说明的是，对这项工作，中共大理州委、州人民政府十分重视。州委书记顾伯平、州长赵立雄欣然出任顾问，分管的州委副书记赵济舟、副州长杨宴君听取了汇报后，都表示大力支持并指示按中国民间文艺家协会的要求把工作做好。各县、市党政领导都给予了大力支持和配合，各县、市委宣传部、文体局更是积极参与。尤其是直接参与这项工作的民间文学工作者更是筚路蓝缕，查资料、下基层、调查收集、编辑整理，付出了艰辛的劳动。他们中有毕生耕耘在民间文学园地的老民间文学工作者施珍华、菡芳、章虹宇、李洪文、张昭、王丽珠、谢道辛等，也有热爱民间文学的新秀，如李文波、杨义龙、赵才、杨伟民等。大家不计报酬，乐于奉献，从而保证了大理州各县、市卷的顺利完稿。本书各卷送到北京后，民间文学专家陶阳、刘魁立、段宝林、王一之、陶立璠、黄泊沧、关艳如、金茂年、冯志华、门书文、王锦强都拨冗分别进行了审阅，并提出了宝贵意见。

在此，我们向所有支持、参与这一文化工程的人们表示衷心的感谢。同时，也向倡导这一文化工程，并自始至终指导这一工程顺利实施的中国民间文艺家协会主席冯骥才先生、副主席白庚胜先生致以崇高的敬意和衷心的感谢！

2005年8月

中国民间故事丛书
云南大理·剑川卷 | 目录 |

神 话

003 寻找光明（白族）
006 日月从哪儿来（白族）
008 龙兄龙弟（白族）
010 东瓜佬与西瓜姥（白族）
011 稻子树（白族）

传 说

风物习俗传说

017 石宝山（白族）
019 石钟山（白族）
021 石钟寺（白族）
022 宝相寺（白族）
023 海云居茶树（白族）
024 飞来佛（白族）
025 甲子寺（白族）
026 给石宝山龙治病（白族）
027 沙溪老奶和石钟寺（白族）
028 金鸡和石牛（白族）
029 愁面观音（白族）
030 "波斯国人"（白族）
030 象头神（白族）
031 剖腹观音（白族）
032 石宝山歌会（白族）
034 海东娘娘（白族）
040 三公主（白族）
042 三兄弟（白族）
043 墨斗山（白族）
044 青姑娘节（白族）
046 绕海会（白族）

龙 的 传 说

- 048　桃子镇黑龙（白族）
- 049　龙鱼（白族）
- 051　小金龙借碗（白族）
- 052　墨斗山独眼龙（白族）
- 054　牧童与龙女（白族）
- 056　王老渔和龙三妹（白族）
- 057　观音老母卖干黄鳝（白族）

本 主 传 说

- 059　红沙石大王（白族）
- 060　大黑天神（白族）
- 062　石母（白族）
- 063　告城隍（白族）
- 065　本主吃肉又喝汤（白族）
- 066　本主山神一起供（白族）
- 068　老奶奶救本主（白族）
- 069　药王爷和琉璃兽（白族）
- 073　避沙珠（白族）

史 事 传 说

- 076　桃园三结义（白族）
- 077　诸葛洗马池（白族）
- 078　诸葛菜（白族）
- 079　割豆母子（白族）
- 080　白蟒围营（白族）

故 事

幻 想 故 事

- 087　珠虚壶（白族）
- 094　万能锅（白族）
- 096　燕语井（白族）
- 099　荨麻与艾蒿（白族）
- 101　牛虎斗（白族）
- 101　不怕虎只怕漏（白族）

103　棕树为什么年年被剥皮（白族）
104　乌鸦和山鸡（白族）
106　乌鸦和喜鹊（白族）
107　狗搭豹子做生意（白族）
108　小鸡报仇（白族）
109　大帽子改小帽子（白族）
110　没有瘿袋挂葫芦（白族）
111　牛为何帮人耕地（白族）
112　无雀之乡水子坪（白族）

生活故事

114　盐神（白族）
118　茯苓（白族）
119　郊边牧笛（白族）
123　芦管（白族）
124　两个赶马人（白族）
129　双眼桥（白族）
130　老汉告状（白族）
131　血染柿树
132　吴先爷吃豆腐渣（白族）
133　剑湖武术师（白族）
135　段育

地名故事

142　剑川（白族）
143　永丰河（白族）
144　金场（白族）
145　墨斗山　金龙河　化龙村（白族）
147　落财洞
148　备马场和格子箐（白族）
149　砍叉山（白族）
150　三棵桩
151　水古楼
152　羊子头坡（白族）
153　姜家登
154　观音老母山（白族）
154　李家土锅塘（白族）

木匠故事

157　木神（白族）
159　张班去了鲁班来（白族）
160　杨木匠出门（白族）
162　木匠不做升斗（白族）
163　巧取白银五十两（白族）
164　吾展务标（白族）

165	锯子的来历（白族）	178	木马浸水一分三（白族）
166	弯木头　直木匠（白族）	180	二七一两三（白族）
167	公榫母榫（白族）	181	"拉木经"和"压木经"（白族）
168	门拐子拐出磨心轴（白族）	185	唱曲传艺（白族）
169	"巴掌"的来历（白族）	187	杨山神的飞角（白族）
170	木马三只脚（白族）	188	木匠翰林
171	将错就错一尺三	191	哑人告状（白族）
172	鲁班传《木经》（白族）	194	李四维告御状（白族）
176	篾圈圈和小木槌（白族）	197	鸿雁带书（白族）

文人故事

201　杨升庵的故事（白族）
　　粉笔题诗玉署郎
　　狮子关
　　不明不白来　糊里糊涂去（白族）
　　茶花寺对句（白族）
　　邋遢道士（白族）
　　"捉半风"和"访双月"
　　石牛诗
　　千古绝唱
211　杨栋朝的故事（白族）
213　段九章散京墨（白族）
215　杨作舟的戏台联（白族）
216　王兆的故事（白族）
　　读书桥
　　一句话提醒梦中人
　　夜过响水关
　　作对联
　　新爷太子
　　城隍庙写匾
　　关帝庙对联
221　赵藩的故事（白族）
　　"滇中老猴"
　　"章疯子"与"赵病翁"
　　麻纸还比宣纸贵
　　黄昏过钓台
　　一张年画
　　震惊翰林院
　　赵藩候"官"（白族）
　　杀鸡献刀计（白族）
　　赵青天审柜子（白族）
228　赵式铭的故事
　　让他三尺又何妨（白族）
　　巧题挽联（白族）

笑 话

233　贾云唱乡戏（白族）
234　巧媳妇（白族）
235　艾玉故事（白族）
　　　打大白鸡
　　　换马
236　偷酒（白族）
237　该谁先吃（白族）
238　欧阳鹦哥（白族）
238　不爱做（白族）
240　早上属鸡　晚上属鸭（白族）
241　两公婆
242　偏心灯（白族）
243　公修公得　婆修婆得（白族）
243　阿哥县太爷（白族）
245　吹亏子

中国民间故事丛书

云南 大理

剑川卷 神话

寻找光明（白族）

讲述：曹长路 白族
记录：罗栋 白族
1980 年采录于剑川兰州

从前，有三兄弟在高山上挖地。他们每天都从山下带一大葫芦水来喝。挖地时，他们就把葫芦挂在一棵老梅树上。

一天，天气挺热，一葫芦水很快就要喝完了。三兄弟只好节省着喝。先是老大来喝，他见一条四脚蛇趴在葫芦口上，张大嘴想喝水。他感到讨厌，就把四脚蛇甩掉。老二来喝水，又见四脚蛇张大嘴趴在葫芦上，又把它甩掉，还砸了它一石头。最后，轮到老三来喝水，他见四脚蛇拖着一条受伤的腿，趴在葫芦口上，张着干裂的大嘴十分可怜。老三就把蛇轻轻地放在地上，还倒了一碗水给它。四脚蛇一下子就把一碗水喝光了。老三又倒了一碗给它，它又一口气喝光了。最后，老三一点水也没喝，全给了四脚蛇。

四脚蛇喝完了水，抬起头来对老三说：

"难为①您了，好心人！我并不是来向您讨水喝，而是来试一试您的心肠好不好。您真是好心人啊！"

"你是蛇还是人？怎么讲起话来了？"老三惊讶地问道。

"我不是蛇，也不是人，是天上的仙女。"

"你怎么来到这里呢？"

"因为我羡慕人间的生活，就偷偷地跑到凡间来了。不料，我被阴暗魔王骗走。它用霜绳雪链把我拴在阴山下阴箐中的阴暗洞里。"

"现在你不是出来了吗？"

"现在出来的是我的魂魄。我的真身还在阴暗洞里。好心人，请您救救我吧！"

"我怎么救你呢？"老三问。

"在山那边的松林中，有一匹白色的骏马。只要您骑上它，它就能把您带到阴暗洞中找我。那时，我会告诉您怎样救我。"

---

① 难为：白语，谢谢之意。

"好，我去给两位哥哥说一声，就去救你。"老三答应了它的请求。

四脚蛇见老三答应了，在地上打了个滚就不见了。

老三急忙去告诉哥哥。大哥说："自家的荞子还没有收，哪个还管得了别家的麦子熟不熟。莫管那些闲事，挖山地撒燕麦要紧！"

老二一听到有个仙女，心就痒了。他催老三说：

"大哥不去，我俩去。哪个先把仙女救了出来，就把她给哪个做媳妇。"

老二说完后，就拉着老三往山后的松树林里跑。在那里，他们真的看见有一匹大白马。老二丢下老三，跳上马背，飞奔而去。老三也不泄气，跟在白马后边紧追。

老三追到阴山下的阴箐旁，只见阴山黑沉沉的，山上山下白雪皑皑、冰凌悬挂。阴箐里黑咕隆咚，深不见底，怪鸟怪兽怪叫乱吼。老二再也不敢进箐，急忙下马。老三不顾一切，翻身上了白马，白马就带着他飞进阴箐里去了。老二在箐边等了好半天不见出来，暗暗庆幸自己没有进阴暗箐里去。老三一去几年不见出来，人人都以为他已经死了，把他忘记了。

白马带着老三在阴暗箐里跑了很久，来到一个山洞边。山洞阴森森的，蝙蝠在洞口乱飞，大小蛇出出进进。白马到洞口一滚就不见了，老三只得走着进去。走着走着，便来到一座宫殿前，这宫殿全是怪石和冰凌结成的，寒气逼人，阴森可怕。他走进石殿门，见一个美丽的姑娘被铁链拴在石柱子上。姑娘一见他，急忙呼救道：

"好心人，快救救我！"

老三边应边急忙上前去解她的链子，那链子又粗又大，解不开。他正想搬石头砸，姑娘急忙止住道：

"好心人，你千万莫砸！这里是阴暗魔王的宫殿，阴暗魔王现在睡着了，你一砸就会震醒他，他一醒你就没命了！"

"那怎么办？"老三急忙问。

"你就是砸了链子，我俩也跑不出阴山、阴箐、阴暗洞，你要救我的唯一办法，就是顺着洞进去，走一程就会看见两条路，左边的是去光明世界，右边的是去黑暗世界，你到光明世界去找光明神，向他要来一颗光明的珠子，这地方就能彻底毁灭，我也才能出得去……"

刚说到这里，只听魔宫深处一声巨响，那姑娘急忙喊道：

"你快跑！阴暗魔王醒来了！"

老三拔腿就往洞里跑，当阴暗魔王出来一看，见仙女十分惊慌，魔洞里有跑动的声音，它急忙一面吼，一面追，一直追到大路岔口，它因为害怕光明，又不见老三的人影，只得转回来拷问仙女，仙女只字不吐，魔王没法，只得罢休。

老三在慌乱之中跑错了路，跑到黑暗世界里来。在黑暗世界里，到处是雪山冰河，住着很多受苦人，他们一年四季见不到太阳，只能围在火塘边。老三一到这里，这里的人民对他非常热情，他向他们打听去光明世界的路，他们都说不知道。他们还告诉老三，来到这里就出不去了，老三没法，只得住下来。

老三在黑暗世界住了不知多少年月，深感黑暗世界人民的苦难，为了救出仙女，为了使受苦的人民得到光明，他下决心找到去光明世界的道路。他走遍了多少村寨，访遍了成千上万的人。最后才知道，在黑暗世界里，有一座最高最高的山，山上有一棵最高最大的松树，树上有一只最老最老的鹰，它知道去光明世界的路。

老三就到了最高最高的山上，果然见到一棵最高最大的松树，这棵松树，树尖直插在黑云中，树身要二十个人才能围得过来。他开始爬树，一连爬了七天才爬到树尖。果然树尖有一个大老鹰窝，里面住着一个会说话的老鹰。老三问老鹰到光明世界去的路，老鹰说：

"你要到光明世界去做什么？"

"我要去光明世界寻找光明，救出受难的仙女，救出黑暗世界里受苦的人民。"老鹰沉默了很久，才慢慢地说：

"到光明世界去的路是有的，只是不容易去，会把命也丢掉的。"

"只要能寻找到光明，我就是粉身碎骨也不怕！"老三坚定地说。

"那好！我在这个地方修炼了一千年，就是想带人们到光明世界去。现在，我飞到光明世界的本事还非常勉强，准备再修炼五百年，既然你寻找光明的心这么切，我也只能舍命帮助你了！"

老三非常感激老鹰。老鹰告诉他，光明世界在九重天上，要去，得准备九块腊肉。老三告辞了老鹰，下山来讨九块腊肉。黑暗世界的人听说老三找到了去光明世界的道路，非常高兴，把自己多年舍不得吃的腊肉都拿来送给老三，并要求老三，找到光明后，一定来救他们出黑暗世界。

老三讨足了九块腊肉，又爬到这座最高山上的最高树上来找老鹰，老鹰说：

"我带你飞吧。你骑在我的背上，我每飞一重天你就给我吃一块腊肉，一定不要忘记，一定！"

老三拿出一块腊肉让老鹰吃了，然后，爬到老鹰的背上，老鹰就带着老三向九重天飞去。

一路上，老三听从老鹰的嘱咐，飞一重天给它吃一块腊肉。飞到第九层时，肉没有了。他们来时把肉算少了一块，还要一块才能飞出九重天，老鹰支持不住了，喘着气拼命地喊：

"快给我肉吃！我一点力气都没有了，不赶快吃块肉我就支持不住了，那我俩就要从这九重天上掉下去！"

老三心里十分着急，答应道："我马上给你！我马上给。"可是，又到哪里去找这块肉呢？老鹰又叫起来，老三急得抓耳挠腮。忽然他一拍大腿，说道："有了！"他拔出刀子，把自己大腿上的肉大大地割了一块喂给老鹰。老鹰在筋疲力尽之中见肉就吃，也顾不上是什么肉，吃了肉以后，用尽最后一点力气，把老三带到了光明世界，便累死了。老三一到光明世界，他腿上割去的肉马上就长出来了，他看到老鹰累死了，抱着它放声大哭。

光明世界是一片多么繁荣的景象啊！这里一年四季都是收获的金秋，山清水秀，阳光灿烂，没有严冬，没有黑夜，田野里庄稼金黄，所有的树上果实累累，家家户户都是一样的富足，村村寨寨都是一样的美好，牛羊成群，鸡鸭满厩，粮食满仓，处处是欢歌笑语，喜气洋洋。

光明世界的人听到老三的哭声，都急忙上前来问候。老三便把他的经历告诉他们，他们热情地领他去找光明神，光明神知道他寻找光明如此地百折不挠，就把自己的光明珠给了他。

老三拿回来光明珠，阴暗洞一见光明，冰消雪化；阴暗魔王一见光明，顿时变为一潭黑水；阴箐一见光明，寒气浓霜一扫而光；阴山一见光明，黑云飘散，冰雪融化。黑暗世界一片光明，风和日暖。没有了阴山、阴箐、阴暗洞、阴暗魔王、黑暗世界，仙女也从魔掌下解救出来，与老三结为夫妻。

老三领着仙女回到山村，已是世间三年后了。见他突然回来，还找来了光明，寨子里的男女老少，都为他欢呼庆贺。

日月从哪儿来（白族）

讲述：施美祥　女　白族　80岁
记录：瑞鸿　瑞林　乐夫　白族
1981年8月采录于剑川沙溪北龙村

古辈子的人传下来说：那时候，我们这里没有太阳，也没有月亮，只有像撒满芝麻一样的星星，昏暗昏暗的。

青石山脚，老栗树底有间茅草屋，住着母子两人。他俩燕麦、荞子作饭食，棕皮蓑衣当被窝，扎实寒苦。

儿子大了，可是地方上没处求学，所以没有多大本事。他妈决计叫他出门去求师。临走时，儿子哭着说："阿姆，我出去学着点本事，日子好过了，就来接你去养老享福。要是我日子好过不来接你，就叫五条牛把我拉成五段好了。"

儿子走了，割了心头一块肉，老妈妈哭了三天，想了三年。儿子呢？去了三年，影信无踪，他妈的心头像被针尖尖扎着一样疼。

他妈咬咬牙，披上破蓑衣，揣上木钵碗，拄着藤子拐杖，一路走，一路讨饭吃，去寻找儿子的下落。

走啊，走啊，走了好多路，来到一座高山脚下。忽见山顶上慢慢落下两面火镜一样的东西；细细看，原来是一位头发雪白的老奶奶，两手各托一个圆饼。白发奶奶过来对她说："好心的侄女哪！你去找儿子是不是？"老妈妈点点头。白发奶奶又说："你肚子饿了吧？我把这两个粑粑送给你，不过，你今天不能吃，明天也不能吃，往后都不要吃，要留起来，到遇上大灾难的时候再拿出来。那时候，大家就有好处了。"老妈妈接过粑粑，装在衣兜里，谢过白发奶奶，继续赶路。

从那天起，老妈妈走起路来，不渴，不饿，也不累；吃饭也得，不吃也得。两个粑粑明明在肚皮之外，咋个肚皮里面也不饿呢？真是太奇怪了。

老妈妈走着，想着，不知不觉来到了一座大都城里。那里有斗大的天灯，比家乡明亮得多。老妈妈终于探听到了儿子的下落。原来，儿子学得一身本事，在都城大王下面当上大官了。有人告诉她："喏！那边敲着羊皮鼓，吹着牛角号，一伙武士拥护着往这边来的，就是你那个宝贝儿子。"

老妈妈喜欢得心口直跳，迎上前去认儿子。谁料想，儿子在高头大马上说："我从小就没有妈妈。瞎了狗眼的老乞婆冒认官亲，给我赶了出去！"那些武士一推，就把老妈妈推倒，跌到桥下深沟里去了。就在这个时候，大天灯熄灭了，又是一片灰蒙蒙的，昼夜不分。

老妈妈在沟里喊叫，一个壮实汉子听见了，拾起那根藤子拐杖，伸进沟里，一把将老妈妈拖了上来。随后，又将老妈妈背到自己家里。

那汉子把老人背回家，他媳妇出来，听到老人这么可怜，赶快给老人换了一身干净衣服，把那件装着两个粑粑的破衣晾在一垛矮墙上。后来，夫妻两人将老妈妈认作了亲阿妈,把她奉养起来。

自那天以后,任你点多少把明子,天灯再也点不着了,天再也没有亮过。都城大王急了,贴出告示说:"谁能给天下带来光亮,我宁愿把王位让给他。"

老妈妈听说这事,想起那位白发奶奶嘱咐的话,就同儿媳妇去找那件换下来的破衣。因为这几天连着下雨,矮墙淋倒了,破衣被埋在土里。婆媳俩摸黑扒开泥土,好不容易找到了衣服。也真怪,衣服露出一角,天就亮了一角;衣服全扒出来,天就全亮了。老妈妈捞出一个饼,这个饼就飞到天东面去了,发出耀眼的光。老妈妈捞出另一个饼,另一个饼又飞到天的西面去了,发出明晃晃的光。人们把第一个饼叫作太阳,把第二个饼叫作月亮。从此,我们这里才有了白天和黑夜。太阳照一回是一日,月亮圆一回是一个月。

白天、黑夜都有了亮光,人们咋不高兴?都城大王来请老妈妈替换他去做王。可是,老妈妈不愿做王。都城大王又请她干儿子去做王,她也说不做。都城大王就问她为什么不做。老妈妈说:"做了大官会变心,做了大王还不更要祸害人!"

都城大王听了她的话,很奇怪,便又问她究竟为什么,后来才知道老妈妈的亲儿子做了官,不认阿妈的事,就叫人牵来五条公牛,分别用麻索拴住她儿子的手脚和脖子,然后点起一尊大炮,"嘭"的一声响,五条公牛吓得各自奔逃。老妈妈的亲儿子,就这样落得个"五牛分尸"的下场。

有人说,后来每年八月十五中秋节,人们要做"日月饼",供奉日月,拜谢老妈妈,缘由在此。

龙兄龙弟(白族)

采录:段鸿胜　剑民　白族
1980年采录于剑川沙溪

相传很久以前,沙溪是一片汪洋,周围的山林里散居着白家人。这里的百姓原来在坝子里居住,他们整天辛勤地劳动,开垦出一片片良田。可是他们经常遭灾,田地被洪水淹没,片片良田变成汪洋大海,人们只得逃到高山密林里居住。

为什么洪水淹没了田地呢？原来坝子里有一个水潭，深不见底。潭里有两条龙，人们把它们称为龙兄、龙弟。龙兄长得很丑，性子很暴，作恶多端。常常兴风作浪，使洪水暴发，淹没房屋、庄稼，把坝子变成了水乡。于是人们只得携儿带女逃到山上居住。龙弟与龙兄心地不同，它一心想为百姓办点好事，使大家过上幸福的日子。它对龙兄的所作所为非常气愤，可惜龙弟年纪还小，心有余而力不足，只得把愤恨之情暗暗地埋在心里。

　　有一天，龙弟到山脚陆地上游玩，一见眼前的荒凉情景，心里更加悲痛，不禁流下了泪水。它回家后，愤慨地问龙兄："哥哥！你把良田变成水海，残害百姓，到底安的什么心？难道你忘记了父亲生前的嘱咐，要在世上堂堂正正地生活，为民造福！"可是龙弟的话被龙兄当成耳边风，它想弟弟也教训起自己来，真是岂有此理！于是大吼一声，咬牙切齿地说："小子也教训起长子，真是胆大包天！"龙兄命令手下虾兵蟹将痛打龙弟。这些兵将不愿与龙弟作对。打时，高起轻落，只装出打的样子。龙兄以为龙弟被打得动不得了，笑得扭断肠子撑破肚。还教训龙弟道："你还敢说我不是吗？"龙弟说："我不是教训你，而只为维护我们龙族的声誉。"龙兄听后，气得脸一阵黑一阵白，抽出宝剑要杀龙弟。正在万分危急之时，虾兵蟹将们挥刀迎战，群起而攻之，把龙兄的宝剑打落在地。龙兄见众叛亲离，使出自己的绝招，张开血口想吞吃众兵将。龙弟高声呼叫："快投兵器！快投兵器！"于是，虾兵蟹将们都把大刀长矛投入龙兄口中，痛得它嗷嗷直叫。龙兄寡不敌众，只得逃往他方。它一边奔跑，一边喷出毒汁，妄图把清水都污染成毒水，残害生灵。龙弟把自己的生死置之度外，奋不顾身地吞食了龙兄喷出的毒汁。

　　龙弟的愿望终于实现了。它每天不停地吞水，沙漠坝子恢复了本来的样子，又成了平坝。人们纷纷从山上搬下来住，重新开垦出片片良田来，过上了安居乐业的日子。龙弟没有死，它还是住在原来的那个水潭里，还经常变成一个穿漂白衣裳的小伙子，帮助人们做事情呢。为纪念龙弟，从此，人们把这个潭子叫"白龙潭"，把附近的村子叫"白龙村"，还塑了龙弟的像。

　　龙兄逃到西山隐居。它见弟弟如此被人敬重，心里很后悔。后来它变成一座弯弯的山峰，就是灯塔村后的花塔山。花塔山上的玉泉寺山谷就像龙口，从龙口里吐出一股长流不息的清水。人们说，这就是龙兄后悔的泪。

东瓜佬与西瓜姥（白族）

采录：杨松泉 白族
1980年采录于剑川桑岭村
流传地区：剑川县

在剑川白族口语中，有这样一种说法：问小娃娃"你爹在家吗"时，不直接说"爹"字，而说成"'东瓜佬'在家吗？"为什么用"东瓜佬"代表"爹"呢？这有一段故事。

相传在很久很久以前，剑川坝子里还没有人类，山上长满了树，坝子里长满了草。

有一天，东山上长出一蓬瓜。这东山是紫土青石山，瓜长在紫土上，瓜藤是紫红的，结了一个瓜也是紫红的。同一个时候，西山上也长了一蓬瓜。西山是白土麻布石山，瓜长在白土上，瓜藤也是白的，结了一个瓜也是白色的。这两个瓜越长越大。

不知过了多少年月，两个大瓜成熟了。各自从瓜藤上脱落，滚到坝子里来。东山滚下的紫瓜中走出一个小伙子，脸色紫红，非常英俊。西山滚落下的白瓜中走出一个小姑娘，脸色粉白，十分漂亮。这样，剑川才有了人类。

小伙子和小姑娘在坝子中心碰在一起，两人交谈起来。他们都没有名字，小伙子就叫小姑娘"西瓜姑娘"，小姑娘就称小伙子"东瓜小伙"。

那时候，野兽很多，东瓜小伙和西瓜姑娘在坝子里搭了个窝棚，一起盘庄稼。晚上，东瓜小伙睡在窝棚里火塘的东边，西瓜姑娘睡在火塘西边。第二天早上起来，不知怎么，两人却睡在一起了，每晚都是这样。西瓜姑娘非常害羞，东瓜小伙也很不好意思。怎么办呢？他们以为这是天神和地神安排的。在一天晚上，他们俩拜了天神和地神，请月亮做媒，结为夫妇。后来结婚的夫妻，要一拜天地二拜月佬，这规矩就是从这儿兴下来的。

东瓜小伙和西瓜姑娘做了夫妻后，养儿育女，成家立业。东瓜小伙每天下地盘田，西瓜姑娘在家烧火煮饭。吃饭时候，姑娘打发娃娃去叫男人回来吃饭，就说："去叫你'东瓜佬'回来吃饭。"东瓜小伙从地里采回野果子来，叫娃娃送给妻子，就说："把这几个果子送给你'西瓜姥'尝尝。"

"东瓜佬""西瓜姥"的叫法就这样流传下来。只是到了后来，"西瓜姥"这句话叫的人少了，"东瓜佬"这个叫法，人们到现在还照样用着呢。

稻子树（白族）

采录：陆家瑞 白族
1980年采录于剑川城

你以为开天辟地的时候，人们就会盘庄稼了么？不是哩。那时候，人们靠打猎、捉鱼、采野果子讨生活。盘庄稼是田公地母那时开始的。他们才是五谷之神。

田公和地母是一对夫妻，他们住在叫白赕①的地方。田公上山打猎，下河捉鱼，地母采集野果子，老两口忙忙碌碌，饥一顿，饱一餐，养活三个儿子。

有一天，田公去打猎。他刚刚爬到高山顶上，忽然嗅到一股香气，很好闻，又提神，闻着闻着肚子就饱了。田公十分奇怪，就向香气飘来的地方走去。他走了三天，宿了三夜，翻过九架大山，下了九个山箐，来到一个坝子里，看见很多人骑着大象，赶着野牛、野马、野猪，给一棵棵大树浇水、翻土、施肥、除草。那大树上结满了吊桶一样大的果子，香气就是从果子里飘出来的。

田公十分惊奇，呆呆地看着。一位白胡子大爹笑呵呵地说："田公田公，你细端详，七十二行，庄稼最强。劳动果实，请你尝尝。"

白胡子爷爷说完一招手，树上的果子"嗖"地飞到田公的手里。田公剥开果子，里面的果肉哪，白生生的，水灵灵的；吃起来，香喷喷的，甜蜜蜜的，连点渣渣也没有。田公只吃了半个，就直打饱嗝。

田公心想：要是白赕也种上这种树，那该多好。他向白胡子爷爷请教。白胡子爷爷告诉他：这种树叫稻子树，种稻子要勤松土，勤浇水，勤施肥，勤除草，要不怕劳累，要吃得起苦。

虽说种稻子要受苦，又这么麻烦，可是田公不怕。他决心把稻种带回去，就向白胡子爷爷讨稻种。白胡子爷爷摇摇头说："怕你受不起苦。你来时，空身路近，三天三夜就到了；现在回去负重路远，爬山过箐非要走九天九夜不可。"

田公说："我不怕。就走九天九夜，请把稻种给我吧。"

---

① 白赕：白语，即平坝、甸的意思。段氏大理国时，赕又指地方行政区域。

白胡子爷爷说:"路上还有很多鸟兽要来夺稻种。"
田公说:"我是个猎人,我有办法对付各种鸟兽。"
"金虎银豹来了怎么办?"
"我有弩弓毒箭。"
"铜牛铁马来了怎么办?"
"我有绳子皮鞭。"
"黑熊灰狼来了怎么办?"
"挖陷阱,埋地弩。"
"土狗石猫来了怎么办?"
"残汤剩饭喂它们。"
"草獐斑鹿来了怎么办?"
"长刀砍,棒子打。"
"山羊绵羊来了怎么办?"
"割青草,喂盐巴。"
"麻雀紫燕来了怎么办?"
"竹竿打,草人吓。"
"黄鸡白鸭来了怎么办?"
"鸭捉脖子鸡提腿。"
白胡子爷爷还不放心,又问:"这九天九夜饥不得食哪?"
"勒勒腰带熬。"
"这九天九夜渴不得饮哪?"
"舔舔嘴唇过。"

白胡子爷爷见田公决心这么大,就采了三颗稻种,在田公的耳边悄悄地嘱咐了一句话,就打发田公回白赕了。

田公背起稻种,翻了九架大山,下了九个山箐,一路上和鸟兽搏斗。射死了金虎银豹,打死了黑熊灰狼,撵跑了草獐斑鹿,赶飞了麻雀紫燕,驯服了铜牛、铁马、土狗、石猫、山羊、绵羊、黄鸡、白鸭,到了第九天,终于回到了白赕地方。

田公回来刚把稻子树的事告诉地母,就口吐鲜血,昏了过去。地母见这光景,放声大哭。田公的三个儿子也扑到田公的身上哭起来。

田公听到哭声,醒了过来,嘱咐三个儿子,好好盘庄稼,种好稻子树,又凑在地母的耳边悄悄地讲了白胡子爷爷嘱咐的那句话,就死了。

田公死后，地母就带领三个儿子种稻。地母疼爱儿子，什么重活都自己去干。她用石头片做成锄头，用弯木棒做成犁头，还请铜牛、铁马来帮忙。稻子出芽了，稻子长大了，稻子结果了，可是地母由于劳累过度，也累得吐血死了。地母临死前，将三个儿子叫到跟前，又把白胡子爷爷嘱咐的那句话，在每个儿子的耳边悄悄地说了一遍。把三棵稻子树分给三个弟兄，一个人管理一棵。

可是地母死后，三个儿子把白胡子爷爷嘱咐的话，全不放在心上，天天蒙头睡大觉。铜牛、铁马吵不醒他们，石猫、土狗叫不醒他们；直到黄鸡请来太阳公公，照花了他们的眼睛，他们才揉揉眼睛起了床。

老大走到他的稻子树下，只见土板了，水枯了，草生了，稻子树就要死了。他拔了草，可来不及浇水、松土。这样，他的稻子树就变成了后来的高粱。

老二来到他的稻子树下，只见土板了，水枯了，草生了，稻子树就要死了。他顾了浇水，可来不及松土、除草。这样，他的稻子树就变成了后来的稻子。

老三最后出来，眼看他的那棵稻子要死了，来不及松土，来不及浇水，也来不及除草，只是东抓抓，西摸摸，不知干什么好。这样，他的稻子树就变成了后来的稗子。

白胡子爷爷嘱咐的是哪句话呢？他说的是："为人不勤劳，好苗变成草；只要下功夫，稻子长成树。"

中国民间故事丛书

云南 大理

剑川卷 傳說

风物习俗传说

石宝山（白族）

讲述：张剑忠 白族
记录：杨美清
1980年采录于剑川沙溪

剑川县沙溪公社有座石宝山，距县城二十八公里，是南诏、大理国时代的石窟，那里除了悬崖上的庙宇石窟外，还有个巨大的钟，是红砂石的，形似古钟，不是人工斧凿，非常神奇，因而那个寺庙就叫石钟寺。

这座山原来叫金钟山。相传古时，因山顶上有着一口大金钟而得名。据说那时有个叫莽和尚的，被人一箭射瞎左眼，逃到那里，听到金钟声，就跑到山顶一看，那里有着一个大金钟，上面还刻着一段文字：金钟是宝物，悬在天地间，上承天意，下顺民情。八月初一，钟锤自击，石锤击钟，五谷丰登；铁锤击钟，灾祸横流。他还得知，凡人用铁锤击钟，金钟山上的人就能长寿，而大地一切生物，将要毁灭；若用石锤击钟，金钟山上的人立即毁灭，而世间百姓却能长寿年丰。

莽和尚看罢，心里好不高兴，他想长生不老，便立刻把石锤踢到一边，拿起铁锤，就去撞金钟。

"哐！哐！哐！"钟声响起来了，这是丧钟，白族人听到钟声，大惊失色，大地上烽烟四起，人们四处奔逃呼号，草木枯萎，江河干涸，多么可怕呀！这时有个名叫石宝的白族青年人，力大无穷，英勇无比，当他得知是一个作孽的莽和尚，为了自己长生不老用铁锤撞金钟时，怒发冲冠，拿起弓箭，不顾自身安危，一口气跑上山顶的钟楼，只见莽和尚还在那里用铁锤使劲撞金钟，就大吼一声：

"莽和尚，住手，百姓生命要紧！"

莽和尚回答道："阿弥陀佛，我长生不老更要紧。"说着又用铁锤猛撞。

石宝冲到钟楼门口，嗖地一箭射到莽和尚的右手上，铁锤从他手中掉落下来。莽和尚痛得一下跳起来，用左手一把抓住石宝，拳打脚踢。石宝也不饶他，两人打得天昏地暗。终因莽和尚手已受伤，被石宝打倒在地，石宝对他说：

"你这人只想着自己长生不老，不顾百姓死活，现在我叫你用石锤击钟去。"

莽和尚听了，大惊失色。转而一想：石宝也在钟楼上，若用石锤击钟，钟楼上的人，都要化为石头，就说道：

"百姓命要紧，你我的命也要紧；你要我拿石锤击钟，你这么年纪轻轻，难道就不怕变成石头？"

石宝说："用石锤击钟，只死我们两个人，普天下的白子白女①，却都能长寿，都能过好日子。"

莽和尚听了，只是摇头，石宝见莽和尚不肯拿石锤击钟，又对他说："你这个莽和尚，只知道自己，还普度什么众生？你不肯用石锤撞钟，我来用石锤撞钟。"说着，他就跳过去抢石锤，却被莽和尚紧紧抱住双脚，石宝被激怒了，飞起双脚把莽和尚踢倒在地，然后拿起石锤，向着金钟撞去。

哐！哐！哐！……这是生命再造的钟声，钟声一响，大地上的一切生物渐渐恢复生机，欣欣向荣。正在死亡毁灭中挣扎着的白子白女，又重新掌握了自己的命运。可是，就在这刹那间，只听一声巨响，金钟却从山顶上落下来，化为石钟，石宝和莽和尚也化为撞钟的石头人了。

人们为了纪念这个为白族人民献身的白族青年石宝，就把金钟山改名为石宝山。现在石宝山悬崖边的那座大石钟，正是金钟落下来化成石钟的。今天，石宝山的庙寺，叫作石钟寺，也是这么得来的。

---

① 白子白女：白族自称。

石钟山（白族）

讲述：杨继忠 白族
记录：原草 白族
1980年采录于剑川城
流传地区：剑川沙溪

石宝山上的石钟寺背后，有一块形状像铜钟的巨石，被人们称为石钟石。相传很久很久以前，这是一口光焰无际的金钟。钟旁长着一棵古松，古松上面悬挂着闪闪发亮的金锤。风轻轻吹时，金锤撞响金钟，发出"当、当、当……"的钟声，非常动听。钟声能传到几百里外的洱海边。金钟钟声不同一般，能消灾免难，给人们带来欢乐和幸福。

有一年，风调雨顺，既无水灾也无旱情。火把节过后，田里的稻谷纷纷拔节抽穗，长势十分喜人。人们抓紧节令，已薅完两道谷子，满心喜悦地迎接又一个丰收年。这时，稻田里突然发现一些可恶的害虫，专门吞吃稻叶、稻穗，连稻秆都不放过。害虫造孽不浅，一夜间就吃光一大片稻谷，眼看着千里沃野要变成一片荒原。往年，碰到虫害，只要上山挖一些毒害虫子的草药，熬成汤去洒，就能把害虫灭光。今年照老法子去做，却不起作用了。怎么办呢？人们想起了救灾救难的金钟。果然一试就灵。那些害虫听到钟声后，都动弹不得了，一下子变成一条条直挺挺的僵尸。

正当人们高兴的时候，又发生了一件意想不到的灾祸。原来，这些害虫是九头龙用身上的汗毛变成的。当那些害虫死去时，九头龙觉得周身毛孔疼痛，一阵阵坐卧不安。掐指一算，得知是石宝山金钟在作对，心中怒火腾腾，咬牙切齿，恨不得一下子把金钟砸成碎片。

九头龙口中念念有词，施起魔法。它纵身一跳，驾起妖风，怒气冲冲来到金钟旁。一道道金光刺得它睁不开眼睛，它连忙张开血盆大口，喷出邪火，向金钟射去。只见邪火被金光挡住，反而喷回它的身上，连汗毛都烧了。九头龙长着九个头，有九个嘴巴，有九股妖火。在平时，只要喷出一股妖火，就能把高山烧成平地，把铁块烧成灰。想不到，今天却碰到硬钉子。暴怒的九头龙使出浑身的解数，张开九个血盆大口，射出九股妖火，朝金钟烧去。金钟不幸被烧裂，变成了石钟。九头龙也伤了元气，瘫倒在地，动弹不得。

但是，当它看到金锤依然高挂在古松上时，又蠢蠢欲动了。它挣扎着，舞弄罪恶的魔刀，砍倒万年松，劫走了金钟锤。从此，人们再也听不到金钟钟声了。太阳失去光泽，月亮躲进乌云，瘟疫和灾难又一次降临白族山寨。年轻的情侣失去恋人，年老的父母失去儿孙；稻谷干枯、萎缩，眼看颗粒无收。

石宝山下的沙溪坝子里，有一对热恋的情侣。男的名叫松石波，是个石匠。他力大无穷，开山的铁锤重二三十斤，一天能打几块丈把长的阶台石；他雕出的石狮子，活灵活现，威武雄壮。松石波还是远近闻名的三弦手，他弹起调子来，连天上的彩云也飘来听。姑娘们只要听到他的三弦响，脖子就痒起来了，争着来找他对调子。春天的山茶花虽然朵朵都可爱，可是最美的只有一朵。松石波心爱的姑娘只有一个，她名叫桂枝妞。桂枝妞做农活是能手，一天能栽七八分秧；绣花数第一，她绣出的凤凰，色彩鲜艳，栩栩如生。她还是出类拔萃的歌手呢，听她唱调子呀，就像喝着蜜糖水，点点甜透心。可是，这几天三弦手急得无心肠弹龙头弦了，女歌手愁得无心绪唱调子了。松石波和桂枝妞为民族的灾难愁碎了心，吃不下饭，睡不好觉，终日闷闷不乐。

就在农历七月底的一天晚上，桂枝妞躺在床上翻来覆去睡不着。只要一闭上眼睛，就仿佛看到松石波那日渐消瘦的身影，他为想不出制服九头龙的办法，折磨得只剩一把骨头了。鸡叫头遍时，她迷迷糊糊地看见一位长着花白胡子的老人，拄着拐杖，慢慢地走到自己面前，笑眯眯地对她说："好姑娘，莫要愁眉苦脸，忧悒不能驱散愁云，只有欢乐才能战胜魔难！你和松石波约上一千对真心相爱的伴侣，上山对调子吧。阳光能使冰雪消融，众人的歌声能战胜魔法！"桂枝妞紧握住老人的手，正要继续向他讨教时，一道亮光照亮屋子，老人突然消失了。桂枝妞睁眼一看，东方的霞光透过窗口，洒满房间，天亮了。原来是做了一个好梦。她顾不得梳洗打扮，马上跑去找松石波。半路上刚好碰上他，松石波也正来找她。他在天亮前也做了一个好梦，梦中的情形和桂枝妞所讲的完全一样。他俩高兴地紧紧依偎在一起，放声唱起调子。

松石波和桂枝妞走遍东村到西寨，把花白胡子老人的话告诉给大家。不到两天的工夫，就把四乡八寨的青年人全串通起来了。第三天，成百上千的小伙姑娘，一路弹着三弦，唱着白族调，汇集到石宝山上来了。大家在金钟旁开辟了个很长的对歌场，燃起冲天的篝火，从早到晚，日日夜夜歌唱不息。正当大家陶醉在欢乐之中时，突然刮来一阵恶风，刮得天昏地暗，飞沙走石。要唱的张不开口,要弹的动不得手。松石波和桂枝妞高声呼喊着:"砂石打不断万年松,狂风刮不倒石宝山。阿夫甲候(白语:朋友们),快围成人墙,挡住妖风,继续对调子!"在他俩的召唤下,大家很快聚拢到歌场上,手挽着手,肩并着肩,筑成一道坚不可摧的人墙。松石波和桂枝妞在大家的护卫下,巍然屹立在石宝山上,高唱着激昂的白族调。两人唱,千人和,山鸣谷应,调子声压盖了狂风。

九头龙凶相毕露,张开九个血盆大口,咆哮着:"快逃快逃赶快逃,不然我要喷射烈火,把你们全部烧成灰!"大家毫无惧色,依然高唱不停!罪恶滔天的九头龙默念咒语,要下毒手了。但是,当它张口喷火时,却只喷出九股微弱的黑烟,根本伤不了人。它的魔法真的失灵了!松石波伸手接过桂枝妞递来的大石锤,使出全身力气,狠狠地朝九头龙砸去,正打中它那最大的妖头,痛得它哎哟、哎哟直叫唤,抱头鼠窜,落荒而逃。松石波、桂枝妞恨不得一口将九头龙吞下肚,他俩决心要捉住九头龙,把它碎尸万段,以解众人之恨。他俩带领大家穷追九头龙,追到"狮子过悬关"的地方,亡命的九头龙纵身一跳,妄图跳岩逃生。松石波和桂枝妞飞身上前,紧抓不放,不幸身坠岩下,与九头龙同归于尽!

松石波、桂枝妞死了,人们捶胸顿足,号啕痛哭。这时,从天边飘来一朵七色彩云,彩云里涌出一条金光闪耀的苍龙。松石波、桂枝妞一前一后,跨乘在苍龙身上。他俩向大家频频招手,仿佛在说:"阿夫甲候,你们尽情地唱吧,欢乐的弹弦对调声使我们无限欣慰;欢乐的弹弦对调声,能使金锤重现,金钟复原。待到金钟长鸣时,光明、幸福又重临!"

为了纪念为民除害的英雄——松石波和桂枝妞,为了盼回金钟、金锤。从此,白族人民每年都要举行传统的石宝山歌会,一直相沿至今。

石钟寺(白族)

讲述:王锡康 白族
记录:乐夫 瑞林 瑞鸿 白族
1980年采录于剑川沙溪

沙溪坝子里有对无儿无女的老夫妇。老妈妈平时打草鞋卖,积攒了一点钱。她见石钟山上风光很好,就想把全部积攒拿出来,在那儿盖上一所庙子。

一天,她来到石宝山,准备选个盖庙的地点。她抬头一看,只见山崖上有两个白胡子老头在下棋。她爬上山崖,对那两个老头说:"这个山箐里这么清静,又有这小块平地,在这里盖个庙子就好了。"两个老头对她说:"你们要盖庙子,这是好事情。你回去送来几背吃的东西,我俩帮你们盖好了。"

第二天,这个老大妈就领着村里的几个老妈妈背来了几背吃的东西。老大妈不放心,又问那两个老头:"你们两个几天才能把庙子盖得起来?"他俩回答说:"等一会儿,我们再去请上几个木匠山神,只要七天就能盖起来。"

过了六天,这个老大妈又上山来,想看看庙子盖得怎么样,好回去准备祭木神用的供品和上梁时要丢的馒头。她到了山上,眼前无一个工匠,只见那两个白胡子老头还在那里下棋。她焦急万分地说:"你们讲七天盖好庙子,怎么过了六天都没有动工!"两个老头笑着说:"你放心吧,说一不二,许下的愿,绝不改。明天是这个月的二十七,正好是第七天,午时上梁。你赶快回去,准备一只公鸡,蒸来几箩馒头,我们祭木神和丢馒头。一定准时赶到,不得误事。"这个老大妈急忙下山做准备。第二天,她喊了石宝山附近各个村子的老妈妈和老头子,背着要祭木神用的供品和几十背馒头,准时来到了山上。他们翻过山坡,只见一所明晃晃的庙子已经盖起,而那两个白胡子老头却无影无踪了。

他们把背上山的几十箩馒头丢在四面的山坡上,马上就变成了像馒头一样的石头。像钟一样大的那颗石头,就是最大的那个馒头变成的。因此,人们一直把它称为馒头山,又叫石钟山,而盖起的这座庙,就叫作"石钟寺"了。

宝相寺(白族)

讲述:李发隆 白族
记录:李玉宝 白族
1980年采录于剑川甸南
流传地区:剑川沙溪、甸南

来石宝山游览的人,必定要到宝相寺一观。这里风光优美,景色宜人。

从宝相寺的大门进去,只见大殿外面高悬着一块"何处得来"的大草巨匾。何处得来宝相寺?在民间还流传着这样一个故事:

一千多年前，有一个白王特别喜欢游山玩水。有一次，他带着侍从和猎狗，前呼后拥来到石宝山打猎。因一无所获，白王心中十分不快。正想回营地休息，忽听前面猎狗大声狂吠，只见一只大白象在现在的宝相寺山箐里啃草。白王想猎取这只大白象，急忙弯弓射箭，"当"的一声，飞箭射在石头上被弹出去几丈远。大象听到响动，慌忙朝坡上跑去。白王和侍从们一起追赶。猎鹰天上飞，猎狗地下跑，追呀追，一直追到大石崖下，大白象钻进岩洞里去了。白王累得上气不接下气，只得躺在地上休息，他叫侍从们继续进洞找寻。找呀找，却不见大白象踪影。

白王下令，将营地迁来此处。但是在岩洞旁守了几天几夜，也不见那只大白象出来。后来，只得拿来锄头和撬杆，进洞里挖的挖，撬的撬，挖地三尺，发现里面埋藏着大堆白银。事情有点奇怪，白王也不敢随便乱花这笔钱，就在此地建盖了这座寺庙，并取名为"宝相寺"。

海云居茶树（白族）

讲述：李发隆 白族
记录：李玉宝 白族
1980年采录于剑川甸南
流传地区：剑川沙溪、甸南

相传乾隆皇帝化装成道士遍游江南，他曾到过滇西，还慕名前来石宝山游览。

一天，他从甸南出发，直奔石宝山而来。烈日当空，天气炎热，走了半天路，只觉得口干舌燥，十分辛苦。忽然，从白云生处传来了悦耳的钟鼓之声，他喜出望外，急忙循声找去。穿过松树林，爬完小山坡，眼前豁然开朗。原来这里正是远近闻名的"海云居"禅寺。

他进寺内找到了住持老和尚，受到热情接待。住持老和尚见他器宇轩昂，谈吐不凡，忙叫小和尚烧水泡茶。不一会儿水开了，但没有茶叶。光喝开水怎能待客呢？老和尚急得团团转。

小和尚急中生智，赶忙跑出后门，爬到寺后水塘旁的红栗树上将寄生的野生茶叶采下一把。小和尚回到寺内，赶忙把嫩叶子取下放进茶壶内，泡了少许开水，倒给道士喝。

道士一连喝了几杯，觉得不但生津止渴，而且香甜可口，其味无穷，好奇地问："贵地也产茶叶吗？"

老和尚忙答："寺后有棵野茶。山高路远，寺内缺茶多日，只得野茶待客，还望多多包涵！"

道士请老和尚领他到树旁观看，看后说："此地山清水秀，景色宜人，游人不绝。这棵野茶味道特别，比上等龙井茶叶还好喝，可算海云居一绝。你们就采一些野茶，供游客解渴品尝吧。"

从此以后，凡到海云居来的游客，就采摘野茶叶品味，"海云居"因此也叫作"茶山寺"。

飞来佛（白族）

讲述：王锡康 白族
记录：瑞鸿 乐夫 瑞林 白族
1980年采录于剑川沙溪

很久很久以前，剑川石宝山金顶寺里有很多和尚。

一天清早，有个小和尚到佛爷前敬香，发现庙里多了一尊铜佛。小和尚把这件事告诉给老和尚，此事一传开，大家都觉得很奇怪。整个庙子里的和尚都围拢来看这尊铜佛。

正在这时，有两个打猎人也来庙子里歇脚，他俩围拢一看便惊奇地说："咦！这就是我们鹤庆张铜匠给那个白眉毛白头发的老大妈铸的那尊铜佛嘛！"

"张铜匠铸的铜佛怎么到我们庙里？"和尚们七嘴八舌地问。

他俩说："不久前，有个老大妈让我们村的张铜匠铸一尊铜佛。铜佛铸好后放在他家佛龛里，第二天就不见了。后来也一直不见那个白眉毛白头发的老妈妈露面，铜匠正到处打听消息呢！"

老和尚想了想后说："那老妈妈恐怕就是观音老母。这尊铜佛是观音老母让它飞来的，我们就叫它'飞来佛'吧！"

甲子寺（白族）

采录：杨仲昆　白族
1980年采录于剑川沙溪

　　石宝山沙登箐里分布着几窟石雕，其中有一窟是天王造像，就雕在高耸的崖壁上。有天王像的这座小山叫"甲子寺"。

　　相传很古的时候，甲子山半山腰里有一座甲子古寺，寺里住着一个姓关的道士。他仗着有一身神通广大的法术，常常欺压当地的白族老百姓。租田放债，高利盘剥，无恶不作。吃的是冰糖白米饭，喝的是桂圆大枣汤。佃户除了交租子外，还要月月送给他柴米油盐和香火钱。要不，他就施展法术，会叫你头疼脚痛。

　　一天中午，他吃饱喝足后，觉得很闷，便叫小徒弟们用竹藤轿把他抬到门外大树下乘凉。这时，石龙村一个农民扛着木料要到沙溪街上卖，也在大树下休息，拿出荞粑粑吃晌午①。关道士见农民吃得津津有味，引起了食欲，口水滴滴答答不住地淌下来。他心里十分纳闷：这个人究竟吃的是什么山珍海味？

　　关道士对站在一旁给他扇风的小徒弟小声说："你去向他要一点吃的。快，快去！"

　　小徒弟要了点，关道士连忙抢过来，一口塞到嘴里。想不到荞面粑粑味有点苦，连忙把它吐出来，大骂："这是什么东西！又硬又苦，咋个吃，只能用它揩屁股。"说着，真的用荞粑粑去揩屁股。

　　这个农民气愤极了，跑过去站在他面前，指着他鼻子质问："荞是我们山区人的庄稼之母，我们生活全靠它，你为什么用来揩屁股，当面欺我种田人！"

　　关道士威风惯了，想不到竟会有人指着他破口大骂，哪里受得了，便要打农民。这个农民很不服气，就和他打起来。关道士哪里打得赢他，连说："叫你知道我的厉害，变成石头人。"农民听了，更加气愤，举起斧头就要砍关道士。惊慌中关道士来不及要法术，念咒语，连忙逃回寺里。

---

① 晌午：午餐。

天上神仙也知道关道士无恶不作、糟蹋粮食的事，就派雷神来惩罚他。忽然之间，乌云满天，电光闪闪，一道霹雳从天而降，把甲子山腰的石崖劈为两半，甲子寺陷进山里去了；又一道霹雳，劈开的两半又合拢，只留出一道石缝。

关道士被牢牢地关闭在石崖里，不能再出来为非作歹了。人们还在石缝两旁雕了两尊天王像作守门将军，并一直习惯地把这堵巨崖称为"甲子寺"。

给石宝山龙治病（白族）

讲述：杨四藩 白族
记录：乐夫　瑞鸿　瑞林 白族
1980年采录于剑川沙溪

沙溪坝子有两个医生要到羊岑坝子去行医，顺路来到石宝山金顶寺游耍。他俩走近寺旁的黑龙潭边，坐下乘凉。其中一个医生看了看龙潭水后，说："黑龙潭里的龙已经得麻风病了。"

在龙宫门口守卫的一个虾兵听到医生说的话后，马上跑进龙宫向黑龙禀告。

龙王听后，对虾兵说："近来，我常常觉得身上痒痒，口痰也有点稠，恐怕他们说对了。你快去把他俩请来，给我治病。"

虾兵出来对两个医生说："我们龙王请你两位给他医麻风病。医好了，一定大大酬谢你们。"

两个医生便钻进虾兵的两只大袖筒里，眼睛一闭，就进了龙宫。龙王大摆酒宴，热情招待。酒足饭饱后，他俩悄悄地商量了一番，才开始给黑龙看病。

一个医生对龙王说："尊敬的龙王，要查清麻风病因必得看看骨头，不然不好开药方。因此，你要变出原形给我们看看，才能治好病。"

龙王只得现出原形来。这时，另一个医生急忙拿出处方笺和毛笔，把龙的样子画了下来。画完后，两个医生给龙王抓了几服药，便告辞而去。

他俩依旧钻进虾兵的袖筒，出了龙宫。临别时，虾兵拿出一个箱子交给两个医生，说："这是龙王送给你们的礼物。"他俩打开一看，里面装满珊瑚和珍珠。

这两个医生把画着龙的那张画拿给大家看。从此，人们才看到了龙的样子。据说，现在画的龙、雕的龙的蓝本，就是两个医生在龙宫里画下来的那张图。

沙溪老奶和石钟寺（白族）

采录：杨春贵 白族
流传地区：剑川沙溪

  古时候，石宝山下的沙溪坝里有一个老奶奶。她年轻时对爱情无限忠贞，对生活充满希望，和一个白族小伙子对歌相爱，结成伴侣。可是好景不长，成婚不久，她丈夫就遭瘟疫死了。按照老辈子兴下来的规矩，她只得守寡独居。由于无儿无女，无依无靠，日子过得扎实熬煎，满肚子里装的是苦水。

  听人说，只有神仙才能解除世间的苦难，给人们带来幸福和光明。老奶奶十分相信，就把自己的理想和愿望寄托在神灵上。决心选一个合适中意的地方修座寺庙，雕造佛像。祈求神仙保佑平民百姓，长命百岁，白头偕老；请佛爷降福，风调雨顺，五谷丰登，让大家过上几天好日子。为积攒钱财修庙造像，她省吃俭用，吃一顿顿，饿一餐餐。为挑选建盖庙宇的圣地，她拄着拐棍，爬山越岭，磨烂了一双双草鞋，挂破了一件件衣裳；费尽心力，流淌出一滴滴血汗。

  有一天，她来到石宝山上，只见两位白发银须的老头在聚精会神地下棋。两位老头见她独自一人到此，感到惊奇。问其缘由，方知老奶奶的来意。他俩感动万分，手捻银须，连声啧啧称赞。答应帮老奶奶了却这桩心愿，保证五天之内修起寺庙。

  两位老人慨然答应，反使老奶奶放心不下。她不辞辛劳，每天都上山探望虚实。一天，两天……到第四天了，还不见他们动工，却一心一意在那儿下棋。老奶奶心急如焚，叩头哀求他们，尽快动工。他俩笑着回答："你不用急，功到自然成，到期定会给你建起一座千人夸万人赞的寺庙来！"

  到了第五天，老奶奶打早就爬起，蒸了许多白生生的馒头，还准备好香喷喷的几大瓶美酒。她请了村里的好多人，把东西一起背上山。到了山上一看，只见一座雕龙画凤的雄伟寺院耸立在悬崖之上，寺院里还塑起千姿百态的佛像。大家都感到奇怪，连忙寻找那两位老头，想问个所以然。四处去找，再也找不到了。老奶奶爬到他俩下棋处去看，只见石头上隐约有几个大字：仙人下棋处。她恍然大悟，原来是神仙下凡来帮忙，造化人间。老奶奶赶紧磕头拜谢。她将带来的馒头抛上天,敬奉那两位老头。只见馒头落在寺院周围,马上变成了一个个形似馒头的石头。其中专为老头蒸的大馒头落在寺后,变成了那形如石钟的巨石,所以这座庙也叫石钟寺。老奶奶把美酒洒到天上,要敬两位神仙。美酒落地,变成了长年不断的"石宝灵泉"。如今,你仔细品尝,灵泉水的确有一股醇香味呢!

金鸡和石牛(白族)

讲述:傅佑文 白族
记录:李绍书 白族
1980年采录于剑川沙溪

传说很早很早以前,大理鸡足山上有一只美丽的金鸡,山中有一头壮实的天牛。金鸡伫立山巅,按天地周期、日月推移依时报晓;天牛常常到洱海边上饮水。于是鸡足山下,洱海边上的人们按金鸡报晓的时辰耕作,循着天牛拓出的路径采药伐薪、垦地播种、打鱼捞虾,过着太平日子。

这时,洱海深处,潜伏着一条邪龙。此龙修行千年得道,善于潜行变化,兴风作浪。有一次,邪龙蹿上鸡足山,施展邪术,把金鸡天牛锁在石洞中,然后潜回海里造孽。于是,海水猛涨,日月难辨,四时不晓,百姓在黑暗与苦难中熬煎。

不知过了多少日子,金鸡和天牛用头和角撞倒了石洞的石门,挣了出来。它们带领人们西行,去寻找新的乐土。

远离鸡足山的西方有一座高山叫石宝山,山麓有一泓清塘叫沙退湖。于是,金鸡、天牛就和人们在这儿定居下来。从此,金鸡又在石宝山巅鸣唱,天牛又在山间路畔出没,人们又在湖滨耕织。勇敢的猎手石勇和渔家少女乔姑娘结了亲,生下又白又胖的石宝子,过着甜蜜的生活。

却说一日,邪龙蹿出海面,不见了金鸡和天牛的踪影。盛怒之下,邪龙摇身一变,化作一个满脸横肉的莽和尚。莽和尚跣足披袈,挥动禅杖,四处寻找金鸡和天牛。

有一天,莽和尚寻到金钟山下,但见男耕女种,人人快乐。莽和尚不由妒火中烧,恨不得一口吞下天牛、金鸡。于是,他挥舞禅杖,气势汹汹向金鸡、天牛和人们扑去。

金鸡、天牛见莽和尚扑来，旧恨新仇，万分愤怒，于是金鸡鼓起双翅，天牛张开两角同莽和尚展开了殊死的搏斗。

这场恶斗从日出斗到日落，从山麓斗到湖滨，又从湖滨斗到山中。湖边的渔民，山中的猎手纷纷赶来，为金鸡天牛呐喊助战。莽和尚寡不敌众，现出原形，眼放绿光，口喷黑烟，张牙舞爪扑向人们。金鸡展翅飞啄，被恶龙一口黑气喷落在地，化成一块巨石；天牛张角猛顶，也被恶龙吹化为石牛。这时，石勇手疾眼快，拉弓搭箭，一箭射中恶龙左眼。"嘭"的一声，恶龙眼珠迸裂，跌落尘埃。乔姑娘和人们一拥上去，把大粪、狗血往恶龙身上乱泼，恶龙左眼带箭，法术被大粪、狗血所破，只好负痛逃生。

从此以后，人们就把石宝山南侧金鸡化石的山岭叫作金鸡岭，把石宝山后天牛化石的空谷叫作石牛谷。

愁面观音（白族）

采录：陆家瑞 白族
1980年采录于剑川甸南

石钟山石窟第五号窟正中的石座上，坐着一位头缠布帕的老者。他流露出一种发自内心深处的悲苦之情。民间称这窟造像为愁面观音。其实这窟造像是根据佛经《维摩诘经辩·问疾品》雕刻的。

传说维摩诘是吠舍离城富家子弟，和释迦牟尼是同时代的人，是释迦牟尼的亲传弟子。

刚开始学习佛法时，维摩诘也相信佛法能解脱芸芸众生，能解除人间的一切痛苦和不幸，能使众生得到平等。便散尽家产，跟着释迦牟尼去修行。维摩诘走了很多地方，到了全国上下都信佛的舍卫国，看到的却是说不尽的悲苦和不平等。他感到佛法能解脱一切痛苦和不平，原是一个骗局，便装病逃跑回家，躲进深山，不愿再出家修行。

释迦牟尼见自己亲传的弟子也逃跑了，便派能言善辩的文殊师利来说服他。尽管文殊师利能说会道，但维摩诘提出人间悲苦的事实，使他无法否定。文殊师利只得如实向释迦牟尼禀告。释迦牟尼无法，只得准维摩诘在家"修行"，封他为"居士"。

"波斯国人"（白族）

采录：陆家瑞　白族
1980年采录于剑川甸南

从狮子关下来，沿山箐东行一里左右，矗立着一块碧蓝色的波萝岩。上面雕着一位身姿雄伟拄杖卓立的男者像。像旁阴刻着"波斯国人"四字。所以一般都称此窟为"波斯国人"。

传说古代印度有个舍卫国又称为"波斯国"或"波刺私国"。佛教在这个国家非常盛行。

舍卫国有个国王，他是有名的梵授王的儿子，自称"波斯匿王"。

波斯匿王朝奉佛教达到入迷的程度，他不理朝政，只知礼佛和兴建庙宇。把朝政大权交给他的儿子和他的小老婆共同掌管。

波斯匿王的儿子怕父亲修行得道，长生不老，自己永远当不上国王；而波斯匿王的小老婆见丈夫一心礼佛，兴建寺庙，叫她夜夜守空床，心里很不是味，便勾引国王的儿子寻欢作乐。两人的关系十分暧昧。

有一天，波斯匿王到山里礼佛，他的儿子便和小妈勾结起来，夺了王位，自称毗琉璃王，把父亲废为庶人，称为钵罗犀那多时——波斯国人。

波斯匿王失位后，在国内容身不得，便以西域梵僧的身份，跑到东方来讲经播道。他到了很多地方，都没有人肯信他。最后，他到了当时的大理国。大理国的国王段白王却非常相信他，和他一起退位为僧。

象头神（白族）

讲述：金奎爹　白族
记录：陆家瑞　白族
1980年采录于剑川沙溪

象头神俗称象首人身佛。雕在六号窟"八大明王"中的"大圣北方蹴掷明王"座前。

传说，这象头神是雪山神女的儿子，他的父亲是大名鼎鼎的印度教教主——湿婆。

有一次，美丽的雪山神女在天河沐浴时，不小心被湿婆看见。湿婆虽是印度教的教主，但他是一个好色之徒。一见雪山神女美妙的姿色，遂起淫心，化成一条金丝亮晃的水蛇，缠住了雪山神女的双腿，和她发生了不正当的关系。

雪山神女遭到侮辱后，十分害羞，心里十分悲痛。这件事被住在恒河边上的一头母象知道后，它十分同情雪山神女的遭遇，就替雪山神女怀孕，生出了这位象头神。把神的智慧和象的勇敢都传给这个象头神。

象头神长大后，既充满智慧，又勇猛坚定。当它知道自己的身世，知道母亲是虔诚的佛教信女，而父亲是暴虐的印度教主时，便站在母亲一边，向父亲开战。在战斗中虽然折断了一枚象牙，但它始终不屈，最后终于打败了它的父亲。它成了智慧勇敢的象征，被佛教密宗奉为智慧和战斗之神。

剖腹观音（白族）

讲述：阿才嫫
记录：陆家瑞　白族
1980年采录于剑川甸南

传说，观音老母原是西方世界妙庄王的姑娘，她信佛十分虔诚，发誓要普度众生。听说东土人不信佛，便背了三石三斗三升天籼米，一顿吃一颗，一天吃三颗，到东土来传教。但她走遍了东土，将近吃完三石三斗天籼米，也没有度着一个人。当她来到白国的时候，腰间只剩三升天籼米。

观音对佛发过誓，不好空手转回西方，只得咬紧牙根，一天只吃一颗天籼米，决心在白国传教。当时的白国人信鬼不信佛，认为鬼能主宰一切，人间由鬼来降灾赐福。任观音怎样劝化，谁也不肯信佛。

有一天，观音到海边，见海边有一只漏底船，便上了漏底船，划到海里，找到打鱼摸虾的渔民，对他们唱道："一只破船颤悠悠，听我来唱修行歌。苦海无边早回头，十七十八正好修！"

"十七十八修不成，少年夫妻难舍丢。"渔民们回答。"十七十八修不成，二十四五正好修。""二十四五修不成，小儿小女正拉着。""二十四五修不成,三十四五正好修。""三十四五修不成,为老为小困家中。""三十四五修不成,四十四五正好修。""四十四五修不成,人到中年万事休。""四十四五修不成,五十四五正好修。""五十四五修不成,鬼王老爷正等着。"……这样一问一答唱了好久,就是没人愿信佛出家修行。观音急了说:"我是好心劝化你们,度你们出苦海……"渔民们笑道:"你那只漏底船谁愿坐,除非你把心掏出来给我们看看。"

众渔民只是顺口说玩笑,观音却把此事当真,剖开胸口,把心掏出来捧在手里给大家看。大家见观音如此真诚,便佩服了她,都上了她的那只漏底船。

后来,佛教徒就把观音剖腹示诚的样子,刻在石钟山,称为"剖腹观音"①。

石宝山歌会(白族)

讲述:陈飞鹏 陈荣弟 白族
记录:孟雄 白族
1980年采录于剑川沙溪

每年农历八月初一前后,正是庄稼丰收在望的时节,剑川附近几个县的白族人,就汇集到剑川石宝山上对歌赛曲,十分热闹。

传说古时候,大理地方被一条黑公龙占领了,三塔顶上的金鸡,眼看要遭祸殃,就拍拍翅膀往北飞到剑川沙溪石宝山落脚。它爱上了这块宝地,就栖下了。它每天往返飞翔于沙溪的"金鸡栖石"、石宝山,再往北飞到鸡飞岭和剑川坝子西边的金鸡山,给人们报黎明,定时辰,唱节令,催农耕,使剑川人民适时耕种,连年丰收,过上了安乐的日子。

石宝山背后的一个山村里,有十个最乖、最美的白族姑娘,结成了十姊妹。她们穿一色的衣服,作一样的打扮,很难分辨出你我。她们虽然不是一母所生,却比骨肉还亲。

她们每天相约到石宝山上去采药、捡干树枝、抓松毛、收菌子;在家绣花,一道做活一道玩。她们最爱听金鸡歌唱,看金鸡跳舞。金鸡起了头,百

---

① 剖腹观音:实际上是"甘露观音"。

鸟跟着唱，姊妹们尾着学。她们有时轮着唱，有时一齐唱。从金鸡百鸟那里学来的调子，经过十姊妹玉笛般的嗓子唱出来，倒反叫金鸡百鸟听入迷。她们的歌声被山风带到很远的地方去，吸引了石宝山下伐木砍料做木工的五个小伙子和细弹羊毛粗弹毡的五个弟兄。他们结成十兄弟，收拾起做活家什，迎着飘来的歌声，也模仿姑娘们的曲调，唱出了爱慕的心声。言语都从曲中去，爱情尽由歌中来。他们随着姑娘们的歌声寻来，越过三重山，跳过三道涧，互相望得见身影了，也看得清面目了。可是，双方都很害羞，只好隔着五尺远，互相背着脸坐下来了。他们边唱边挪动着位置，终于一对对挨着身，擦着肩，坐拢了。可是，十对人唱起来听不真，一个个唱又等不得。怎么才好？大姐搭大哥走到一边去了，二姐搭二哥也朝另一边走去了。于是，十姊妹搭十兄弟都各找地方，舒舒展展地唱着，亲亲热热地爱着，忘记了月落西山。烧完了十背干柴，喝完了三道苦茶、三碗蜂蜜。唱得"两个身子一个影，两个胸脯一颗心；剪下发辫作信物，相爱一千春。"

第二天东方拂晓，太阳光透进丛林，他们才聚在一起。

忽然间，南边乌云滚滚而来，遮了天，黑了地。原来是盘踞在大理的黑公龙探听到金鸡飞到石宝山，驾着乌云斗金鸡来了。它要吃掉金鸡，把金鸡住的好地方全夺过来。

黑公龙来了，百姓活遭灾。它把乌云揉成鸡蛋大的冰雹，纷纷砸向石宝山。山下金黄的谷粒被打落在田坝里，山上的树叶被打落在树底下；打死打伤猪羊牛马无计其数，在田里做活的人也被打得五劳七伤；瓦房被打烂，草房通了顶，把百姓们整惨了。十姊妹和十兄弟都钻到宝相寺高大的飞崖洞里，一个也没伤着。

冰雹未息，金鸡就飞来啄黑龙，冷不防把黑龙右眼啄瞎了。黑龙忍着剧痛，只得收了冰雹来战金鸡。而金鸡毕竟不是黑龙对手，被黑龙追赶着，渐渐压向飞崖洞前。十姊妹急了，十兄弟火了。怎么办呢？大姐想起用草鞋治飞蛇的办法，脱下一只草鞋高高丢过黑龙头顶。黑龙像被什么神鹰压住一般，不敢战金鸡了，只顾下落。原来黑龙最怕女人的草鞋丢过自己头顶。草鞋压了龙头，黑龙就什么法力也使不上了。姊妹们把二十只草鞋丢向空中，黑公龙像被二十只神鹰成群盖住一般，噼里啪啦跌落洞前。十兄弟一拥而上，用斧头和砍刀砍下了黑龙的头，剥下了黑龙的皮，抽下了黑龙的筋，剔出了黑龙的骨头，敲下了黑龙的爪子。

金鸡为了感谢十姊妹和十兄弟的救命大恩，就变成一个唱调子的仙姑。

她教给姐妹兄弟们一套好手艺：用龙头作琴头，龙骨作琴杆，龙皮蒙琴鼓，龙筋作琴弦，龙爪作拨珠，做成了龙头三弦。十兄弟把三弦挂在胸前弹着，叮叮咚咚，十分好听；再配上十姊妹金鸡般美妙的歌声，欢乐地唱起了《龙头弦子曲》：

    龙头弦子真稀奇，三根弦线拉一齐，
    轻拨琴弦弹调子，抵得万千语。
    左手把它耳朵扭，右手给它搔肚皮；
    逗它玩来逗它乐，抱在我怀里！

  从此以后，大理剑川都太平了，美丽的金鸡又自由自在地飞翔在苍山洱海三塔寺和石宝山、金鸡山之间。每年七月底，金鸡必定要回来探望十姊妹和十兄弟，与兄妹们尽情地弹唱，幸福地欢聚三天五日。

  后来，一个远处来的"夏路子"①用邪术把金鸡取走了。可是，白族人始终记着这个歌会，在宝相寺殿堂里塑起了十姊妹的塑像，每年一到会期，就不约而同地上山聚会对歌来了。从古至今，任何恶势力也没有把歌会压垮。虽然，十姊妹的塑像被毁坏了，后来又重塑起来，石宝山歌会闹得更热火，三弦更响，歌声更甜。

海东娘娘（白族）

讲述：赵玉昌 白族
记录：李星华
1956年采录于剑川城

  剑川海东有个姑娘，姓李名叫四娘。这姑娘在娘胎的时候，父亲就指腹为婚，把她许配给一家财主的儿子。她到七八岁上，家里穷得吃不上饭，财主家把她接去当童养媳，小媳妇从此过着公打婆骂的日子，吃尽了人间的苦头。

  四娘长到十七岁，婆娘看见小媳妇模样儿出落得很入眼，心里一欢喜，立刻张罗给儿子成亲。办喜事的那天，满堂亲友，新郎和新妇正要拜堂成

---

① 夏路子：白族人把前来地方上掠取宝物的外路人称为"夏路子"。

亲，十二岁的小新郎却忽然溜掉了。财主连忙叫家人四下寻找，才发现了新郎跟一群娃娃在房圈外面打陀螺呢。众人好哄歹说，才把这位新郎从小孩堆里拉回来，勉勉强强拜了堂。

四娘过门以后，很不满意，但也没有什么办法。财主婆娘识破了媳妇的心事，怀恨在心，待她更狠毒了。天天鸡刚一开嘴，天还不明，恶婆婆就打发媳妇到荒山野坝去割牛草。每天早上要她割三背牛草；白天又叫她到田边去吆雀子。

四娘这样干活受累，中午连口冷饭也吃不上；恶婆婆估摸着媳妇从地里快要回来，赶紧藏起了饭甑子，让她什么也吃不到，四娘只得忍饥受饿，又折回田边去吆雀子。

四娘正当一肚子苦情无处诉的时候，可巧遇见了沙龙根的年轻小伙子渭熊儿。渭熊儿也是一个无父无母、靠卖工吃饭的穷孩子。他来到这荒坝里是替主家放鹰保护田苗的。这两人在野坝相遇，就好像遇到知心人一样，两人唱起民家调①子，互诉苦情；在一唱一和地对答之下，两人越来越亲密起来了。从此，这个少有人迹的荒坝，成了李四娘和渭熊儿谈情说爱的地方。

李四娘与渭熊儿相爱不久，哈克雅氏②派遣了钦差大臣到云南剑川选娘娘。有一天，钦差大臣正带领一马二夫，从荒坝上经过，无意中发现了在野坝里吆雀子的这位姑娘长得出众，就要把她带到京城，选入皇宫。四娘一时又急又恼，死活不肯跟钦差大臣去，最后，执拗不过，在钦差大臣的喝令下，只得依从进京了。

渭熊儿把四娘一直送到了甸尾南方的天神庙。临分别的时候，李四娘哽咽着发誓说：

"富贵生活，我是过不来的。我总有一天要转回来的！"说完，她把手腕上的玉镯子脱下来，敲成了两截，一半留给自己，一半送给渭熊儿。她又再三叮嘱，叫渭熊儿耐心等她回来。两人就这样难分难割地分了手。

四娘选进皇宫以后，心里总是闷闷不乐，天天想念渭熊儿。拘束呆板的皇宫生活，她咋能过惯呢！她整天跟哈克雅氏吵闹，口口声声要回云南剑

---

① 民家调：白族旧称民家，民家调即白族调。
② 哈克雅氏：是明朝永乐年间皇帝最亲近的臣子。

川去找渭熊儿。哈克雅氏想尽办法派人劝诱，终也无效。四娘在愁闷的皇宫里，唱出了民家曲的叹五更：

一更明月挂树梢，
想哥想得好心焦；
想得嘴里干又渴，
心头像火烧。

二更明月照万家，
照见阿哥柳树杈；
四乡八寨人都晓，
千人万口夸。

三更明月照天中，
牛郎织女隔西东；
但愿鹊桥来相会，
感谢老天公。

四更明月又偏西，
岸上杨柳各依依；
只求老天从人愿，
搭哥再团聚。

五更明月落山头，
一片相思惹人愁；
梦中和哥在一处，
醒来一场空。

李四娘在深宫里唱一阵哭一阵，哭一阵又唱一阵，这样哭来哭去，还不到十天，她就悬梁自缢了。

渭熊儿自从李四娘被选入京城以后，天天盼望四娘回来，可是音信全无。他天天在挂膀山向京城巴望。他不吃不喝，日夜哭啼。最后，他终于化成了一只黄鸟，日夜在荒山野箐里"开天辟地！开天辟地！"地哀叫着，飞着，寻找着……

【附录】臭水井（白族）

采录：赵玉昌　　赵立品 白族
1956 年采录于剑川城

相传乾隆年间，天下太平无事，有一位亲王到云南"选美"，上自督抚巡按，下至州府厅县，个个尽心尽力，供奉不暇，仍无中意之人。

亲王恼了，要亲自出马，明察暗访，结果选中了剑川海东村一个白族大脚姑娘。那时边远农村，未见过世面，认为这是件大事。姑娘的姓名，再也不敢呼唤。如今，仅留着个"海东娘娘"的尊号。

你道这姑娘何等模样？从小就不好看，越长越显得额凸，鼻扁、嘴皮厚，加上一脸麻子，满头癞痢，大家取给一个诨号，叫作"妖姑娘"。她孤单寂寞，她自怜身世，自叹命苦。

海东村背山面湖，居民数十家，阡陌交错，倒也是鱼米之乡。姑娘年纪虽轻，除日常农作外，还会打草织麻。山溪流水，可供洗灌。对岸梨园里，有一个清俊的青年佣工，和姑娘不时见面。一日生，三日熟，他俩渐渐熟悉起来。二人情投意合，订下了终身。

事很奇怪，这姑娘早丧父母，无兄弟姊妹，十几岁来，从不离开祖母左右。有一年春天，她祖母后家①办斋事，老人行动艰难，叫孙女携带金银纸火，就便超度自己的爹娘。

途中经过龙潭，姑娘取水解渴，顺便脱下包巾，在水潭里从头洗涤，不觉昏倒在地，被一碧眼紫人捉进龙宫去了。门内奇香四射，玉佩叮当，一贵人传呼道："这姑娘外貌虽然肮脏，心地倒还善良，且命王宫使者，把她修修整整，完成她愿望罢。"

于是走出一对青衣女子，手提香匣，将姑娘引到冷泉宫中，按到清凉床上，用刀尖细细向她面盘各个角度，重新打点。最后抽出一柄毛刷，用尽力气，轮番刷洗，将她满头癞痢疮疤，层层剥下，姑娘疼痛难忍，不由失声呼叫，冷汗满怀。待得惊醒，原来是一场噩梦。后来这潭水臭了，所以，人们只好把这潭水叫作"臭水井"，把这个地方也叫作"臭水井"。

后来，这姑娘的头发渐渐长得拖地，麻子渐渐养平；额头不凸了，眼睛不凹了，鼻子嘴皮也全变了。这姑娘的面貌，一时间变得美玉一般，花枝一

---

① 后家：方言，即嫁家。

样，连姑娘的奶奶，也十分诧异。一传十，十传百，传来传去，直传到亲王的耳里。但这位姑娘，除了看守梨园的佣工以外，别无什么留恋。

这亲王逛到滇东，串到滇南，转到滇西的时候，连脚跟都酸了，当他听到剑川海东姑娘的传奇后，心又打动起来。他匆忙赶来，手提京广杂货，口打北调南腔，和江湖贩子一模一样。

他边走边探，终于找到了姑娘家门巷。

一天上午，亲王走进巷口，看见一位老太婆，打坐门墩，口衔短烟杆，手揉旱烟末，叽里咕噜不知说些什么，左边一人陪同对话，右边一姑娘穿着朴素，低着头，两手不停地打着草鞋，油亮的辫子编得长长的，由左肩坠下，一只跷起的光脚板心上，现出几颗红痣来。

亲王心中有数，装出很有礼貌的样子，一面摊开货色，扬言减价出售；一面又说口渴，讨水喝。老奶奶慈悲，叫孙女忙去烧火，并招呼客人进屋稍息，等水开。

亲王故意拖延，愿酬茶水之费，就便分点饭吃，姑娘心无芥蒂，一概应承了。

可笑的是，亲王供养在朝宫，不识乡村土味，他指着大碗螺蛳道："这是什么？"

姑娘指着螺蛳答道："虎眼。"又指空海菜答道："龙须。"又指蒸豆腐道："凤凰脑。"

搞得亲王莫名其妙，赞道："美味！美味！"

饭后，亲王进城，直向州官衙门走去，暗表身份，并一一吩咐停当。州官诚惶诚恐，连夜先请权绅前往说亲，继派礼房干吏，随后压服，骇得老奶周身打颤。

姑娘却一点不怕，她从容喝道："你们做官的，就该来欺压百姓吗？你们做绅士的，就捧红踏黑吗……"骂得一群狗腿子连头也抬不起来。

怎奈兵丁围护，亲邻劝解，第二天清早，一乘绿呢大轿，满盘凤冠霞帔，旗号执事，簇拥催妆，姑娘哭得死去活来，仍被塞进花轿抬走了。

亲王骑马，兵丁簇拥花轿，向城中而来。走到半路，突然闪出一个青年，自称是姑娘的表弟，前来压装送行。

姑娘在轿子里头哭，青年在轿子后面啼，只闻人声，不见人影。这对难舍难分的小儿女，终于被大官人一朝给拆散了。

姑娘进了京，身为贵妃，位居极品。加之丰姿绰约，受到亲王的无限宠爱，但姑娘总是淡淡的；两班文武，内宫亲贵，拜得热火朝天，但姑娘总是冷冷的。姑娘眼中，以为锦衣玉食、绣户珠帘，总是肮脏之物。她看不到田边的禾苗、海面的鱼，她想家乡，想情郎，想乡邻，想剑川的一切……

话分两头，且说那青年自从当天送行之后，精神恍惚，如同失去心肝一样，深更半夜，有时也会惊醒狂叫起来，几次受到主人的责骂，差些把饭碗打脱。

秋高气爽，梨园果实累累，一对对绿毛红嘴的鹦鹉，从四面八方飞来，集合在园子里宴会、跳舞，还唱出清脆优美的调子。这时青年靠着树根，对着影儿呆呆自语道："天地间这些小动物，都能调配自然，双宿双飞，而我呢，连自己亲密的伴侣也找不到了。唉，渺茫的人生，万恶的世道。"

青年越见鸟儿快活，越发急得暴跳痛哭，觉得完全失去了人生的趣味。在迷糊中，似有人在对他嗔道："小伙子，你怎么了，你莫非在想念情人？"青年睁眼望时，原来说话的是一只鹦鹉。

他诧异了，连连问道："小鹦哥，你会说话么？你怎么知道我的心事？我又怎样才能够看到我的心上人？"

鹦鹉道："不难，不难，你要去时，我这里送你一件礼物，包你一定看到情人。"

青年摇头道："我不信，我不信！"

鹦鹉道："你有心去，就叫你相信！"它从怀里投下一件小小的绿色毛衣，叫道："你穿起吧！马上就可以见到你的情人。"

青年半信半疑穿上。忽然他感觉自己飞上了树枝，和绿毛红嘴的小鹦鹉们完全分辨不清了。他问："我的情人在哪里？"

鹦鹉道："家家门前通大路，条条道路通京城，到京城就能见情人。"

他毫不犹豫地飞起来了，他飞过剑湖，飞过姑娘洗涤的水井，飞过雪山，飞过大江，飞过茫茫的湖泽，终于飞到了亲王所居住的宫中。

这天，姑娘午睡方起，独坐庭院，望着一株要开未开的红梅。青年变的鹦鹉眼快，一飞到檐口，就用白语唤道："姑娘，你还认得我么？"

姑娘喊道："该死的，你是啥东西，学人声来骗我？"

"我是海东梨园的佣工，我是海东娘娘的情郎，人变了，心还在，特来陪伴姑娘！"

"口说非真，下来为实，"鹦鹉果然飞下来，仰望姑娘的面容，服服帖帖地任她抚弄。姑娘心中感动，随唤侍女，将它好好留意豢养起来。

日子过得很快,冬尽春来,鹦鹉途中脱落的羽毛渐渐生长起来,还学得一嘴官话,如:"客来了,请坐下!"叫丫鬟:"装烟,倒茶!"之类,也博得亲王茶余酒后开心。

短短的几个月里,鹦鹉亲眼看到亲王的威风,他生杀予夺,为所欲为。鹦鹉恼了,又联想到姑娘和他的不幸,一股无名的怒火燃烧起来。

一日,亲王朝班休假,正舒适地和妃子闲话,提到自己巡视云南时,某府款待失礼,要叫部曹参劾。鹦鹉发怒了,大声骂道:"你这吃人害人的家伙,倚仗皇家的势力,却为一女子跑到万里云南边地,拆散平民的婚姻,剥夺人间的自由。既受人贿,又参人官,扪心自问,岂不羞死!"

亲王从娘肚里出来直到如今,还未曾受过这样的责骂,他一步跳到檐前,要把鹦鹉捏死。娘娘从背后抢来,扯断鹦鹉脚扣,啪嗒一声把鹦鹉放走了。

鹦鹉飞走之后,情根未断,总是盘旋在王府周围。姑娘神魂颠倒,闷闷不乐,才隔三五天光景,就独自徘徊到后苑。见青草池塘,落花片片,越发引起她对鹦鹉的无限相思。这时,鹦鹉来了,丢下一件小小的东西,说道:"这是相思的宝物,你有信心,就穿上。"

姑娘一穿上,便飞身直上树梢。一个绿衣黄里的哥哥,一个黄里绿衣的妹妹,亲亲热热地依偎着。

它们飞越宫墙,穿过京都,直下江南,盘江越岭,回到了故乡,终于,栖落于姑娘洗涤的臭水井旁樟树上。它们在树丛中你追我逐,互理羽毛,过着美满幸福的生活。

至今,臭水井旁还有它们抖落的绿羽,井边樟树上还不时传出它俩相戏的笑声。

三公主(白族)

采录:张象贤 赵云鹤 白族
1984年采录于剑川羊岑

过去,每逢农历二月廿九日,羊岑地区都要举行背观音的集会。届时,人们背着千手千眼的木雕观音,到田间串游。老年人把千手千眼观音称为三公主。

相传观音的父亲是妙庄王。妙庄王身为王者，至贵至尊，金口玉牙，说一不二。

妙庄王有妙英、妙云、妙善三个公主。冬去春来，转眼之间三个女儿都已长大成人。妙庄王亲自为三个公主选婿招亲。老大老二言听计从，完全依照父王的旨意行事，召了两个皇亲国戚为婿。老三妙善很有心计，她要自己择婿，不听从父王的安排。妙庄王给她找来的那几个公子哥儿，她一个都看不上。不是嫌学识浅薄，就是对油腔滑调那一套看不惯。后来父王强迫她与一个花花公子成亲，妙善坚决不从，一怒之下逃到南海香山白雀寺修行。妙庄王大怒，亲自带领兵丁，烧毁白雀寺，想烧死与她一起修行的三十六人。那天，幸好妙善有事出外，躲过劫难。

后来妙庄王生疮，请遍高手名医，吃了不少仙丹妙药都不见效。有一天，一位江湖医生专程前来为妙庄王看病，自称药到病除，妙手回春。刚见面，还未号脉，那医生就对妙庄王说："您身上长着三十六个毒疮，都是致命肿瘤。只有取亲生儿女的左手一只、左眼一只，用文火烤焙，碾成粉末，敷在疮上才可治愈。"

医生走后，妙庄王和大公主、二公主商量，需要用她们的手、眼治病。大公主、二公主不肯答应。数日后，医生又来了，问到药物之事。庄王说："曾与两位公主商量，但她们不肯给，实在无能为力！"医生道："听说您还有一位三公主，何不向她要呢？"妙庄王面有难色地回答："她自幼出走离家，在外修行多年，如今不知下落。"医生胸有成竹地告诉妙庄王："我知道她还在世，可派人到香山去找，她肯定会答应您的要求。但取到手、眼医好病后，您必须亲自到香山拜谢她。"

妙庄王派人到香山探望三公主妙善，言及求药之事。妙善毫不犹豫地答应了。不一会儿就叫人捧出托盘，果见盘中放有手和眼。侍从回来后，照医生的吩咐，制成药面敷疮，不几天妙庄王的病就医好了。

病好后，妙庄王就去香山寻找女儿。走进寺中第一院，只见地上蹲着一只白鹦鹉，它高声唱着："吉祥鸟，迎贵客，跟我去，见女儿！"鹦鹉前头飞，妙庄王随后行。走进大殿，突然看见神龛里端坐着一尊佛，缺左手又缺左眼，遍身鲜血淋淋。妙庄王一见此情，心里明白这就是三公主，他万分激动，脱口疾呼："千手千眼观世音！"本欲喊"添手添眼"，由于心慌意乱，将"添"字喊成"千"字。妙庄王话音刚落，三公主真的长出千手千眼来。后来，人们塑的观音佛像都有千手千眼。

三兄弟（白族）

采录：张福孙　白族
1984年采录于剑川西中

在剑川、兰坪、丽江一带，坐落着三座大山，即老君山、盐路雪山和玉龙山。传说，老君山的原名叫罗均山。

相传，不知从什么时候起，这三座山就定居在剑川、兰坪、丽江地界。罗均山上有九十九龙潭，形成九十九台，重重叠叠，长满苍松古柏；远远望去，就像九重宫殿拜君王。盐路山奇峰异石，蜿蜒起伏，路漫漫，鬼神愁。玉龙山高大巍峨，耸入云端，变幻无穷。

三座山聚居在一起，互为邻居，他们早也见，晚也见，亲亲热热，和睦相处，就像孪生的兄弟一样。他们经常互相邀约，一起谈古论今，吟风弄月；有时则一杯清茶，下棋取乐。三天两头，不是你请客，就是我做东。这样的生活也不知经历了多少个春秋。三山之间的情谊，越来越浓。

有一天，罗均山和盐路山应约来到玉龙山的府上。晚上，一轮明月冉冉升起，他们面对良辰美景，说说笑笑，正当兴高采烈的时候，玉龙山突然说："我们在一起相处，也不知多少年了，彼此兴趣相投。为了天天如此，永不分离，我们何不学人世间的刘、关、张，结拜成兄弟，彼此间也有个称呼。那样就会显得更亲切些。"罗均山和盐路山听了后拍手叫好。但谁应该是大哥和二哥，谁是三弟弟呢？各自都不知道自己到底是哪年哪月哪日生，现在的岁数应该有多大；谁也说不清楚是哪一个先在这儿安的家。

真是好事多磨呀！说千道万，扯来扯去，你敬我让，整整扯了三天三夜，还是说不出一点点眉目来。后来盐路山提出建议："听说碧罗雪山年代久，岁数大。我们何不一起去请他指点指点！"玉龙山拍拍大腿，笑哈哈地说："就这样决定吧！"

第二天，东方才现出鱼肚白，三座山就一同起了床，风风火火赶到了碧罗雪山家里。谁知他老人家还昏睡着呢！大家一起用力推了他一把，把他从梦中摇醒。碧罗雪山睁开睡眼，皱皱眉头，慢吞吞地说："谁高谁就当大哥，这是天经地义的事！"说着说着，又自个儿呼呼地进入了梦乡。玉龙山历来就是个急性子，他看到碧罗雪山平时细言慢语、睡眼昏昏的样子，早就等不得了；现在又见他像死猪一样地昏睡，就朝前拉了拉他的衣袖，高声大气地说："谁高谁矮你来看，请你快快讲！"碧罗雪山猛然惊醒，定了定神，但看来看去，还是拿不定主意。最后，他抬起头，望见身旁的罗均山林深树密，遮天蔽日，直插云霄。于是，他说道："依我看，你们之中，数罗均山最大，罗均山最高。我送你个名号叫老君山吧！其次是玉龙山，盐路山是老三。"碧罗雪山就这样一锤定了音。从此，罗均山又称老君山。

认真说起来，这三座山中应该数玉龙山最高最大。只因碧罗雪山一句话，使他名落在后。他听了碧罗雪山的评议，又气又恼，急得脸红脖子粗，一转身就溜回了丽江。他越想越心烦，一夜之间气得头发胡子都白了。从此玉龙山用云彩遮住脸儿，长年累月不露面。盐路山也自觉没趣，因为这不公平的评议就是由自己引起的。他原先红润的脸庞，突然一阵儿青一阵儿白。自此以后，他少言寡语，变成了个小老头。

墨斗山（白族）

讲述：杨国昌　白族
记录：郑谦
1961年采录于剑川城

在滇西白族民间流传着这样一种说法：仙人在洱源西山丢下了打歌书，西山会打歌的人多；仙人在云龙丢下了唱调子的书，云龙会唱调子的人多；仙人在邓川丢下了泥壁，邓川做泥水匠的人多；仙人在剑川丢下了墨斗，剑川做木匠的人多。

在这里，每句话都有一个传说，现在只讲剑川墨斗山的传说。

剑川坝子东北角的田坝里有一座小山，小山顶上有一座塔。这山的形状和木匠用的墨斗一模一样。山脚下还流着一股泉水，这股水与别处的水不同，一年四季都是黑油油的。

很久以前，剑川坝子的田地大半被海水淹没，加上坝子地势高，又靠近玉龙雪山，天气寒冷，庄稼长得不好。后来被一位好心肠的神仙知道了，他就从天上丢了一个墨斗下来，叫剑川的穷苦百姓做木匠。

墨斗丢下后，就变成了一座山，百姓管它叫墨斗山。山顶上的塔是画签，而黑油油的那股泉水便是灌墨斗的墨水。只要墨斗山不倒，这泉水也就永远流着。

从此，剑川的木匠就特别多，在滇西北一带也特别有名。每年庄稼收种完毕，他们就成群结伙远走夷方①去谋生，他们那雕龙刻凤、出角架斗拱的工艺，没有一个不佩服。

青姑娘节（白族）

讲述：杨慧娘 白族
记录：张文 白族
1984年采录于剑川城
流传地区：剑川甸南、羊岑

"青姑娘"节是白族未婚女子的传统节日。

居住在云南剑川县甸南、羊岑等地的白族妇女，在每年正月十五日，都纷纷凑钱买纸买颜料，专门请人扎一个"青姑娘"的偶像，头上缠绕着白包头，身穿专门染制的、用深浅颜色不同的蓝布拼缝成的白族妇女服装，纪念青姑娘。

传说青姑娘是甸南海虹人，因父母双亡，只得去做童养媳。

俗话说："鸽子斑鸠大不同，童养媳妇难做人。"每天早上，鸡叫头遍的时候，青姑娘就起来挑水去了。天井里那个大石缸，要挑整整十担水才能装满。挑完水后，就忙着下田盘庄稼，上山砍柴。空着肚子劳累了一上午，回来吃饭时，婆婆一家子却背着她，早把好吃的菜都吃完了，只留给她两小碗干饭和一点刷锅水。家里的卤腐、豆豉、腌辣子等酱菜都是青姑娘一手制作的，但是酱菜罐上都贴上了婆婆的封条。

"十里雷声百里闪，公婆有如头上天。"凶狠的婆婆还时常唆使她儿子毒打青姑娘。大打三六九，小打天天有。她三天要挨九回打，过着非人的生活。

一个冬天的早上，青姑娘上山砍柴。当她背起一百五十多斤的栗柴，正

---

① 夷方：指今云南德宏地区及缅甸部分地区。

要赶回家时，只觉得天旋地转，眼前冒出一片火星，马上昏倒在地，不省人事。邻家妹子连忙喂她红糖水喝，才慢慢地苏醒过来。她挣扎着要重新背起摔在路边的那捆柴时，怎么用力也站不起来了，原来是刚才昏倒时，不幸摔伤了脚，右腿一阵阵钻心地疼痛。

同去砍柴的姊妹们把她背到家，只见她婆婆神气威风地坐在台阶上，高跷着二郎腿，"咕噜，咕噜"吸着水烟，吞云吐雾，好不自在。

"大妈！您家儿媳妇昏倒在山上，扭伤了脚，我们把她背回来了。"邻家妹子强压住心头怒火说。

"自作自受！她就是想装病偷懒。叫花子养不起鹦哥，我家可养不起白吃闲饭的人！"青姑娘的婆婆，翻起白眼珠，看着房上的瓦片，不瞧大家一眼，一边抽烟，一边叫嚷。

青姑娘含着泪花，感谢大家："姊妹们，多谢你们的关照！"

大家才离去，她婆婆"啪"的一声，把水烟锅砸在桌子上，声嘶力竭地吼叫起来："摔不死的婊子，你胆敢当着大家装病，今天叫你尝尝老娘的辣子汤！"转身就去喊青姑娘的丈夫。

"口衔槟榔腌舌头，狠毒的丈夫最无情。"她丈夫闻声赶来，不问青红皂白，一拳把她打翻在地，揪住她的头发，用皮鞭狠狠地抽打。从南台阶打到北台阶，把她头发扭成乱丝团，把她身子打成破竹竿。青姑娘喊天天不应，喊地地无门，她把苦水往肚里咽，心里默念着："阿妈呀，亲生的娘！你若还生在世间，我就回到你身旁。汤汤水水亲手端，缝缝补补为你忙；可惜你呀早去世，女儿对谁诉衷肠！"

树上结的果子，有的苦，有的甜；园里开的花，有的臭，有的香。世上有恶人，也有好人。村东的大妈悄悄地给青姑娘挖来草药治伤；村西的妹子悄悄地给青姑娘送来干蒸肉补养身体。在大家的关照下，她慢慢地恢复了健康。

这年正月十五元宵节晚，邻家的妹子来约青姑娘去观灯。她横下一条心，不再遵守"夜不出门"的家规，和大家来到海虹桥边观灯。只见红灯绿灯挂满桥头，锣鼓声声响彻河畔。年轻的伙伴们对调唱曲，欢乐无比。

邻家妹子对青姑娘说："阿姐！你嗓子最好听了。那天在山上砍柴，你教我唱白族调时，山雀都飞来听你唱呢！今天，给大家唱上几调吧！"

"缸里的水，装满了就会溢出来；心里有话，不说就闷不住。"青姑娘清了清喉咙说，"好，今天我给大家唱！"

她亮开歌喉诉说了自己的苦情,唱道:

> 你想金树开金花,你想银树银果香;
> 除非喝干长流水,白费你心肠!
> 水底月亮怎能捞,壁上人影画不成,
> 万丈铁链缠住我,难锁我的心。
> 屋脊两头钉铁钉,点点苦情钉在心,
> 要我一生当牛马,除非日西升!

月亮偏西的时候,青姑娘才转回家。果不出她所料,饶舌的小姑子正在给婆婆告状呢。

她才跨进门,婆婆、丈夫就一齐吼叫起来:"你去唱调子,找汉子,胆敢败坏我家的门风,难道你不想活命了!"

这时,只见青姑娘圆睁双眼,狠狠地瞪了婆婆一眼,沉默了片刻后,转身就走了。

第二天,全村人都出动去寻找青姑娘。找到海尾河边,只见她平时穿的那件蓝领褂挂在河边的树杈上,风吹领褂,发出"哗哗"的响声。青姑娘跳河自尽了。

人们都同情青姑娘的不幸遭遇,每年正月十五青姑娘投河这天,大家都用歌舞纪念她。

绕海会(白族)

讲述:杨绶之 白族
记录:金卓桐 白族
1956年采录于剑川城

过去,剑川坝里,每年逢到六月十五这天,白族小伙子、小姑娘和一些中青年妇女,洗得干干净净,穿上新衣裳和新碎布草鞋,背挎干粮袋、香面袋,从清晨天一亮起,沿着剑湖边的村寨,逢庙烧香磕头,环绕剑湖一圈。这就是绕海会。

这个会据说在元朝初期就形成了。当时元世祖忽必烈为了征服全中国,南下以革囊渡江,首先来征服云南。丽江木天王见忽必烈势力很大,投降了忽必烈。木天王投降后，忽必烈派使者至大理国，劝其投降。大理国将使者驱走不愿投降，忽必烈带兵从丽江到剑川采用武力征服。

　　大理国为了抵抗忽必烈的侵略，派了十八员大将到剑川抵御，把剑川坝变成了争斗的战场。那时剑湖比较大，占了坝子将近三分之二的面积，双方交战就在湖边进行。争斗的结果，大理国被打败了，全军覆没，十八员大将也战死了。

　　忽必烈胜利了，派了部队去打扫战场，对自己死亡的战士，进行安埋处理；对大理国阵亡将士的尸体，则一具具丢进湖里去。后来尸体漂浮起来，顺着湖水漾到岸边，被躲避战祸回来的白族人民发现，将尸体打捞出来，才辨认出他们是为国为本民族而牺牲的将士，于是互相邀约，成群结队地到湖边去寻找将士们的尸体。哪个村寨的群众找到，由他们自行埋葬。如果找到有名的将官尸体，照他模样塑起泥像，盖上庙宇，尊他为"本主"，以示对他的纪念。塑出来的泥像中有的是红胡子，有的是绿胡子，据说这是当时捞上尸体时，海藻、水草等粘在他们的胡子上，塑造时照样将它塑下来。

　　后来每到阴历六月十五日这天，人们为了凭吊历史上为捍卫本民族而英勇牺牲的英雄们，进行绕海烧香，不念经，不唱调子，更不能谈情说爱。人们一串串、一排排相互跟着，沉默严肃地环绕着湖边，到沿湖岸的"本主"庙里敬香磕头。这就是绕海会的起源。

龙 的 传 说

桃子镇黑龙（白族）

讲述：刘禾女 白族
记录：段恕海 白族
1984年采录于剑川东岭

从前，有一个孤女，在财主家当丫头。一天，她在河边洗菜，忽见河里有样东西，朝她面前漂来。她信手一捞，原来是颗熟透的桃子。她又冷又饿，就把桃子吃掉了。不久，她就怀孕了，肚子一天比一天大起来。这事被财主知道后，把她赶走了。

年轻的丫头无依无靠，心里感到十分害羞，只好独自躲到东山脚下，搭了个窝棚住着。不久后，她就生下一个男孩子。说也奇怪，这孩子生下来的第二天就会走路；第三天能留在窝棚里守家；第四天，他就跟妈妈砍柴、拾野菜。妈妈给他取了个名，叫"桃子"。母子相依为命，日子十分寒苦。

有一年，剑湖里出了一条黑龙，它兴风作浪，使海水大涨，淹没了良田，弄得百姓四处逃荒。听说，皇上降下御旨，城里出了告示，说谁有本事，把作怪的黑龙打死，皇上赠以万两金银。一天，桃子对母亲说："妈妈，请允许我去把黑龙打死吧！"妈妈心里十分不安，多次劝阻儿子，不同意他去斗黑龙。但桃子决心为民除害，第二天悄悄跑到城里，撕了皇上的告示。州官知道后，派人把桃子拉进衙门审问。他对州官说："我有本事降服黑龙。但要求给我办好三件事：第一，需要一箩铁馒头；第二，要一箩白面馒头；第三，给我三丈长的铁棒。"还说："我下海战黑龙后，当海面上冒出白泡，你们就丢下白面馒头；海面上冒出黑泡时，就把铁馒头丢下。"州官想试试他的本事，答应了他的请求。临走那天，他母亲很不放心，也赶到海边观战。

只见剑湖里恶浪翻滚，泥浆横溢。黑龙张牙舞爪，不可一世。桃子却向他妈妈磕了个头，并嘱咐妈妈："日后多加保重！"说完，接过铁棒，跳入海中。

一场恶战开始了。剑湖里巨浪滔天，山呼海啸，一时地暗天昏。桃子英勇上阵，狠狠对着黑龙劈头打了三棒。顿时，黑龙两眼失神，血口大张，吐出串串黑泡。岸上的人见海里纷纷冒出黑泡，就将黑铁馒头丢下。黑铁馒头全都卷进黑龙嘴里，黑龙肚子绞痛万分，伸手乱抓，咆哮不已。海里继续传来阵阵厮杀声。这时一股股白泡从海里冒了出来。岸上的人们急忙把白面馒头倒进海中。正好桃子饥饿不得，吃了白面馒头后，浑身增添力气，将黑龙杀翻在龙宫。

天开云散，海水退潮；山欢水笑，百姓高呼。海水平静了，然而久久不见桃子露面。他母亲在海边四处奔走呼喊儿子："好儿子，我的桃子呀！你快出来吧，见见你妈妈……"海水里传出了儿子的回音："妈妈，你多加保重，你的儿子不能出来了……"他妈妈哭干了眼泪，仍然喊呀喊个不停。儿子听到妈妈日夜不停的哭泣声，实在忍心不下，于是给州官托梦，请为他准备两口棺材，一小一大。小棺材内装进金银，另一个二十丈长的大棺材，要盖上红毯。州官一一答应。

为了解除妈妈的思念，桃子决定出海见他妈妈，他将头伸出了海面。他母亲看见血淋淋的龙头，一下子被吓死了。桃子哭声震天动地，就在妈妈身旁自尽了。州官按他所说的办，将母子俩好好安葬了，还将金银分给了百姓们。

龙鱼（白族）

讲述：罗顺义 白族
记录：段继行 白族
1980年采录于剑川东岭

从前，河东村有个砍柴为生的小伙子，与母亲相依为命。

有一天，他去街上卖完柴后，买了一斤肉就匆匆赶回家中给八十老母做晚饭。母亲吃肉他吃干饭。看到老人吃得津津有味，他心里很满足。白天砍柴卖柴，十分劳累，吃过晚饭，他上床就睡，不一会儿就进入了梦乡。

梦中只见一个笑容满面的老人对他说："小伙子啊，你真幸运呀！眼看你的财运来了。"

"老爷爷，你别对我吹大话，让我空喜欢，我这辈子还没有见过一两银子呢！"

"嗬，明天正午时刻，你可要发三百两银子的大财喽！"

"老爷爷，要是能有这么好的运气，我一定给你老人家一半。"

老人走到他床前，凑近他耳朵，说了一阵悄悄话。说得砍柴郎眉飞色舞，从梦中笑醒了。

柴郎照着老人的嘱咐，第二天不去砍柴了。天刚亮他就来到金凤河，手拿着鱼笼，站在激流中等候着。

果然不出老人所料，金灿灿的太阳刚冒出山尖，真的就有三条大鱼一前一后逆流游上来了。中间那条大鱼，特别显眼，在水里发出道道金光。柴郎牢记老人的叮嘱，头一条鱼游上来时，放过它，最后一条也不要捉。他见中间那条金光耀眼的鱼快游到跟前了，就急忙安放鱼笼。鱼果然钻了进去，说时迟，那时快，他猛扑上前，迅速提起鱼笼。嗬！好大一条金鱼，"哗噗，哗噗"地在笼里乱蹦乱跳。

柴郎背起大鱼，来到街上热闹处卖。他把鱼放在砧板上，一旁还摆上明晃晃的砍柴刀。赶街的人都围过来观看，大家赞叹道：这样又肥又大的活鲜鱼真少见。那金鱼一会儿眨眨眼睛，一会儿摆摆尾巴，仿佛在等待着有人来营救。

不一会儿，街头上急匆匆赶来一位须眉皆白手拄龙头拐杖的老头子，后面跟着一个仆人。他挤到鱼摊前，急切地问柴郎："小伙子，鱼怎么卖？"

柴郎故意挥动大刀，在大鱼身上一比一划地说："砍成一截一截地卖，要不是嘛，谁也买不起这么大的鱼啊！"说着，又高高举起柴刀要砍："您老人家要哪一截，我就砍下称给您。"

"哎，哎，别砍！别砍！"老头急得满头大汗，"我整条买下，不知你要多少钱？"

说也奇怪，那鱼从老头子到来之后，眼珠眨得更快，尾巴摆得更欢，好像见到救命恩人似的。

"五百两银子，"柴郎伸出五个手指，"少了一两不卖！"说得旁边看热闹的人都哈哈大笑起来："这鱼虽大，但怎么值五百两银子！"

这时有人出来圆场："小伙子，我公平说个价，三百两银子卖了吧！"

"对，对，三百两银子！"老头迫不及待地说。

柴郎见老头满口答应，心里暗自高兴说："好，三百两就三百两，钱货两清，您整条拿去吧！"

老头叫身后仆人解下身上的包袱，付了三百两银子，让仆人背起大鱼回去了。

原来，这是条龙鱼，是河西龙王的三太子变成的。他要去河东龙王处求婚，半路上被柴郎给抓去了。河西龙王闻讯后急忙赶来，只得出高价买回三太子。

这场戏是河东龙王一手策划的。河东龙王觉得柴郎为人忠厚，有意托梦给他，让他发一笔财。后来，柴郎用三百两银子讨了个媳妇。

小金龙借碗（白族）

讲述：梁吉瑞　白族
记录：李王宝　白族
1984年采录于剑川桃园

桃源坝子中间有一个清澈见底的小龙潭，传说潭里有一条活泼可爱的小金龙。它不仅会喷水造福于民，而且会制作精致的瓷碗，形如喇叭，美观大方。瓷碗上彩画着各种不同神态的龙：有的喷水，有的戏珠，有的飞翔，有的沉睡……真是逗人喜爱。

桃源村子的人，每逢办事请客，就写一张借条，上面写明借几桌大碗或小碗，借用几天。在需要的前天晚上，到小龙潭旁烧香磕头，并虔诚地把借条放进龙潭里。第二天清早，所借用的碗就如数漂浮在水面上，任人取用。

数十年如一日，这条小金龙和当地的人结下了深厚的友谊。借用龙碗的人，不小心把碗打破了，小金龙都不计较。只要把碎碗片如数放进龙潭就行,不需要什么赔偿。令人惊奇的是,那些破碗碎片,一放进龙潭,就会复原如新呢。

俗话说:"人上一百,五颜六色"。后来,有些昧良心不讲信用的人,把好的碗藏起来,不再还给小金龙,或还给它一般的瓷碗,这使小金龙很生气。此后,凡是好借好还的它才借,怀有坏心眼或隐藏不还的,它就不借了。

有一次,一个财主家办喜事,要向小金龙借几桌大碗,可小金龙得知这个人平时待人刻薄,心地狠毒,就没有借他。这下可触怒了财主,他牵来几只恶狗,在龙潭旁把狗杀死,还把狗血狗肉丢进潭子里,用乱石泥土把龙潭填平。不久以后,又从相隔龙潭不远的地方重新喷出一股清泉来。但人们再也借不到碗了。

墨斗山独眼龙(白族)

讲述:杨树发 杨美吉 白族
记录:杨锦文 白族
1984年采录于剑川城
流传地区:剑川东岭

剑川坝子中间,有一座墨斗山。传说山底有海,海中有个龙宫,宫里住着独眼龙王。它为什么瞎了一只眼睛呢?

古时候,墨斗山旁的后营村里有个杨木匠,结婚三天后就出门做活挣钱去了,丢下新媳妇一人在家。他媳妇身材苗条,圆圆的脸,大大的眼睛,说话像唱曲,十人见了九人夸。

一天夜里,有个宽额大鼻的小伙子钻进杨木匠的洞房来,调戏杨木匠的新媳妇。新媳妇大声叫喊时,小伙子突然失踪。洞房门依然关得牢牢的,真是怪事一桩。如此夜夜折腾,弄得新媳妇日夜不安。人们推测,这准是墨斗山龙王的公子又出来捣鬼了。村里一位好心的老大爷教给新媳妇一个降魔的法子,让她不妨试试。

那天,小伙子又来了,新媳妇把烟杆油子兑入酒中,装出高兴的样子,好言相慰,趁机将小伙子灌醉了。不一会儿,药性发作,小伙子浑身发抖像筛糠,头痛欲裂满地滚,他嘴里哼叫着,他是墨斗山龙王的三公子,死后定叫父王为他报仇。临逃走时还把新媳妇的黑头帕裹在头上。第二天，在墨斗山南面小龙潭旁的草丛里，躺着一条断了气的大花蛇，头上还缠着黑头帕呢！

五月栽秧时节，杨木匠出门回来，黄昏时，路过墨斗山，遇见一位老倌。两人攀谈起来，十分投机。老倌请杨木匠到他家歇一歇，吃点东西。杨木匠诧异起来：怎么我不认识他呢？他家在哪儿？老倌说："你朝我的袖筒里看看吧！"说时迟，那时快，杨木匠往他袖筒里望了一眼，自己就已站在高大宽敞的水晶宫殿中。杨木匠才意识到，这就是墨斗山龙王和他的龙宫了。吃完饭后，龙王领杨木匠去散步，只见宫外到处是五光十色的珊瑚树丛。无意间发现树枝上吊着一块人形砧板，样子像他的新媳妇。他心里一振：这是怎么回事？龙王看到杨木匠惊呆的样子，皮笑肉不笑地问："老实告诉我，你家在哪儿住？家里还有些什么人？""不是早告诉您了吗？我是金龙村人，家里有爷爷、奶奶、父母、兄弟姊妹十多人吃饭呢。"杨木匠连忙答道。"那你为什么走过了呢？""你家①老了，我很年轻，应该多送您一程。"龙王高兴了。杨木匠告别时，龙王热情地对他说："碧玉、水晶、玛瑙你喜欢什么就拿什么，不必客气。"杨木匠想了一想说："我做木工活计，有块坚实的砧板，垫起来削木头顶合适。您就把挂在外面的那块砧板送给我吧！"龙王面有难色，但又不好反口，只得让他带走了。

杨木匠回家后，见他的妻子背上生满恶疮，流血淌脓。妻子将事情发生的经过一一告诉给他：自龙王公子被她毒死后，她在梦中觉得被人抓进龙宫里，醒来后背上就长出毒疮，疼得死去活来。不知什么原因，丈夫才一回家，病就好了一大半。

杨木匠把自己的奇遇告诉给妻子。心想，原来龙宫中吊着的砧板就是妻子的替身。自己能够要得着砧板，说明龙王还不知道他的身份和底细。多危险啊！

联想到墨斗山龙王平时的所作所为，杨木匠心里非常愤恨，龙王不但纵容几个公子干坏事，还年年兴风作浪，让洪水暴涨，冲破金龙河堤，使地势低洼的后营村四周变成一片水海，毁坏了良田，冲倒了房屋。

杨木匠下定决心要除掉墨斗山龙。

---

① 你家：白族人对长辈的尊称。

杨木匠邀约了几个木工师傅，日夜苦干，要造两条木龙与墨斗山龙搏斗。他们上山选取质地坚硬的牛筋树做龙骨架，还专门挑选景东钢做龙爪龙牙。开光那天，杨木匠咬破手指，把鲜红的热血点在两条木龙的耳、目、口、鼻七窍上。他口里念着"木经"①，顿时，木龙变成了真龙。只见两条巨龙金甲生辉，眼射光芒，张牙舞爪，斗志昂扬。

杨木匠双手按住龙头，高声宣战："墨斗山龙，丧尽天良；纵子作恶，生灵涂炭；年年决堤，黎民遭殃；替民除恶，忠肝义胆！"他一声令下："出发！"两条木龙就闪电般地跃入山脚龙潭，不一会儿就无影无踪了。又一会儿，就听到山底下发出阵阵轰鸣声，震得山摇地动，还下着倾盆大雨。龙潭里不断涌出一股股混浊的黑泥水，水中还浮现出血肉丝丝和牛筋树木片。隔了半天，雨过放晴，才风平浪静。

从此以后，墨斗山龙王一直不再露面，水淹良田和龙公子淫人妻女的事不再发生了。

人们还发现墨斗山龙潭里的鱼儿都是独眼。原来是杨木匠的两条木龙把龙王的眼睛打瞎了一只，连鱼兵鱼将都变成了独眼了。

牧童与龙女（白族）

采录：杜惠荣
1960年采录于剑川城
流传地区：剑川、鹤庆

很久以前，东坡有个穷苦的孩子，也不知叫什么名字了。爹妈死时，只留下他孤零零的一个人和一对小羊羔。这孩子很会照管羊子，羊子一年生一对，两年生四对，不几年，就成了一大群。从此，孩子就天天在象眼山放羊群，日子越过越快乐。他从山上砍来一截竹子，做成了一支小笛子，放羊时，就吹他的小笛子。传说，他一吹起笛子来，河边的柳树都会迎风摆，山上的树叶子就会落下来，几百只羊子一听到他的笛声，就会乖乖地吃草，不叫也不跳。

---

① 木经：相传是木匠祖师鲁班传授给剑川木匠的一部木工经典，系口耳相授。懂木经的人不但工艺高超，而且能降妖制怪。

有一天，太阳刚落山，赶着羊群下山时，又吹起他的小笛子，不料笛声飘下山坡，落进龙潭里，被龙王的三姑娘听见了。那时，龙女正在龙宫的后花园里玩，听见笛声，就呆呆地望着花园外边碧玉一样的海水。这样好听的笛声，龙女还从没有听到过。从这时起，龙女每天都要到后花园去听牧童吹笛子，她想外面的世界，一定比龙宫里好得多哩，到外面去玩玩该多好呀！可是父王订有家规：龙宫里的任何人不许到外面去。

三公主是个很美丽的姑娘。曾有四十九个龙子向她求过婚，但她很讨厌龙宫里的生活，一个也不答应。

有一天傍晚，龙女又听见笛声，便不顾家规，悄悄地从后花园溜到龙潭外面去了。一见放羊孩子，龙女就爱上了他。放羊孩子正吹着龙女最喜欢听的曲子。龙女也顺手从树上摘了一片叶子放进口里，还了他一曲。

放羊孩子愣住了，哪来的这个姑娘？她吹的叶子赛过了笛声，她的美丽赛过天上的月亮。他问龙女时，龙女告诉他，她是龙王的三公主，因为喜欢听他吹的笛子，才悄悄地溜出了龙宫。这一下他心里可乐开了花，一个无亲无故的放羊娃娃，有谁爱过他呢？现在是龙王的公主爱上了他呀！

从这以后，他更爱吹笛子了，他的笛子比以前吹得更好听了。每天上山，他吹起笛子，龙女就从龙潭来到山上，跟他一起放羊。有时龙王不在龙宫，龙女还悄悄地把他带进龙宫去玩。

谁知，有一天，放羊孩子把笛子吹了一遍又一遍，吹到太阳都快落山了，还是不见龙女到来。他心里焦急地想，龙女到底出什么事了？正在这时，一个宫女慌慌张张地跑来说，公主每天偷跑出龙宫，被龙王知道了，关在龙宫里了，叫他赶快去救她。

听见宫女的话，气坏了放羊孩子，他赶着羊群，挥动手里的羊鞭，马上就向龙宫冲去。这时，龙王从龙宫里出来，见黑压压一群羊向他冲来，吓得向山岩里退，放羊孩子的羊鞭正好打在他身上，于是龙王一个"倒栽葱"，像滚石头一样滚下象眠山。现在象眠山南面有两条冲，有人说这是龙王滚下山时，他的两只角擦出来的。从此，象眠山南面山坡上没有人敢去吹笛子、滚石头，只要一吹笛子或滚石头，就会刮恶风下暴雨。

龙王被打滚下山后，放羊孩子又赶着他的羊群，冲进龙宫里，羊群就变成了一群小鱼，放羊孩子就变成了一条大鲤鱼。所以人们就把这个龙潭叫"羊龙潭"。

王老渔和龙三妹（白族）

采录：杨德秀 白族
1984年采录于剑川城

很久以前，有一个勤劳的渔夫，没有妻室，没有土地，住在一间破烂的小草房里。因为姓王，人们就叫他"王老渔"。

一天，王老渔到一个龙塘里捉鱼。他把龙塘水堵起来戽干，正准备捉鱼的时候，堵着的水冲了下来，又捉不成了。这样一堵一戽，堵了七次，戽了七次，一条鱼也没有捉到。王老渔想，捉不到鱼，就是石头也要拿回去一个，就拿了一个龙塘里的石头，回家放到自己的枕头下。

这石头不是平常的石头，是颗夜明珠。每到晚上，它就发出很亮的光，近处看不见，越远越亮堂，光芒一直射到天宫。天帝知道了，就派天兵天将来搜查这颗夜明珠。

天兵天将在村子里搜了一遍。他们看着王老渔的破草房，以为穷人不会有夜明珠，就不来搜查，也就没有搜到这颗夜明珠。王老渔问天兵天将："这夜明珠有什么用？"

天兵天将说："这颗夜明珠是无价之宝，只要丢进龙塘里，龙门就会打开，就可以到龙宫向龙王的姑娘——龙三妹求婚，享尽富贵。"

渔夫听了这番话，心中非常高兴，就照着做了，结果真的到了龙宫里，得到了美丽的龙三妹。龙三妹问王老渔有没有土地，王老渔非常难过地说："没有，现在住着草房，地基还是天帝借的。"

龙三妹说："你去和天帝说，'我打鱼攒了几个小钱，想盖几间房子，能不能把这块地卖给我？'"

王老渔记着妻子的话，到天宫向天帝说了一遍。天帝说："你能在三天内盖起房子来，我就把地送给你；若盖不起，我就把地收回。"

王老渔回到家里，着急地把天帝的话告诉龙三妹。龙三妹说："不要着急，我自有办法。"

天帝派兵将下来查看，第一天没见王老渔动手，第二天也不见王老渔动手。第三天，王老渔对妻子说："这事怎么办？"

龙三妹不慌不忙地说："你到我娘家去,把门后挂着的那个葫芦借来,说用半天就送回他们。"

王老渔跑到丈母娘家借葫芦,回来时已经晌午了。龙三妹接过葫芦,烧起一炉香,在地基四周点起灯火,念了几句祷辞,一打开葫芦,就从葫芦里走出很多木匠、石匠、泥水匠,木头、石头一大堆,不到半个时辰,就把房子盖好了。

天兵天将见房子已盖好,就回去向天帝报告。王老渔也到天帝那里说:"天帝,我的房子已经盖好了,特来道谢您送我那块地。"

天帝知道天兵天将搜查夜明珠时大意,王老渔已娶龙三妹做妻子,就故意找茬子,说:"王老渔,你娶媳妇也不请我喝酒,明天必须拿一百条大肥鱼送我,若不拿来,我就要杀你!"

王老渔回到家,很难过地把这事告诉了妻子。龙三妹说:"不要紧,明天再说吧。"

第二天,龙三妹叫王老渔采了一百张香蕉叶子,剪出一百条肥鱼装在鱼笼里,叫王老渔拿到天宫,在天帝殿门前的天河中浸一浸,再送给天帝。

王老渔到了天宫,把鱼笼往天河里一浸,香蕉叶子就变成了鲜蹦活跳的肥鱼。天帝收下一百条肥鱼,暗暗佩服。后来他又出了几道难题,龙三妹都应付过去了,天帝没有办法,只好算了。

从此,王老渔和龙三妹过上了自由、幸福的生活。

观音老母卖干黄鳝（白族）

讲述：杨长秀　白族
记录：马树堂　杨锦文　白族
1980年采录于剑川朱柳
流传地区：剑川、洱源

传说很久以前,剑川坝子十年九旱。坝子里只能种一些洋芋、苦荞、包谷,栽稻子吃米饭是做梦也不敢想呢!

观音老母来到剑川,看到大地龟裂,庄稼枯死,老百姓没饭吃,心里十分难受。

观音老母调来一百零一条呼风唤雨的巨龙,把它们全变成干黄鳝。她装扮成一个孤苦伶仃的白族老奶奶，提着破竹篮，篮里装着干巴巴的黄鳝，专门到旱情严重的村寨叫卖。

观音老母拄着一根破竹竿，一步一跛，十分艰难地走着。她衣裳破烂，露出骨瘦如柴的胳膊，嘴唇干裂，声音颤抖嘶哑，一路叫卖："三十两银子买一条干黄鳝，主人爱的是真龙。"

一天，观音老母来到东乡叫卖，她边走边喊，还挨门挨户讨水喝："渴死我了，渴死我了，谁给我一瓢水喝，我就送给他一条干黄鳝！"

这里旱象十分严重，井里头的水都提干了，连泥浆水也打不出来。任随老奶奶怎样可怜巴巴地讨水喝，也没有一个人理。大家听到她"三十两银子买一条干黄鳝"的叫卖声，越发觉得好笑，更没有人理睬。从太阳还没有出，卖到满天星星时，也没有卖掉一条。晚上，她叫开了一户人家的门，老两口很同情她，非常热情地款待她：给她烧热水洗脚，给她煨热茶解渴，还招待她吃晚饭，并留宿一夜。

观音老母见这两位老人，人穷心善。于是，临别时赠给他们一条干黄鳝。她把干黄鳝放进锅里，盖好盖，嘱咐："等吃午饭时，才可掀开锅盖。"但老汉不到中午，就掀开锅盖。只见黄鳝已变成一条小金龙。锅盖才掀开一半，小金龙腾空而去，飞到东山脚下，从此，东山脚下就淌出一股长流水。

观音老母又到野鸡坪，遇着一个卖草鞋的老大妈，老大妈见她赤脚走路，脚上磨起了泡，就送给她一双草鞋穿。

观音老母对老大妈说："慈善的老人，你送我一双草鞋，也帮不了我的大忙。花三十两银子买我一条干黄鳝吧，我家里还有八十岁的老母，还等着我回去给她做饭吃呢！"

老大妈听了，心里像猫抓，说："好吧！我身上正好有三十两银子，这是全村人打井抗旱的钱，你先拿去用。"观音老母接过三十两银子，递给老大妈一条干黄鳝，走了。老大妈随手把干黄鳝丢在山箐里。一眨眼，箐里就冒出一大股水。这就是现在的野鸡坪龙潭。

观音老母的一百零一条黄鳝，送了一条，卖了一条。还有九十九条没有着落。她看到剑川境内就数老君山高，就把它们放到老君山上了。这样，老君山就有了九十九个龙潭。

本主传说

红沙石大王（白族）

讲述：赵春贵 白族 70岁
记录：瑞鸿　瑞林　乐夫 白族
1981年7月采录于剑川沙溪寺登街
流传地区：剑川沙溪

一千多年前，剑川沙溪黑潓江东岸的南妹村里，有个九十九岁的老奶奶。那天，她上东山去收蕈子，捡到一块巴掌大的方块红沙石。这石头一会儿金亮金亮，一会儿银亮银亮，细心一看，又是红亮红亮，十分逗人爱。老奶奶想：我快活到百岁了，还没见过这么稀奇的石头。带回去摆在堂屋里，比花瓶子还要美；就是给几个曾孙玩玩，也够他们喜欢哩！她拿定主意，把红沙石放在背篮里，又把蕈子轻轻放在上面。然后，把背板往肩上轻轻一扣，也不套"顶额带"，就轻飘飘地背着回家去了。

谁知走一节，重一节，越往村子方向走，背子越重。老奶奶自言自语地说："我一生什么重的东西没背过？为何小小沙石这么沉？难道你是仙家的东西有神力吗？"她一步又一步吃力地下坡，朝着南妹村里走去。到了村后的一个高坡上，实在背不动了，就把背篮"咚"的一下，搁放在歇肩石上。她先把蕈子取出来，再去端那块红沙石时，只见石头长大了，大得挤满了背篮；不是大力气，休想搬出来。老奶奶只得用围腰兜着蕈子，把背篮放在那垛歇肩石上，回家去了。

她回到村里，向大家讲了这件奇怪的事情。第二天，大家就去看那块红沙石，都说：这实在是一块奇特的石头。随后，就由几个大力气汉子，把石块从背篮里搬出来，供在那垛歇肩石上。再由南妹、西妹两村乡亲砍木料，烧砖瓦，筑围墙，盖起了一座庙宇，把石块尊为"红沙石大王"，作为全村本主。庙南的南妹村就改叫作南门村，庙西的西妹村改作叫西门村。

从此以后，两村百姓的日子一年比一年好，真是：一年三熟，四季安乐，五谷丰登，六畜兴旺，十分欢乐。这消息像清风一样，吹遍四乡八寨，像云彩一般，飞向四面八方。附近村落都羡慕百岁老人给两村乡亲背回的这块"安乐石"。

消息传到山那面的一个村子里，几个小伙子暗中商量：我们去把这块红沙石偷回来供起①，日子也一定会好起来。小伙子们做事情，说干就干，他们一行八人，连夜翻过山来，悄悄扛走了这块红沙石。

西门村、南门村的人，第二天一早前去敬香，发觉"红沙石大王"被人偷走了，喊叫起来。两村老小一齐出动，到处去寻红沙石的下落。

人们找到山东面的这个村子里，小伙子们觉得藏不住了，就慌忙把红沙石丢到海子里去。谁知这时的"红沙石大王"，却又轻得像树叶子一样，漂浮在水面上，按下又浮了起来。西门村、南门村的乡亲们认准了浮在水面上的红沙石，是两村托福保佑的本主大王，便七手八脚，下到水里，把它捞了出来，扛回村中的本主庙里供起。后来，又请来石匠，刻上了龙王的像，说是只有龙王石，才能在水皮子上浮起来。

可是，经过这番周折，"红沙石大王"不再像从前那样灵验了。庄稼像从前一样，好一年，坏一年，日子也过得平淡下来了。只不过沙溪坝子和西山上的石头，从此都变成了一色的红沙石，好雕花，好刻像，凿起来是软绵绵的，但镶砌起来，又是硬邦邦的，一直成为沙溪地方建筑的好材料。这红沙石漫山遍野，到处都有。有名的剑川石宝山石窟雕像，就是用这红沙石雕琢出来的。

大黑天神（白族）

讲述：阿唐波 白族
记录：陆家瑞 白族
1980年采录于剑川甸南
流传地区：大理、洱源、剑川

剑川狮河村分上河、下河两个寨子。本主大黑天神，传说原是玉皇大帝

---

① 供起：方言，供着。

身边的侍者。

三月初三，玉帝临朝时，值日星君接二连三来报：好几位大仙不来上朝，经查已私逃人间。玉帝坐在龙椅上，气得吹胡子瞪眼睛，心想：凡间有何稀奇，惹得真人、大仙摆着天福不享，偏动凡心？难道玉液琼浆、蟠桃仙果比不上人间粗茶淡饭么？今天我倒要看看凡间有何美景、乐趣！于是来到南天门外，盼咐云神拨开云头，观看人间。

呵呀呀，这一看，可把玉皇大帝惊呆了。原来他看到的正是狮河地方的春景。只见桃红柳绿，豆麦扬花，小秧正绿。下河村南，剑湖像面明镜；上河村后，松青柏翠，山泉潺潺。田野正闹春耕：白衣绿袖红坎肩的白家女子，像一群喜鹊，边薅秧，边唱着动听的白族调。白家汉子赶着耕牛，翻田犁地，悠然自乐。小船儿漂在湖上，渔歌阵阵；牧童光着身子，嬉笑戏水……这一幅生气勃勃的春景图，天宫里怎能找得到呵！

玉皇大帝越看越忌妒。他不能容忍人间胜过天宫。回到宫里，叫瘟癀昊天大帝送来一瓶瘟药，派身边侍者把它撒到人间去，让人间人亡畜死，树枯水干！

侍者不仅长得俊秀，心地也十分善良。他不愿做这种伤天害理的事，无奈玉帝下了圣旨，只得违心地带着瘟药下凡来。他驾云来到狮河上空，正值夜半三更，万物都在沉睡，人们做着甜蜜的梦，大地静悄悄的，只有风儿吹送着花香。呵，多么安谧、美妙的人间呀！侍者打开瘟药瓶，心里左右为难。撒下去吧，他不忍心把这么美好的人间毁了；不撒吧，违了玉帝圣旨，定被送上断头台，或者永远打入天牢。怎么办？怎么办？忽然，雄鸡一声高叫，东方发白了，勤劳的白家人下地了，笑语喧哗，牛鸣马叫……他更不忍心把瘟药撒下去。到底怎么办呢？他决计牺牲自己，拯救万方生灵，便把瘟药全喝到自己肚里去了。

人间免除了一场大难，可是侍者喝了瘟药，俊秀的脸膛被烧得黑乎乎的，像个马蜂窝，霎时浑身发肿流脓，双脚软飘飘的，再也驾不住云头，跌落到上河村的后山上。

太上老君把这事托梦给狮河人，上河村的百姓十分感动，把侍者奉为本主，在他跌落的地方盖了本主庙，让他享受人间香火。因为不知他的名字，就尊他为"大黑天神"。

石母（白族）

讲述：李佑昌　白族
记录：原草　白族
1980年采录于剑川兰州
流传地区：剑川上兰、马登

在剑川兰州坝西山脚下，有一个山清水秀的山村。村里生下男孩常取名石宝、石林、石春、石旺……女孩常取名石珍、石妹、石兰、石秀、石花……名字上都带个"石"字。为什么要这样取名呢？

原来，村子后面有条山沟，沟口路旁有块大石头。有一人多高，两三人才能围抱过来。周围还长满了杂树野草。当地白族群众尊称它为"咒某扣"，就是"石母"的意思。生了小孩的人家，要到"咒某扣"前烧香、磕头，将小孩拜寄给它，认作干妈，所以取名时就要带上"石"字。据说，这样石母就能保佑小孩平安长大。

相传，很久以前，白子白女的祖先在兰州坝里居住。坝子里长着茂密的森林。人们相依为命，合伙在树林里打猎、采野果、挖野菜，不分彼此，共同生活。

有一天夜晚，突然从天上掉下一个火球。半夜三更，只听"砰"的一声响，整个兰州坝都晃荡起来。声音把人们从睡梦中惊醒。哭的哭，叫的叫，人们都惊慌失措，不知道是怎么一回事！只见白火光从西山脚冲天而起，把整个兰州坝照得如同白昼。大火烧起来后，越烧越旺。人们只得扶老携幼朝东边的老君山上跑去。很多人因跑不脱，被活活烧死。大火烧了三天三夜，大地变成一片火海。

火球落下去的时候，在西山脚下砸开一个大窟窿。大火烧到第四天夜晚，从那个窟窿里冒出了一股水，越冒越多，向四面八方流去，把大火扑灭了。

逃到老君山上的人群，看见大火被地下冒出的水冲灭了，高兴得唱起了歌，跳起了舞，欣喜若狂！谁料到，大水不停地往上涨呀涨，从山脚涨到山顶，整个坝子又变成一片汪洋。

十天之后，水面离山顶只有一小点了。唯有跑到山尖尖上的那些人还活着。这些人也绝望啦！如果大水继续往上涨，不消几个时辰，他们也将被大水吞没。人们相对无言，低声哭泣。

这时，忽见水面上漂来一条小船。从小船里走出一位面容端庄的女人，她年纪不大，二十多岁的样子。她走出小船后便踏上一朵五彩祥云，飘落到山顶上来。

她用白族话亲切地对大家说："我是咒母（石母），咒母是我；白子白女，命不该绝；救苦救难，成事在我！"

"啊！传说中的'挤舍介言'①来搭救我们啦。"人们欣喜若狂，奔走相告。

石母张开嘴巴一吸，便把在老君山顶上避难的白子白女都吸入肚内。她摇身一变，就变成一块巨石。

"砰咚、砰咚……"巨石（石母）从山顶一直滚到西山脚，落进火球砸开的那个窟窿里。洞有多深，石有多大。巨石把大窟窿填满了，只剩一小块石面裸露在外。火球砸开的破洞堵住了，地下水不再往外流淌。

巨石在坝子里滚过的地方变成了白石江。坝子里的水就从江里往海子里流去，七七四十九天之后，水都退完了。

巨石裸露在外的那部分就是现在的"咒母扣"。水退完之后，咒母扣张开嘴巴，把那些吸入肚内的白子白女们都吐出来了。他们三五成群分散到兰州坝里居住。最后吐出来的是十七八岁的一男一女。他俩就在咒母扣旁定居下来，结为夫妻后繁衍至今，便成了一个大村寨。他俩的后代自称"咒子咒拥"（石子石女），取名时都要带"石"字。

告城隍（白族）

讲述：杨子仙 白族
记录：七九　剑民 白族
1980年采录于剑川东岭
流传地区：剑川金华、东岭

过去，剑川县城内有一座城隍庙，金华镇及附近村寨里的人，都把城隍老爷尊为本主。

---

① 挤舍介言：白语，创世人。

据说城隍老爷很灵验，求福赐福，求子得子……有求必应。因此，城隍庙里香火很旺，每日前往朝拜的人络绎不绝。

相传城内有一个年轻秀才，人很聪明能干，特别爱动脑子，他对"四书五经"早就读腻了，经常逃学，不去读书。

听说城隍庙是个热闹去处，于是他就天天到那儿闲逛。有时，在一旁看人们朝拜城隍，有时干脆爬到城隍背后，接受人们的朝拜。

来谢城隍的人不出这么几类：有的出门做手艺，求城隍保他平安归来；有的经商做生意，求城隍保他财源茂盛，发家致富；有的读书人，求城隍保他功成名就，禄位高升；盘田人则求风调雨顺、五谷丰登、人畜两旺、无灾无病。

有一天，时近黄昏，城隍庙里人已冷清。秀才正要回家吃饭，忽然见几个人鬼鬼祟祟溜进庙来。他急忙闪身躲到城隍背后，想看看这些人到底搞什么名堂。

只听为首的那人一面跪拜，一面祷告："弟子们要做一笔不下本钱的买卖，要到北边路上向过路人借钱，求您保佑一路顺风，财运大开。事成之后，猪羊大祭，再来拜谢！"

秀才心里十分气愤，想不到拦路抢劫的强盗也来求城隍保佑！真想一步跳下神龛，将他们擒拿归案。才一迈脚，又觉不妥：他们人多势众，自己身单力弱，万一被毒打一顿，实在不划算。只得强压怒火，眼睁睁望着他们离去。

几天之后，秀才又到城隍庙看热闹。只听鞭炮声震天，鼓乐大作，一伙人抬着三牲九礼前来谢城隍。一进殿堂，他们磕头如捣蒜，祭祀一番后就在天井内大吃大喝，划拳行令，个个醉得东倒西歪。原来，这一伙人正是前天来求城隍保佑的那几个贼。真想不到呀，被万民尊为本主，视为神灵的城隍老爷，也是个贪得无厌的昏君。瞎子见钱眼睛开，只要闻到肉味酒气，居然保佑起强盗发财来了。公道何在？天理难容！秀才决心惩治城隍。

一连几天，秀才不到学校一转。教书先生问学生："最近他又去搞什么名堂？"与他相邻的一个学生说："他在家里写状子。""写状子！要告谁？"先生诧异地问。"告城隍！"学生说。"告城隍！真是闻所未闻的怪事。"先生决定亲自到秀才家看个究竟，弄个明白。

放学后，教书先生匆匆赶到秀才家中。他正在书房振振有词地宣读告城隍的状子呢。先生一听，吓得伸舌头，忙进书房，一把将状子抢到手，急得连连摇头："城隍乃本境之主，岂容下民上告。你胡作非为，真是狗胆包天！"

先生不容秀才分说，拿起状子跑到他家厨房里，将状子烧化在灶洞里。秀才笑着对先生说："我正愁状子无处递送，您把它烧化在灶洞里，岂不是帮我告了通天状。"

先生丈二和尚摸不着头脑，问："你胡说些什么？"

秀才不慌不忙地说："灶君老爷是玉皇大帝派来人间的巡察大使，专门向皇上禀告人间不平之事。您把状子烧化在灶洞里这不等于把状子递给了灶君老爷；灶君老爷把状子呈送给玉皇大帝，岂不是帮我告了通天状！"一通话，说得先生哑口无言。不久，剑川发生了病症。害病的人身上长满脓疮。痛得哭爹叫娘，用什么药都治不好。三番五次到城隍庙里磕头烧香，也不灵。

守城隍庙的那个人，家里头的孩子也染上怪病。他想起爷爷骟猪时，只要在刀口上抹上一点尘土，伤口就会愈合。既然城隍保万民安康，何不用城隍老爷身上扫下的尘灰试试。

他把这个想法告诉给秀才，秀才一听，说道："你不必怕，我已告了一状，奏准千刀万剐城隍爷！"城隍庙看守壮着胆子一试，果然灵验。

此事一传十，十传百，百传千，大家都来取城隍身上的泥土治病。不出几天，泥塑城隍爷只剩下一副木架子。

本主吃肉又喝汤（白族）

讲述：施阳育 白族
记录：施阳育 耳东 白族
1980年采录于剑川沙溪

华丛山脚下有一座古庙，庙里的菩萨系木雕而成，人们叫它"五百天"，它就是邻近几个白族村子的本主。庙子修建年代较远，又无人奉祀香火。年深日久，庙破草深，庙内爬虫野兽经常出没。木雕神像身上已朽了几个洞。

每逢四时八节，邻近村子里的百姓就带上三牲香火来到庙里烧香磕头。

人们把三牲等供品摆到桌上，口里念念有词，跪下祈求神灵保祐赐福。待起身时，三牲等供品都不翼而飞。烧香磕头的百姓都万分高兴，认为"五百天"吃了自己的牲礼，磕头一定灵验，往后家里必定吉庆平安。但也有人半信半疑。

一天，有个外号叫"半相信"的中年汉子买了一块猪肉，到本主庙里来煮。煮熟后便把肉和其他供品都放到本主老爷的供桌上。为了要看看本主老爷是怎样吃供品的，他在磕头时特意侧眼偷看，忽见一个怪物从本主老爷的口中伸出来，闪电般地把供品吸进口中。"半相信"吓得目瞪口呆，自言自语地说："世间果然有这样奇怪的事？"他沉思片刻，心生一计：把火塘上那锅烧得滚烫的肉汤倒入本主老爷的口里。他一面倒一面说："五百天，肉也吃，汤也归你喝吧！"肉汤一倒下去，只听本主老爷的肚子里咕噜咕噜地响起来，把本主老爷震得左摇右晃。"半相信"头也不回，赶快往庙外跑。

这时，庙门外有几个砍柴的白族汉子在大树底下歇脚。见"半相信"吓得这般模样，便上前问他出了什么事。"半相信"把刚才发生的事情给几个砍柴汉子讲述了一遍。他们想看个究竟，几个人便拿上砍刀，提着斧头闯进庙子里。只见本主老爷往前倒在供桌上，它脊背朝上，嘴巴在啃着那盘油煎的"干馓片"①。"五百天"脊背后有个大洞，往里一看，被烫脱了皮的大蛇死在本主腹中。

本主山神一起供（白族）

讲述：赵志恒　李崇儒　白族
记录：赵文杰　白族
1980年采录于剑川兰州

象图村是剑川境内较大的一个山村，原来叫核桃树村。村子西北边的高坡上有座本主庙，里头塑着本主黑岩景帝和两尊山神。为什么把山神和本主供在一起呢？

相传很久以前，这里是无人居住的黑山大箐。有一天，放羊的阿七、阿

---

① 干馓片：米粉制成的食品。

八两弟兄因迷路来到这里。晚上，他们就把羊群围拢在一垛大黑岩下宿营。已经是深秋，但他们反而感到分外的暖和。羊群十分安静，连两只牧羊狗都没有叫过一声。第二天，日高八丈，两兄弟才醒来。哥哥告诉弟弟：昨夜他梦见一个穿绿袍红裤的人，从那垛大黑岩子里走出来，对他说，安心在这儿放羊吧，我一定保护你们。哥哥话音未落，弟弟就抢着说：他也做了一个与此相同的梦。穿绿袍红裤的那个人，手里还拿着青丝红线扎成的放羊鞭。于是他们就继续在这儿放羊。

第二天，两弟兄把羊群赶到山沟里放牧，突然遇着两头豹子，羊群被惊散了。两兄弟四处找羊，太阳落山时，才找着不到一半的羊只，只好没精打采地回到住处。不料天黑以后，丢失的羊子都陆续回来了。他们细数了几遍，一只不差。两兄弟要睡时，忽然看见穿绿袍红裤的人出现在眼前，对他俩说："今天，豹子没有伤着你们的羊子吧？要是少了一只羊腿，我就把它们剁成肉酱！"又说："大黑岩就是我的化身，以后有什么困难，只要对大黑岩讲三遍，我肯定帮你们解决。"说完就不见了。

转眼就过了两三个月，两兄弟十分想家，但又舍不得离开这个地方。商量结果，叫哥哥回去说服家中人搬来这里住。哥哥去后，弟弟开了一块荒地，把口袋里剩下的大麦撒下，同时还种核桃树。所以现在象图人习惯种大麦，而且核桃树特别多。第二年立夏那天，哥哥带着老母亲来到这里。得知家乡被山洪淹没，几个哥哥都被淹死的消息，弟弟心如刀绞。幸好老母亲那晚去邻村探亲，才免遭危险。到第三天，他们开始收割弟弟种下的大麦。从此以后，象图人一定要在立夏节令的第三天才开镰收割大麦，相沿至今。

阿七、阿八两弟兄在这里定居后，日子过得很称心。人们纷纷迁居而来，逐渐聚居成一个村邑。大家认为，穿绿袍红裤的人保民安康，那垛大黑岩又是他的化身，于是把他奉为本主，并取名为黑岩景帝。阿八种下的核桃树遍地生长，为此，又把这个村子称为"核桃树"村。

阿七、阿八两弟兄由于良心好，寿岁都很高。阿七去世不久，弟弟跟着去世。村里人为他们举行了隆重的葬礼。在办理弟弟丧事的那天，树上飞来了一只小鸟，不住地叫着"阿七山神，阿八山神……"等阿八的尸体一烧完，它扑扑翅膀，边叫边飞到村西北本主庙旁才歇下来。大家都明白，阿七、阿八弟兄是核桃树村的开山祖，小鸟替神仙传旨，应该封他们为本境山神。这样就在本主庙里塑了阿七、阿八的泥像，享受人间香火。

老奶奶救本主（白族）

讲述：和春林　李卫华　白族
记录：公常　胡汝清　白族
1984年采录于剑川上兰

剑川上兰启文村的本主庙里，供着北方多闻天王和大黑天神两个本主，还供着一个白族打扮的老奶奶。为什么要把这位老奶奶与本主供在一起，享受人间香火呢？

传说很久很久以前，启文村本主是北方多闻天王，而启文西边的关坪、官宅村的本主是大黑天神。那些年灾害频繁，瘟疫流行，真是牛事不了马事发。人们纷纷到本主庙里拜神，求本主保佑。八月十五这天是"大黑天神本主会"，庙里从早到晚香火旺盛。

据说，大黑天神比多闻天王灵验，向它求福赐福，求寿得寿。所以启文村的人都要赶去参加"大黑天神本主会"。启文村里有一位年过八十的老奶奶，因八月十五这天头痛发烧，没有去做会，心里十分不安。第二天早上，她病稍好，就独自提着香火、牲礼，要去关坪、官宅本主庙里了却心愿。她手拄拐杖一步一拐出门去进香。因年迈体弱，行走很吃力，走一小节路，就要歇一阵子。爬上山坡时，突然看见本主庙里浓烟滚滚，火苗不断从房头上蹿出来。这还了得！本主老爷遭灾了。她不知从哪里来的气力，把拐杖一丢，便朝庙子奔去！一边小跑，一边喊："不好了，本主庙着火啦。"她顾不得烈火烧身，跑进庙里就把大黑天神背出来。

人们听到喊声，才跑来救火。这时本主庙已被烧毁。

"幸好大黑天神被启文村的老奶奶救了出来，真是不幸之中的大幸！"大家纷纷议论着。

"火烧本主庙，大黑天神怎么不显灵救火？"有的人好奇地问。

"昨天本主会上，它酒气闻得太多，肯定醉了！"有人这样解释。

又有人说："不是。是肉吃得太多，一夜拉肚子，起不来啦！"

众说纷纭，各有说法。这时有位老人说："你们尽说些无油无盐的话！要紧的是本主庙已烧毁，这回怎么安置他老人家呢？"后来大家一致商量定，是启文的老奶奶救了本主，救人救到底，再恳请启文村的人，把大黑天神暂且安顿在他们的本主庙里。从此启文本主庙就供了两尊本主。

再说这位老奶奶因为救本主时被大火烧伤，不几天就病死了。

启文村的人认为，这位老奶奶救本主有功，于是就把她的像也塑在庙中。

药王爷和琉璃兽（白族）

讲述：杨凤嵩　段玉祥
记录：陆家瑞　白族
1980年采录于剑川东岭

古柏庵①里供着个药王爷。药王爷座侧有一只似犬非犬似虎非虎，如猞猁一般的怪兽，叫作琉璃兽。

提起药王爷和琉璃兽，还有一段稀奇古怪的故事。小时候曾听老辈人讲："手闲搓谷子，嘴闲吹壳子②，我就把这段"古话"③给你摆摆。

老君山上有堵大石崖，叫玉召块④，金场河就从玉召块那儿流下来。很久很久以前，玉召块上长着一棵紫檀香。这棵紫檀香树长了八万八千年，得了仙气，发出一股异香，似兰非兰，似麝非麝，远传千里。

有一天，雪山太子⑤在天河里洗澡，忽然闻到这股幽香，觉得清爽无比，就驾着彩云，顺着香气来到玉召块。

雪山太子是个莽撞的小伙子，一见紫檀香树，高兴得不得了，抽出宝剑，不管三七二十一，就把紫檀香树砍倒，命五丁六甲运回雪山。

紫檀香树被雪山太子砍了，树根还留在玉召块。有一年发大水，树根被山水冲了下来，冲到甸心村边金场河的沙滩上。拣水冲柴块的人见是一棵老树疙瘩，谁也不要，被放猪放羊的小娃娃们拖出来，当烂柴烧着烤火玩。这真是："时人不识金镶玉，檀香也当烂柴烧。"

---

① 古柏庵：在剑川县茨鼻和村北上科山下。清代道光《云南通志》、光绪《云南通志》及民国时期的《新纂云南通志》均有记载。
② 吹壳子：方言，亦称讲白话，犹如"摆龙门阵"。
③ 古话：白语称讲故事为讲"古话"，或把讲故事称为"讲本子"或"讲传"。
④ 玉召块：白语，即玉石头。
⑤ 雪山太子：又称西夷太子或新爷太子。为巫教徒崇拜的神。此神不知出自何处，故清代剑川文人王照作联戏曰："是何国东宫，名曰太子；中哪科多试，号称新爷。"

紫檀香根烧了九天九夜，香气飘进南天门，惊动了值日功曹。以为天下哪个大孝子诚心做斋事，香火挺旺，冲开了南天门。值日功曹急忙报给玉皇大帝。

玉皇大帝一听，心里很高兴，喜滋滋地带着各路神仙，摆驾出宫，打道南天门，还没有到南天门，一股清香扑鼻而来，玉皇大帝享受了万年人间烟火，没有闻过这种幽香，一时觉得身轻骨酥，飘飘然，好不高兴。各路神仙也是这样。他们到了南天门，拨开云头，睁大双眼，往下一看，只见一群脱得精光的小娃娃，从金场河里跑出来，一身水珠，围着紫檀香树根打闹，有的烤肚皮，有的烤屁股，有的捧着"小麻雀"，正在往树根上撒尿。一股乌烟瘴气，冲上南天门来。

玉皇大帝一见此景，气得脸青脸紫，回到宫中，传旨瘟神，降给此方小儿瘟疫三年。

霎时间，桃红柳绿、山清水秀的剑川坝子，痘瘟症、水疱症、痄腮症①、疳积症、麻疹症、红痧症等小儿瘟疫，到处流行。十家娃娃九家病，到处人心惶惶。谁也没有心思干农活，眼看吃不成饭了。

小儿瘟疫流行，百姓有难。一层一层往上报，报到白王跟前。白王是个爱民皇帝，立即派皇太医院的太医来给娃娃们治病。

太医院的太医奉白王旨意，尽心尽力，东家出西家进，看病施药。费了三个月的时间，用了一百匹马驮的药，也没有医好一个娃娃，瘟疫照样流行，没有办法，只得如实回禀白王。

白王只得召集大臣们商议。国师公公②说："该因百姓有难，此事只有设坛做七七四十九天道场，请大慈大悲救苦救难的佛祖保佑。"使由婆婆③说："这是病鬼作祟，只有咬犁头④跳神驱鬼，才能保百姓平安。"在金銮殿上，公说公有理，婆说婆有理，白王一时拿不定主意。忽然宫人来报门外有一老者求见，说他能治百病，愿为白王分忧。

白王命宫人把老者请进来，只见老者白发童颜，一副山民打扮。头戴一顶羊毛毡帽，身穿一件大襟长衫，腰系一根麻布腰带，长衫的前摆后摆折角收折在腰带里，脚穿一双麻布索鞋。背上横挎着一只扁篮，篮子里装着一个

---

① 痄腮症：耳朵下面肿胀疼痛。
② 国师公公：指佛教密宗阿叱力首领。
③ 使由婆婆：使由亦称朵希，是巫教的巫婆，故称使由婆婆。
④ 咬犁头：巫教的一种驱鬼巫术，把烧红的犁头包上甲马纸含在嘴里舞动。

铜葫芦和一把鹤嘴锄,这老者双目炯炯有神,牵着一只似犬非犬、似虎非虎的怪兽。

白国素有尊敬老人的风气,白王也不例外,见老者上殿,忙命人设座,请老者坐下,再问老者姓名。

老者说:"小民无姓氏,自幼挖药为生,村里人就以药字相称,小时称药小,中年称药大,现在老了,就称药老。如今,百姓遭灾,大王忧烦,小民略识药性,当为大王分忧,只是……"

白王道:"老者能解除百姓痛苦,有何要求但说不妨。"

老者指着身边的怪兽说:"这是琉璃兽,能辨别药味药性。只是它才长三万八千岁,身子还未透明透亮,等到四万二千岁后,全身毫毛蜕尽,透明透亮,那时叫它吃下一味药,就能从外面看到此药是走筋走脉,还是走腑走脏,现在瘟疫蔓延,等不及了……"

白王忙问:"别无办法了吗?"

老者说:"有倒是有,就怕国王不肯。"白王问:"要什么?"老者说:"龙肝凤胆。只要大王能取出腹中的一片肝,再取出娘娘的几滴胆汁,让这琉璃兽吃了,它的毫毛就能蜕光,全身透明透亮,小民带它上老君山,采到一百味药,制成百宝灵丹,不出三月,就能把瘟疫平息,从今往后,就永无瘟疫了。"

白王听了,十分害怕。老者见白王面有难色,转身告辞道:"都说白王爱民如子,看来空有其名,小民告辞了。"

白王看着老者走下金銮宝殿,眉头一皱,计上心来,高声叫道:"老者请留步。孤封你为药王,赐你龙袍龙褂,半副銮驾。你也就成为龙老爷了。龙肝之事,就请你代孤受点苦,怎么样?"

老者回到金銮殿上,放下背上的扁篮,从铜葫芦里掏出一颗药丸吞下,解开腰带,敞胸露腹,对白王说:"请吩咐宫中人拿刀和盘来。既蒙大王封赠,当为黎民百姓除灾。"

不一会,宫中人取来刀盘,药王剖腹取肝,面不改色。白王又惊又喜。药王又从铜葫芦里取出一粒药丸,请宫中人送进后宫,取了"凤胆",叫琉璃兽吃了。不到一刻,琉璃兽毫毛蜕尽,通身透亮,从外面也看得清它的五脏六腑了。

药王辞别白王,带着琉璃兽上老君山采药。餐风宿露,攀藤附葛,六六三十六天,尝遍了千木万草,选到了九十九味良药,还差一味药,就可以制百宝灵丹了。

这一天，药王带着琉璃兽来到上科山，见山坡上长着一棵药，细叶蓝花，茎杆透明。从外表看，像是一味平火扫毒凉药。药王想：所选九十九味药中，滋阴降火的有了，提神补气的有了，生津止渴的有了，就缺一味平火扫毒药，真是天从人愿，就拔起来观赏了一会儿，丢给琉璃兽尝尝。琉璃兽闻了闻，退后不敢吃。

药王救人心切，见琉璃兽畏缩退却，很生气地骂了琉璃兽几句，拣起这棵药往嘴边送，想自己尝尝。还没到口，琉璃兽扑上来，咬了药王一口，把那棵药打落在地上。

药王一边揉手一边骂琉璃兽："孽畜！我舍割心肝给你吃，你却来咬我的手。叫你尝尝药性，你又不尝，难道这味药会毒死你不成，你不见黎民百姓受苦受难么？"

琉璃兽望着药王，点了点头，摇了几下尾巴，低下头把那棵细叶蓝花草吃了。

药王看着细叶蓝花草到了琉璃兽的肚子里，不断地翻腾着，蓝黑色的汁液，四处扩散，不走筋脉，也不走脾肺，散到哪里，哪里就结起一块黑斑。琉璃兽全身抖动，痛苦地挣扎着。

药王见状大惊，赶紧从铜葫芦里找出几颗解毒药丹喂琉璃兽，可是已经来不及了。细叶蓝花草的汁液已经流到琉璃兽肠子里，一眨眼工夫，就把肠子咬成几段，琉璃兽挣了几下就死了。

原来，这棵细叶蓝花草叫"断肠草"。长在阴山背后，天天受着压在阴山下的毒龙的垂涎浇灌，是世间第一剧毒之草。瘟神得知药王要制百宝灵丹，怕从此天下绝少瘟疫，行不起瘟疫病症来，就把这棵断肠草偷偷移到上科山上，毒死琉璃兽，让药王制不出百宝灵丹来。

药王见琉璃兽已死，十分悲痛，肝肠寸断。没有琉璃兽的帮助，再选一味平火扫毒的药也难了，只好抱起琉璃兽，背起九十九味药，来到了古柏庵，搭了一个席棚，找了几口大锅，熬药制丸，分发给患病的娃娃。不到三个月，把瘟疫平息了。

白王派人送来龙袍龙褂，半副金銮，请药王去共坐金銮宝殿。药王因琉璃兽已死，不能制成百宝灵丹，虽然眼下瘟疫平息了，但以后还会发生，没有实践自己的诺言；再说"天无二日，民无二主"，自己也不愿与白王共座金銮殿，便把龙袍龙褂和半副金銮退回白王，只接受药王的封号，仍旧住在熬药的窝棚里直到老死。

药王死后，人们在他搭窝棚的地方，盖了一座寺庙，取名为古柏庵。在古柏庵里塑了他的金身，尊称他为药王爷，并在他的侧边，塑上一只琉璃兽。四时八节①，人们相邀相约，抬上三牲酒礼，齐来祭祀药王和琉璃兽。

那断肠草，人们见一棵就拔一棵，如今已很少见了。

避沙珠（白族）

讲述：张焕珍 白族
记录：陆家瑞 白族
1981年、1982年采录于剑川甸南

化龙村后有座圣母庙，庙里塑着一尊圣母，人称"大圣威静边尘捧珠避沙圣母"，白族话称她为"哲嫫"。

这哲嫫貌容慈祥，双目聪慧，头戴宝冠，胸垂璎珞，身穿大襟袈裟，半坐在须弥座上。她右手执拂尘，左手捧一颗明珠，称为"避沙珠"。

哲嫫和她的避沙珠，还有一段优美的故事。

故事从圣母庙后的石摩罗山②和庙前的螳螂河③说起，很早很早以前，石摩罗山上有个山神，叫大圣石摩罗景帝。他是石摩罗山南麓化龙、喜乐、东风等白族村寨的本主。

石摩罗山北面有个小坝子，叫螳螂坝。螳螂坝里有个龙王，他是清水江④龙王的弟弟，排行第二，是个愣头愣脑的"二楞波"⑤，因为脾气暴躁，长相丑陋，当面人称龙王二老爷，背后大家都叫他螳螂龙。

开初，螳螂龙和石摩罗山景帝相处得还好，螳螂龙脾气再暴躁，到夏天栽插季节，还是得行云布雨，顺应农事节令。石摩罗景帝护境安民，化龙村一带，总算清平无事。

---

① 四时八节：四时指春夏秋冬。八节指春节、二月八、立夏、端午、六月二十五、中秋、冬至、腊祭。
② 石摩罗山：在剑川坝子东北，又称狮子山。
③ 螳螂河：源于丽江汝南哨，经汝南坝流入剑川境内，汇合金场河，后称金龙河。
④ 清水江：源于鹤庆西山，入螳螂河。
⑤ 二楞波：二楞，为白族对排行第二的男子常用的小名。"波"，是白族对男性称呼的冠词，常加在名后。

后来，不知为什么螳螂龙和石摩罗景帝闹翻了脸。螳螂龙不愿给石摩罗景帝佑下的村寨行水。芒种夏至栽秧等水，螳螂龙王滴水不下，七八月间，稻谷抽穗扬花，螳螂龙王却偏要下瓢泼大雨，洪水泛滥，淹没农田。

石摩罗景帝一气，就把石摩罗山横在螳螂河上，堵住螳螂河水，想困住螳螂龙王。你冲我堵，水涨三尺，山增一丈，两个斗了三年，大水淹了螳螂坝，一直淹到清水江，清水江龙王觉得二弟脾气虽然不好，但石摩罗景帝也未免欺人太甚，就把自己的水合到螳螂河里。

清水江和螳螂河合在一起，水势大增，双龙闹江，卷起一阵阵黄浪，扑向石摩罗山，两条龙又兴起一场七天七夜的瓢泼大雨，石摩罗景帝有点受不住了，动了动右臂，想把身子再升高一点，殊不知洪水从他的胳肢窝冲了下来，再也堵不住了，滚滚黄浪，夹着泥沙，涌向剑川坝子，沿路卷走人畜房舍，冲毁田野庄稼。

神龙相斗，百姓遭殃。洪水所到之处，房毁屋倒，人死畜亡，庄稼淹没，一片汪洋。

当时，化龙村有个叫哲嫫的姑娘，正在给家中的老水牛喂草，回头见洪水铺天盖地而来，一时情急生智，连忙爬到水牛背上。洪水把哲嫫和水牛冲进剑湖，哲嫫抱着牛脖子，在剑湖里打了个回转，来不及上岸，就被冲进海尾河，一直冲进黑潓江①，冲了七天七夜，经洱源、漾濞、永平，被冲到澜沧江里。

正当老水牛气昏力绝，哲嫫昏昏沉沉，眼看就要出事的时候，恰逢澜沧老龙的三太子出来巡河，就把哲嫫驮回龙宫救治。

哲嫫身体康复后，澜沧老龙见她勤劳善良，就把她留下，做了三太子的媳妇。婚后，按照规矩，三太子陪哲嫫回门来认亲②，只见房屋倒塌，十室九空，人死畜亡，往昔的村寨田园，变成一片黄沙，好不凄凉。

哲嫫找不到自己的亲人，哭了三天三夜，一步一回头，伤心地回到澜沧江，但是，她一直想念自己的家乡，每遇剑川木匠出门到迤南③路过澜沧江边，她就从澜沧江里出来，或变成小姑娘，或变成中年妇人，向木匠探听家

---

① 黑潓江：海尾河下段称为黑潓江，在历史上比较有名，是南诏时"四"之一。经洱源、漾濞、永平，入澜沧江。
② 回门认亲：白族婚俗，新媳妇在婚后的第二天要回娘家，傍晚由新郎到岳父岳母家拜亲友，认亲，再把新媳妇接回去。路远者，婚后三日可回门认亲。
③ 迤南：又称滇南，即云南南部。

乡的情况。

石摩罗景帝斗不赢螳螂龙王，一边托梦给哲嫫，要她向澜沧老龙借避沙珠，回来制服螳螂龙王，一边寻找失散的化龙村村民，叫他们回来重建家园。

哲嫫千求万求，向公公澜沧老龙借来了避沙珠，约着三太子，一起回到石摩罗山下，和乡亲们一起治沙排沙，重建家园。

哲嫫把避沙珠放在螳螂河口，螳螂河混浊的泥沙纷纷下沉，河水变清了。螳螂龙王兴风作浪，冲下一阵阵洪水，一到河口，泥沙一碰到避沙珠，就自己沉积下来，越堆越高，慢慢地堆到螳螂龙王自己的龙潭边上，他再也不敢发洪水了，怕自己把自己埋了。

螳螂河的洪沙治住后，哲嫫、三太子又和乡亲们，把原来冲积的泥沙，顺金龙河运到剑湖里。因泥沙填了半个剑湖，得罪了剑湖龙王。恰在这时，柳龙冲①人因岩场龙王常常冲下泥沙，毁坏庄稼，便在岩场河口造了一座灵宝塔②，想治洪患。剑湖龙王就变成一个地师③先生，教柳龙冲的人去把避沙珠偷来埋在塔下，说也奇怪，从此，岩场河的水能冲碗大的石头，也冲不起一粒沙子。

俗话说：一物降一物，一物克一物，这宝塔就是老龙王，避沙珠埋在灵宝塔下，哲嫫就再也无法取回了。

哲嫫失去了避沙珠，难以回去见公公澜沧老龙，气死在石磨罗山下，被化龙村、后营村尊为本主。封号大圣威静边尘捧珠避沙圣母。

三太子见妻子死了，十分伤心，本想回澜沧江去，走到甸南，回头望着妻子的家乡，再也抬不起脚了，就做了上宝甸、下宝甸、甸尾街等三村的本主。封号为大圣老爷太子景帝。

---

① 柳龙冲：剑川县城北街的一部分，旧称柳龙冲。
② 灵宝塔：在剑川县城西门外景风阁。现存，为清乾隆年间重修。
③ 地师：又称看地师傅，专门以看风水，择吉地谋生的人。

史 事 传 说

桃园三结义（白族）

讲述：赵金龙 白族
记录：松泉 白族
1980年采录于剑川城

刘备、关羽、张飞三人是意气相投的朋友。他们常在一起议论天下大事，说到群雄纷争各踞一方，大家都不免感叹一番。

有一天，张飞做东，三人在桃园中饮宴，又议论起天下大事，决定结拜为异姓兄弟，同心协力，干一番事业。

结为兄弟，谁当大哥？谁做小弟？他们三人各自拨打着小九九。论年龄刘备最大，又是汉中山靖王之后，出身帝王世家，理当为兄；论武艺，关羽最强，一把青龙偃月刀，无敌天下，日后要争天下，该他为长；论家产势力，张飞是一方富翁，已聚有三五百兵丁，以后插旗招兵，得需他拿出粮饷，在这一点上，张飞又比二人强。

三人互相推让，又都想做老大，特别是张飞，一心想当大哥。怎么办呢？张飞提出爬桃树，请过路人评。他想自己会爬树，刘备与关羽肯定爬不赢。俗话说：拿人的手短，吃人的口短，刘、关二人只得点头同意。

三人来到一棵高大的桃树下。张飞抢占高枝，嗖嗖嗖几下子就爬到桃树尖上。心想：老子占了高枝，你们两个谁能比我高，这回老大我算当定了。关羽爬到桃树半腰，见张飞已爬到树梢，刘备还在树脚。心想：从上到下自己在半中腰，从下到上自己也在半中腰。不管张飞、刘备谁当老大，自己反正是老二，也不吃亏，就停下。刘备不会爬树，见二人一个爬到树半腰，一个已爬到树梢。心想：舍得盐巴舍得酱，舍得儿子当和尚。大丈夫能伸能屈，不做老大，就当小弟。索性蹲在树下。

三人刚占定位置，恰好走来一个小牧童。张飞对刘备说："老刘，你在树下方便些，问问牧童，看看哪个该做大哥。"

刘备拱手对牧童说："牧童，牧童，三雄共占一棵桃。谁为兄长谁为弟？把你金口讨。"

牧童看了看，想了想，拍手笑道："兄弟三个人，共占桃一棵；树从根底起，占根者为哥。"

张飞一听，急忙摇头说："黄口小儿，不足为信，等遇到大人再问问。"

刘备与关羽没法，只得依了张飞。过了一会儿来了一个农夫。刘备因刚才牧童说他该当大哥，张飞不干，心里生气，就叫关羽问农夫。

关羽两腿夹着树干，抱拳问农夫："田公田公，三英结义桃园中；各自占位上中下，谁为弟来谁为兄？"

农夫打量了一下，眨眨眼说："桃园三英豪，相投结为友；若要分兄弟，当然根为首。"

刘备听了十分高兴。张飞听了，连连摇头说："村野匹夫之言，不足为凭。那边来了一老者，待我问问才算。"

张飞等那老者走近，在树梢大声高叫："咄，老汉老汉，抬头看看；我们三个，哪个为大？"

老者瞪了张飞一眼，抹抹胡子，郑重地说："莫在高处叫，万木根为先；树由根长起，才长树尖尖。"

刘备听了心里好不高兴，张飞心里却叫苦不迭。牧童、农夫、老者都说树由根起，张飞没法，刘备当了大哥，关羽做了二哥，他只得甘屈老三。

诸葛洗马池（白族）

讲述：杨一贤 白族
记录：松泉 白族
1980年采录于剑川东岭

剑川巩北永榜村后山半腰，有一块台地。台地四周，有一堆堆石头，很像旧时营垒,人们称为诸葛营盘。在台地中央,有一潭清汪汪的池水。池水不大,只有半亩左右,不干不涸,不满不溢,人们称这潭水为诸葛洗马池。

传说三国时,诸葛孔明带兵南征到剑川,被困在永榜村后山。那时,现在的诸葛洗马池是一块干巴巴的荒草坪。诸葛孔明的兵马被困在这里,几天几夜没有水喝,人渴得喉头冒烟嘴皮开裂,马渴得前蹄刨地不断嘶叫。

诸葛孔明几次突围,却因道路不熟,加上南兵人多势众,始终突不出重围。

有一天,诸葛孔明坐在帐中思谋突围之计,一时又想不出来,心中十分烦闷,便走出中军帐,在营中散心。走着走着,看见几个军士吞食生米,白花花的米从嘴角掉下来,远远望去,如口水滴下一般。望着望着,一条妙计涌上心来。

诸葛孔明吩咐几个军士,提出几桶白米,牵出几匹战马,在草坪中央装着洗马,故意让南兵看见。

这边舀起一瓢米朝马洒过去,那边舀起一瓢米朝马洒过来。再拿起马梳子又刮又刷,像是真的洗马一样。

山下的南兵知道山上无水,本想把诸葛孔明的兵马困死在山上。如今,远远看去,见诸葛孔明的兵马,不仅有水喝,而且还有水洗马,以为有天神相助,困不死他,便退了兵。

说也奇怪,诸葛孔明走后,他"洗马"的地方,真的出现了一汪池水。人们就把这潭水称为"诸葛洗马池"。

诸葛菜(白族)

讲述:颜玉山 白族
记录:松泉 白族
1980年采录于剑川东岭

剑川东山,盛产一种紫皮蔓菁。这种蔓菁个大味甜,一个足有两三斤重。不管生吃、腌吃、煮吃,味道十分可口;而且易于保存,头年十月收回家里,捂上一些松毛,可以放到第二年三四月,味道不变。

传说原先剑川东山没有紫皮蔓菁,只产红萝卜,所谓"东山萝卜西湖鱼"。后来到了三国时候,才有这种紫皮蔓菁。

紫皮蔓菁,汉人称为"圆根",坝子里的白族人称为"土片菜",我们东山人却喜欢叫它"诸葛菜"。为什么呢?

　　三国时诸葛亮南征,本为安定边防,以"攻心为上,攻城为下",意在收服民心,开化边境。所以他带领的兵将除征战外,还带着大量牲畜和各种农具籽种,准备送给边疆各族百姓。

　　诸葛亮平定上迤西后,派手下的人到各处去发送东西。诸葛亮手下的人到小凉山把马送给凉山人,所以凉山马最为出名。把奶牛送给邓川人,教他们做乳扇,所以邓川的乳扇也很出名。他们把小麦送给丽江人,教丽江人烤粑粑;把酒曲送给鹤庆人,教鹤庆人酿酒。丽江粑粑、鹤庆酒就同时有名。他们把稻谷籽种送给大理人,把草烟籽种送给巍山人……

　　诸葛亮手下的人最后转到剑川东山的时候,手里只剩下一包紫皮蔓菁种子,他们就把这包蔓菁籽送给我们东山的白族人。

　　为了不忘诸葛亮送来蔓菁籽种的深情,我们东山的白族就喜欢叫这种紫皮蔓菁为"诸葛菜"。一代一代,一直叫到现在。

割豆母子(白族)

讲述:史九斤　白族
记录:松泉　白族
1980年采录于剑川东岭

　　剑川坝子山高水冷,节令和其他地方不同。俗话说:寒露麦子霜降豆。寒露种麦,霜降点豆。

　　蚕豆种下去后,到了冬至节令前后,豆苗长至七至八对叶子,就要打尖,把尖尖割掉,留下一寸左右的根桩,让它发枝发杈,白族话叫这种打尖为"割豆母子"。

　　割下的嫩尖经过洗煮后,可以做成汤,味道鲜美,称为"豆叶子汤";可以拌上面粉蒸成糕,色味俱佳,称为"豆叶子糕"。

　　说也特别,"割豆母子"给蚕豆打尖,在滇西仅只剑川一地,蚕豆尖尖洗煮后食用也仅只剑川一地。有人到别的地方去试,蚕豆打尖不会发枝发杈,割下来的苗尖也吃不成。这是为什么呢?

　　相传三国时候,诸葛孔明南征到滇西,兵马扎在剑川坝。俗话说:大兵到,泥巴破。住在坝子里的白子白女,害怕大兵,早在诸葛大兵到来之前,带上粮食逃到四山去了。诸葛孔明几十万大军的粮饷就成了大问题。当时正逢隆冬,百草枯死,不仅无粮可食,连野菜也很难挖到。后边的粮草又一时很难筹到。诸葛孔明听到报告,忧心如焚。他手执鹅毛扇,双手背在后腰,步出营帐。只见田野枯干,只有田中蚕豆苗嫩绿可食,就下令叫军士们割来煮吃,以救燃眉之急。

军士们大多是庄稼人出身,知道种一茬庄稼不容易,不忍心连根割。每割一棵都留下一节根茬,心想若能发出些枝杈,收点二发子蚕豆也好。谁想过了几天,这些根茬都发出枝杈来,而且比原来长得还好。

诸葛孔明班师回西蜀后,逃难的白子白女回到坝子里,见被割掉的豆苗发起杈来,一棵发出七八杈,最多发到九杈,长势比往年好几倍。等到收蚕豆时,打的豆子也比往年多几倍。有人说:"割豆母子,越割越发,这是诸葛孔明封赠的。"

从此,剑川就有种蚕豆必须"割豆母子"打尖和煮吃青豆叶子的习惯,而且一直流传到现在。

白蟒围营(白族)

讲述:赵玉昌 白族
记录:李星华
1956年采录于剑川城

清朝顺治年间,吴三桂在云南做大官。他委派了自己的心腹夏一松,做了剑川县的县正堂①。那时,剑川一带正逢荒年,老百姓把草根树皮全都吃光了。夏一松一到剑川,硬逼着老百姓缴出一半谷粮,献给吴三桂。老百姓人人饿得面黄肌瘦,哪还有余粮缴纳官方呢?夏一松为了讨吴三桂的欢心和信任,昧着良心用三拷六打的手段压榨农民,把老百姓逼得没有活路,怨声载道。可是他反而说是农民抗拒缴粮。夏一松怀恨在心,日夜策划对付农民的办法。想来想去,忽然想出了一个绝法,他立即吩咐左右找木匠来替他修一个大"十"字木架。木架做好以后,他下令逮捕那些拒绝缴粮的老百姓,叫手下差役将百姓用绳索缚在十字木架上面,

---

① 正堂:县官。

自己亲手用弓弩瞄准射击。一连射死了九十三个善良农民，又用利刀从十字架上砍了农民的头，霎时间，只杀得人头滚滚，血流成河。老百姓看见这种暗无天日的情形，气愤填膺。他们立刻拿起镰刀快斧，成群结伙，向南坡乡东边的祭天台奔来。农民们在祭天台前，歃血盟誓，表示决心。大家又推举了兰坪县温登村的农民苏甘霖做领袖。誓罢，大队人马，浩浩荡荡，从祭天台出发，向剑川县城杀去。这时候，农民起义的消息，早已传到了夏一松的耳中，夏一松马上命令部下兵将，向白腊哨迎击。白腊哨的老百姓知道了消息，立刻报告了苏甘霖。苏甘霖率领着起义民兵，从金华山后面抄袭过来，趁剑川城内空虚，一拥而进。义军在剑川城内的四面八方唱起了民谣：

> 吴三桂，
> 太不仁，
> 苛军又害民。
> 大家齐出动，
> 打烂他的脑壳，
> 敲烂他的头灵。

歌声一起，全剑川的人民也都响应义军，合唱起来了。剑川的老百姓，协助义军，四下搜索杀人的凶手夏一松。夏一松插翅难逃人民的法网，终于被老百姓打死在剑川县遗安祠外面了。群众公推苏甘霖接任夏一松的职务。苏甘霖当了剑川县的县长。剑川县的人民又公推苏甘霖的弟弟苏甘澍，代表剑川人民到北京城去告御状。

甘澍来到了京城，把夏一松在剑川欺压百姓的罪行，一一呈报了皇上。皇上一听大怒说："这是老百姓违背了国法！"立刻将苏甘澍两腿剜烂，推出皇城示众。同时，派了农都尔岱率领大队人马，开往剑川，声讨"造反"的老百姓。官兵大队人马就在剑川的野鸡坪扎下了大营。

城隍老爷看见从北方冲来一股杀气，睁眼向四周一望，原来是皇帝从京城发来了一股大兵，去围剿剑川的老百姓。城隍不忍再看见剑川人民受官家宰割的一场苦难，摇身一变，变成了一条身长数十丈头顶红冠的雪白大蟒，把驻扎在野鸡坪的官兵层层匝得风雨不透。一直匝了三天三夜，把官兵围困得草断粮绝。总兵官农都尔岱又害怕，又发愁，想不出一点办法，只有向大蟒连连磕头祷告：

"神蟒,神蟒,为什么把兵营匝得这样风雨不透,莫不是官兵不该开进剑川城剿剑川的老百姓?"

白蟒闪着灯笼般的大眼睛,一动不动地盯住农都尔岱,没有一点表示。

农都尔岱又继续祷告说:

"如果人民这场暴动是由夏一松的过错引起的,百姓不该遭殃,你就摆摆神头吧,让我们好撤兵回京复命;要是这场暴动是剑川人民的过错,你就把神尾搭开,让一条小路,我好率领兵将剿灭老百姓。神蟒,神蟒,你是摆头呢,还是搭尾?我一定遵照你的意旨办。"农都尔岱的话刚刚说完,只见那条白蟒冲着农都尔岱摆了摆头。农都尔岱马上明白了,他说:

"原来是我们错剿了老百姓,这是我们的过错。请你让开一条路,让我回京复命去吧!"农都尔岱的话还没说完,忽然野鸡坪周围起了一阵小风,雪白的大蟒眨眼间不见了。农都尔岱什么话也没说,连忙下令撤兵,回京复命去了。

【附录】红袍将军——剑川古城隍故事

讲述:曹松涛
记录:陆家瑞　杨举
1980年采录于剑川城

别的地方一个县只有一个县城隍,剑川却有两个城隍三个庙。一个县城隍,城隍庙在县城内东门街;一个古城隍,古城隍庙有两处,一处在剑川坝水寨村北的土包上,另一处在沙溪坝寺登街南面。说起古城隍,还有一段故事。

古城隍老爷姓海,原是白王手下的一位大将军。他身高三丈有余,腰粗三围还多,爱穿一件大红战袍,称为"红袍将军"。他手使一把大三须叉,英勇无敌。因立过很多战功,死后被封为剑川城隍。

后来,剑川出了个大文人叫何可及,他小时候爱骑竹马玩。有一天,他把竹马放在城隍庙的泥马旁。那天夜里,城隍托梦给他说:"你的马差点把我的马踩死,请你赶快把它牵走。"第二天,何可及来到城隍庙,见自己的竹马放在庙门口的泥马旁,就顺口说了一句:"你这个城隍老爷怕我的马踩着你的马,你就搬到城外去吧!"何可及是文曲星下凡,是城隍未来的上司。于是城隍只得托梦给全城:他要搬家到城南水寨村北边的土包上。这个老城隍搬到城外后，来了一个新城隍，可是人们怀念老城隍，就称老城隍为"古城隍"。

古城隍虽然不当城隍了，可是他还是很爱护剑川的老百姓：保佑男女老少吉庆平安；保佑出门的手艺人逢凶化吉，宝财归家；一有兵祸，就变作红袍将军，出来保民。

有个走江湖的人，叫夏一松，他用重金收买了一个叫"三面观音"的美貌女人，献给平西王吴三桂。吴三桂便把夏一松委为剑川州官。

夏一松来到剑川，大量搜刮金银财宝，天天吃喝玩乐，淫人妻女，无恶不作，闹得民怨沸腾。他怕百姓不服，造了十个铁笼子，把抗税不缴的穷人关起来，日晒夜露，活活治死。

剑川上兰有个好汉苏宁山，眼看夏一松胡作非为，十分气愤。一天夜里，他梦见红袍将军对他说："快领着百姓造反，到时我来助阵。"第二天，苏宁山聚集了几百人，用斧头、柴刀作武器，杀向剑川城。夏一松派兵来到白腊哨堵截，只见造反队伍里有个英勇无敌的红袍将军，官兵们一个个吓跑了。苏宁山的队伍一直杀进县衙门，用锄头、镰刀把夏一松敲死了。

听说夏一松被剑川人杀死了，"三面观音"哭哭啼啼，要吴三桂替夏一松报仇。吴三桂就派了一个大将，带着三千兵马进剿剑川。那大将带着兵马来到向南野鸡坪，前面突然有一个身高三丈、腰粗三尺、身穿大红战袍、手持三须大叉的将军站在路心，挡住大军的进路。前锋兵马见了，个个害怕，不敢前进，报给主将。主将上前一看，见红袍将军不说话，怒目相视，舞着大叉，心里也很害怕，就下令后退三里扎营。

这一夜，吴三桂派来的兵马胆战心惊，人不卸甲，马不卸鞍，盼望天快些亮。天蒙蒙亮，野鸡坪下了一场大雾，十步之外，不见行人。忽然，大雾中有条吊桶般粗的白蛇，团团围住营盘，分不清头在哪里，尾在哪里。三千兵马，顿时慌乱起来。昨天红袍挡道，今早白蛇围营，那大将吓得双脚发抖，忙跪在蛇旁祷告："神灵在上，我奉平西王之命踏平剑川。如若剑川百姓有罪，请你开北门；如若剑川人民冤屈，夏一松罪有应得，请开南门，放我们回去，从此永不进犯剑川。"

说也奇怪，那大将祷告完毕，白蛇把尾一摆，开了南门，南方的雾散开了一角。等到三千兵马退完，一阵轻风，雾散了，白蛇也不见了。

人们都说这是古城隍显圣，救了剑川人民，使剑川免除了一场大难。因此，水寨、下登、中登、神登、西中官、金华镇四大门等十三村共议，尊古城隍为十三村本主。每年本主会时迎古城隍进城四次，从东、南、西、北四门各进一次。

　　由于当时传话的人把"兵马三千"的"三千"二字，误传成"沙溪"，沙溪人以为吴三桂派兵进剿沙溪，是剑川古城隍救了他们。沙溪所属的寺登、西门、南门等六村也尊古城隍为本主，也盖了一个和水寨村北的古城隍庙一模一样的古城隍庙，于是，剑川就有两个城隍三个庙。古城隍的故事一直流传至今。

中国民间故事丛书

云南 大理

剑川卷 故事

幻 想 故 事

珠虚壶（白族）

讲述：赵玉昌 白族
记录：李星华
1960 年采录于剑川城

剑川发桃河有个老木匠，他一辈子勤俭本分，很积蓄了一些财产，老木匠跟前有三个儿子、一个姑娘。

大儿赵璧、二儿赵财为人狡诈；三儿赵宝是个忠厚老实的小伙子。老木匠上了年纪，觉得三个儿子都很年轻，担心百年以后他们守不住这份家产，胡吃乱用，任意糟掉。他除了留下自己和女儿的开销以外，把全份家产分成了三股，三个儿子各分三百两银子，让他们到外地去学手艺。他吩咐赵璧、赵财到夷方作银匠，又吩咐赵宝去保山作木匠。三个儿子临走时，老木匠叮嘱他们说：

"三年以后，你们一定要本对本、利对利，发财回家；要是亏了本，莫想见我！"

赵璧、赵财到夷方当银匠去了，过了三年，恰好挣得本对本、利对利，两人高高兴兴回了家。赵宝到保山作木匠，也挣得本对本、利对利，他也欢欢喜喜从保山回来了。赵宝从下关一条大河岸上走过的时候，看见一个年轻的媳妇坐在岸边对着大河哭。赵宝走上前问：

"大嫂，你为什么哭呀？"

媳妇没理睬，只顾低头哭。赵宝又高声问道：

"大嫂,你有什么冤枉,尽管对我说,也许我能替你想个好办法!"

媳妇擦干眼泪,看了看身旁站着的陌生人,样子很忠厚,就把自己的遭遇通通讲给了他。媳妇说:

"客人呵,你既然要问我,让我讲给你听吧!去年,我家老爹爹咽气的时候,没钱埋葬,借了庄主三百两银子,事后没法归还,庄主就把我家男人拉走当长工啦。"说到这里,她又呜呜咽咽哭了起来。

赵宝又问:

"当长工怎样呀?"

"我男人天天替庄主下地犁田,没想到,庄主的那头老牛,前天忽然得了糠结病,不到两天就病死了。黑心的庄主硬叫我们三天以内,把赔牛的钱和借款一齐还清;到期交不上款,就要把我家男人押送官府。"

赵宝说:

"大嫂莫哭,庄主要你赔多少银子?"

媳妇说:

"统共要赔偿雪花白银九百两!"她一边说,还是抽抽咽咽哭个不停。

赵宝把自己挣下的九百两银子,一文不留,全给了这个妇女。

年轻的媳妇,接了银子千恩万谢,转回村庄去了;赵宝却两手空空,回到发桃河自己的家里。

大哥看见三弟落魄回家,冷言冷语说:

"看你这副穷相,还有脸回来!"

二哥走过来,瞅了瞅三弟也狠狠地说:

"看你这个穷叫花子,把爹爹的脸面全扫光了。老人分给你的三百两银子,叫你全都扔到大河里砸水响了吗?"

只有他的妹子良心好,看见三哥穷兮兮地回来了,大哥二哥又百般嘲弄,心里着实愤愤不平。她走上前来嘘寒问暖,做好热饭热菜,端来让三哥吃。趁大哥二哥不在跟前,她又问明三哥落魄的根由,对三哥更加佩服。她劝三哥说:

"三哥,依小妹看,这个家里不是久住的地方,你还是到外面去找个活路做做吧!"

赵宝说:

"我也愿意到外面走走,只是没有盘川咋个走呀?"

妹子说:

"盘川，小妹自有办法。"说着，她从头上拔下了金钗首饰递给了三哥做盘川。临走时，她还再三地叮嘱：

"三哥，这一去可要给妹子争口气，一定要牛驮马驮地回来！叫那两个黑心的哥哥看看！"

赵宝感动地说：

"妹子放心，这一次要不牛驮金子马驮银，小雀见了飞下树，蛤蟆见了跳上井，你三哥绝不回来！"

说完，赵宝辞别了妹子，出门走了。

赵宝在路上走了好多天。有一天，天黑下来的时候，他找到一个小村庄投宿，可是没有一家肯收留这个过路的光身汉。他只得忍饥受饿，走出了村头。离村庄不远的沙坝里，他隐隐约约瞅见，在荒草野蒿里藏着一座古庙，庙墙全部坍塌了。他立即拔草辟蒿，向破庙走去；正要走进庙门时，忽然迎面走来一个白胡子老人，拦阻他说：

"客人，不要拔草喽，这庙子里住不得人。前些天，还有人看见从庙子里爬出一条水桶那样粗的大蟒呢！"

赵宝说：

"大蟒吗，我有办法收拾它！"

老人说：

"莫儿戏，毒蛇猛兽不是好惹的，性命要紧，还是小心些吧！"白胡子老人一边说，一边拄着拐棍，摇摇晃晃向村里走去了。

赵宝准备下一只大公鸡，一背柴，就地支起了锅灶，燃起熊熊的柴火，把鸡放在锅里，煮了起来。他从外面搬来百十斤重的大石头，压在用竹片撑起的裟柜①板上。他在靠近裟柜不远，搭起了一张床铺。煮了一阵，鸡煮熟了，他一面吃鸡肉，一面把鸡骨头丢进裟柜里去。

赵宝吃完了鸡，躺在铺上睡着了。睡到半夜，听见庙子外面呼呼刮来一阵狂风，随后飘来一股刺鼻的腥气，他睁眼一看，水桶般粗的大蟒，沙沙沙从外面爬了进来。那大蟒明闪闪的两只眼，赛过灯笼，向裟柜里直看。大蟒一爬到裟柜旁边就将脑壳伸进裟柜去了。大蟒只顾在裟柜里吃骨头，没留神触动了支柜板的竹片，忽然啪的一声，百十斤的大石头隔着柜板砸了下来，恰好压在大蟒的脖子上，蟒尾一摆动，把庙宇的塑像扫倒了好几尊。这时，

---

① 裟柜：寺庙里和尚装袈裟的木柜子。

庙子里哑悄悄一点声息也没有了。

赵宝从床上走下来,看见裟柜板上的大石块,压死了那么粗的一条大蟒,吓得他抖成了一把筛。他壮着胆子走到跟前一看,大蟒早让石头压死了。他拿出宰公鸡的那把尖刀,把蟒头刚一割掉,从蟒嘴里滚出了一颗豪光四射的夜明珠。

赵宝把夜明珠揣在怀里,一切都收拾停当,又回到铺上大睡起来。

村里的老百姓以为赵宝一定叫大蟒吞进肚里去了。第二天早上,众人手执武器连喊带叫闯进庙来,一进庙门,就看见一条又粗又长的黄铮铮的大蟒死在裟柜旁边了。赵宝却躺在离裟柜不远的床铺上呼呼大睡。大家喊醒赵宝细问短长,赵宝将昨夜杀蟒的经过向大家详细地讲述了一遍。大家都赞扬赵宝有胆量。老百姓把小伙子请到村庄里,凑了些金银酬劳他;赵宝却坚决不要。他离开村庄的时候,农民们一直把他送出村外。

那时,正是炎夏,赵宝走了一段路,觉得天气很热,就找了一棵柳树荫下乘了一阵凉。他正在乘凉的时候,忽然从弯弯曲曲的小路上走来一个身穿白衣的英俊少年。白衣少年满面带笑,走近赵宝跟前,亲切地问长问短。两人言来语去,不到抽一斗烟的时候便做了老友。白衣少年还邀请赵宝到他家里去玩耍几天。赵宝跟在少年身后,脚不沾地,飞快地直往前走,不知走过了多少荒山旷野,两人来到了一个大龙潭的旁边,白衣少年指着龙潭说:

"这就是我的家。你闭上眼,我带你进去吧!"

赵宝紧闭双眼,跟着少年下了龙潭。耳旁呼呼地响了一阵以后,白衣少年说:

"到喽,睁开眼睛吧!"

赵宝睁眼一看,一座四壁用水晶砌起来的大宫殿,修得十分耀眼。赵宝跟着少年走进龙宫,绕过了九曲栏杆,才来到了正殿。殿上陈设着人间少有的摆设。白衣少年让赵宝坐下,对他说:

"这就是龙宫,我是龙王的三太子,名叫鳌光!"说罢,他便命令虾子将军、鲤鱼夫人倒茶待客。茶水一倒进玛瑙杯里,一股清香气味往赵宝的鼻子里直冲。三太子又命令乌龟丞相、蚌壳仙子备办酒肴。赵宝从来也没有尝到过这样好吃的山珍海味,正吃得高兴的时候,赵宝对三太子说:

"我到龙宫游玩,还没有拜见过龙王呢!"

三太子悲伤地说:

"龙王正在病中,不能见人!"

赵宝问：

"什么病，请过医生医治了吗？"

三太子说：

"什么仙丹妙药也医治不了龙王的病，只有大蟒嘴里的夜明珠，才能医治他这种病！"

赵宝又问：

"这是什么病呀？一定要夜明珠医治！"

三太子叹了口气说：

"不瞒你说，昨夜是龙王的生日，他在龙宫里多喝了两杯酒，现了原形①跑出龙宫；不幸出去以后被人宰了一刀，把他嘴里的夜明珠也挖去了。要是没有这颗夜明珠，他的性命就难保了。"

赵宝头上淌着汗珠，吃惊地问：

"昨天夜晚，我在庙子里杀死一条大蟒，还从它嘴里挖出了一颗夜明珠。我杀死的那条大蟒，难道就是龙王吗？"

三太子笑了笑说：

"就是他，这不要紧，只要把那颗夜明珠还给他，他就能立刻复活！"

赵宝连忙从怀里掏出了夜明珠递给三太子。三太子接过夜明珠，头也不回跑进了上房。不多一刻，三太子笑容满面地跑了出来说：

"龙王在里面等候着你了！"

赵宝走进上房，只见绣幕一动，从幕里走出一个身穿黄袍的白胡子老倌。赵宝心想这一定是龙王喽！他连忙上前向老倌赔礼道歉。

龙王笑眯眯地说：

"这不怪你，不知者无罪。你在我们龙宫里多住几天吧！"

赵宝立刻变成龙宫里的贵客了。

过了几天，赵宝对龙王说：

"我在龙宫里游了这些天，人间少有的地方都游遍了。我想明天该回去啦！"

龙王见赵宝想家了，就说：

"不要急，明天一定叫三太子送你出龙宫！"

三太子趁跟前没有人的时候，小声对赵宝说：

---

① 滇西故事传说里，讲到龙王现原形的时候，龙王常常失掉理智，做出一些自己不知道的事情。

"明天，我父亲送你什么宝物你都莫接，你就要他龙帐后面的那把珠虚壶①。"

赵宝问：

"那个珠虚壶有什么用呀？"

三太子说：

"珠虚壶的好处多着呢，跟它要什么有什么！你要是没有房子住跟珠虚壶要房子，它就会给你一所房子！"

三太子叮嘱的话，赵宝全记住了。第二天，龙王拿出一个聚宝盆给赵宝，对他说：

"这个宝盆真灵，丢进洋铁，马上能变白银；丢进白铜，立刻变成黄金，以后，这个宝盆管保叫你变成一个大富翁！"

赵宝说：

"我受穷受惯了，不喜爱这种东西！"

龙王问他喜爱哪样，他指着龙帐后面的珠虚壶说：

"我就喜爱那把壶！"

龙王皱了皱眉头说：

"这是我的镇宫宝，咋能随便给人呢？既然你这样喜爱，暂时借给你使用三年吧！三年以后千万归还我！"

说着，龙王将珠虚壶从墙上取下来，亲手递给了赵宝。赵宝接过了宝壶，三太子便把他送出了龙宫。

走到前不着村、后不着店的地方，太阳已经西沉了，他正在发愁找不到投宿的地方，忽然想起了揣在怀里的那只珠虚壶，他把它掏出来，对宝壶说：

"珠虚壶，给我变出一座房子来！"

只听珠虚壶里面有人说：

"你掉过头去看看！"

赵宝掉过头去一看，珠虚壶果然给他变出了一所房子，他便在新房子里歇了一宿。

从此以后，赵宝问珠虚壶要什么就有什么。珠虚壶可以给赵宝变出世界上少有的东西。

---

① 珠虚壶：白语，即宝壶的意思。

第二天，赵宝还是继续往回家的路上走，快走到自己家的大门口时，他换了一身烂衣服，装着讨饭回来的样子，想试探试探两个哥哥的良心。大哥看见三弟又丢人现眼地回来了，拿着鞭子狠狠地堵住门打他，二哥也帮着大哥堵住门不让三弟进家。赵宝却假意蹲在大门外唉声叹气。妹子在家里听见门外吵吵嚷嚷，出来一看，原来三哥又是落魄回家了，大哥拿着鞭子，二哥堵着门，不让三哥进家。

妹子走出大门问三哥说：

"三哥，你的肚子饿吗？我给你炒一碗油炒饭吧！快跟妹子进来歇歇！"

妹子推开了大哥和二哥，把三哥拉进家里来了。赵宝刚一走进家里，就看见妹子房里堆满了嫁妆，他很奇怪地说：

"妹子，你要出嫁了吗？快把大簸箕给三哥拿来！"

妹子说：

"拿大簸箕做什么？"

赵宝说：

"我自有用处！"

妹子拿来簸箕，赵宝对珠虚壶喊着说：

"珠虚壶，快给我变一簸箕银子！"话还没有说完，雪花白银在簸箕里叮叮当当直响。

两个黑心的哥哥，听见妹子房里有银子叮叮当当的声音，心里很奇怪。他俩用舌尖舔破窗纸往里面一看，原来三弟给小妹变出一大簸箕银子。两人在窗户外面马上变了腔，大哥说：

"三弟的良心最好！"

二哥说：

"我说三弟发了财，他一定不会抛弃我们的嘛！"

两个黑心的哥哥赶忙闯进房里，赔着笑脸向三弟认错。

赵宝满不在意地说：

"明天是爹的寿日，我要给他老人家办寿日。"

当天夜晚，赵宝来到一片荒凉的坝田上，拿出珠虚壶说：

"珠虚壶，给我变一所宫殿那样漂亮的大房子，里面要陈设上一些最贵重的家具！"

眨眼间，空地上出现了一座像宫殿那样讲究的房子。赵宝就搬进这座新房子里去住。

第二天,赵宝家里人喊马叫,请来许多贵客大官,大家都摸不清赵宝为什么一下就这样荣华富贵了。吃过了酒筵,客人们看看这儿,瞧瞧那儿,又羡慕又奇怪。

大哥二哥看见赵宝有那样一所富丽堂皇的好房子,想跟赵宝一块同享富贵,硬要搬进新房里来住。

夜里,大哥二哥一爬上赵宝家软绵绵的锦缎铺上,闭上眼睛就睡着了。可是赵宝一想起两个狠心的哥哥,越想越生气。他赌气走出了大门外,找了一个僻静的地方,对珠虚壶说:

"珠虚壶,把昨天给我的那所房子收回去吧!把大哥二哥丢在蒿子上面!"

大哥二哥正在软绵绵的锦缎铺上呼呼大睡,忽然觉得通身被蓬蒿扎得十分疼痛。睁眼一看,面前满天星斗,宫殿一般的房屋早不知哪里去了,两人都躺在蓬蒿荒野里,只听见田里的田鸡,咕呱咕呱不住地在耳旁乱叫,两人愣了一阵,最后才明白了,原来是三弟把那所漂亮的房子收回去了。两个人又饿又冷,一个抱怨着一个。

大哥埋怨二哥说:

"都是怪你,看不起三弟,才有这样的报应。我是被你连累喽!"

二哥埋怨大哥说:

"都是怪你,欺贫爱富,没有把三弟放在你的眼角里,现在弄得连个住处也没有了。我是受了你的牵扯喽!"

万能锅(白族)

讲述:罗顺义 白族
记录:段继行 白族
1980年采录于剑川甸南
流传地区:剑川东岭

相传在那风光秀丽的金龙河畔,时常有一位六旬开外的老头在放马。天长日久,他结识了一位不知名姓的挖药老倌。每天都是"马老头"给"药老倌"做晌午①吃。

———————
① 晌午:方言,午饭。

这天，药老倌对马老头说："阿夫甲①，我天天带张嘴来吃你的，真不好意思。今天，你无论如何要吃我的一顿，不然，我俩就拉倒算啦！"马老头答应："好！"只见药老倌从背箩里取出一个稀奇古怪的小土锅，端到河边一翻一折地冲刷起来。洗完后，又捡了一锅鹅卵石，灌满水，然后支在三块石头上。一不用柴，二不烧火，可是过了一会儿，土锅里的水就涨起来了。煮一阵后，他又抓了一大把红土放入土锅中。再煮两袋烟的工夫，他就招呼马老头过来吃饭。他舀了一大碗给马老头，也给自己盛了一碗，笑呵呵地吃起来。

鹅卵石加红土竟会煮出香甜扑鼻的汤圆来，马老头心里十分纳闷："阿夫甲，这……到底是什么回事？"

"吃呀！边吃边听我给你讲嘛。"药老倌说，"这是一口万能锅，是无价之宝。用土、石、草、木……都可以煮出味美可口的食品来，今天你不是亲眼见了吗？"

马老头捧着碗，直愣愣地望着药老倌："不烧火？"

药老倌又舀了一碗，说："这万能锅很方便，架在太阳底下就行啦，根本用不着烧火。"

药老倌给马老头再添了一碗，滔滔不绝地说："这锅可以折叠起来，装进包包里，很方便我们出门的人。"

马老头听得心花乱坠，两人不知吃了多少碗了，但是锅里的汤圆仍满满的，总是舀不完。马老头好奇地问药老倌："阿夫甲，莫非你是仙人下凡吧？"

"对喽！对喽！你算猜对了。"药老倌爽快地说，"我俩相处了这么久，我看你为人忠厚老实，心地善良。今天特意请你吃一顿仙家饭，并把这万能锅送给你，不知意下如何？"

马老头想了想说："万能锅虽好，却没有我放马野炊自在，说不定还会给我带来想不到的灾难呢。你的心意我领了，这万能锅我不能收下。谢谢你的好心！"

"你真是了不起的人啊！"药老倌把万能锅朝天扔去，化成一朵祥云。他登云飘去，依依不舍地辞别了马老头。

---

① 阿夫甲：白语，老友之意。

燕语井（白族）

采录：赵玉昌 白族
1956年采录于剑川城
流传地区：剑川金华、甸南

相传剑川甸南镇的西山下，有一个村庄叫犁头村，村里有弟兄俩。哥哥因为秃头，大家就给他起了个绰号"秃头狸"。他有个弟弟，名叫二憨，人很忠厚，是个"庄稼宝"。

秃头狸见二弟老实，就提出分家。把好田好地霸为己有，好东西留给自己用。二憨只分得几块荒地和几个破瓶破罐。二憨很生气，但还是和和气气地拿着他的粪筐、铁耙，离家去了。族人为他很不服气，说："二憨，秃头狸的钱财多哩，你为何不和他争？粪筐、粪耙能解决了你的生活吗？"二憨笑着说："金粪筐，银粪耙，有穿有吃全靠它。你们看着吧，我的老友会帮助我白手起家。"族人也把他无办法，只好作罢。

二憨同秃头狸分家后，割来茅草，砍来木料，在燕语井①边起了一所小小茅庐。天带亮不亮他就起来捡粪了。二憨手上的老茧磨去好几层，把分着的那块荒地盘得整整齐齐的。

有一天，二憨肩扛锄头去挖地，从燕语井经过。见一双燕子迎面飞来，喃喃地对他说："好人二憨哥，分得地不多，一地分两节，两节细细做。东半可以撒荞谷，西半可以种青稞，包你青稞出两穗，包你荞谷满山坡。"

二憨照燕子所说，把地分成两节。买了荞和青稞种子，专等老天降雨，便去下种。无奈连连等了七八天都没有下雨，他十分着急。一天清早起来，他担着粪筐，往井边走去。那一双燕子又迎面飞来了，唱道："昨夜东风呼呼吹，今晚一定雨要落，二憨哥呀快举锄，争取时间点荞谷。"

二憨真的把荞谷青稞点种下去了。不到黄昏，细雨便绵绵不断地飘落，整整下了一夜。二憨喜欢极了，他抓了几大把碎麦子，跑到燕语井边撒下去。他手招燕儿，感谢道："燕子哥，懂气象，劳你报雨还报旱，这把粮食我生产，请你吃顿小早饭。"燕子不推辞，慢慢地啄完井边的麦粒，高兴地

---

① 燕语井：地名，在甸南，遗迹今存。

说:"二憨哥,好良心,你真对我好,我也对你很关心,以后还有好消息,句句报与知心人。"

二憨的地里长出了绿油油的幼苗。他一天到晚不放松地辛苦劳作,肥也施得均匀,水也浇得合适。春种秋收,获得大丰收。三年内,二憨慢慢由穷变富。他养了几只羊子、一头肥猪,舒舒展展地过上了好日子。

秃头狸的田地本来多,他靠收租吃饭。他租子不但要得多,而且农民辛苦地送到他家租子,他还故意捡出一颗秕子为难佃户,把许多佃户弄伤心了。他们合群把田地一概退还他。秃头狸打量另觅佃户,但谁也不愿接收。两年后,田里长蒿枝,饿得他吃饭都要请保人。秃头狸找到二憨,要租两亩田给他,并说可以减他租子。二憨连连摇头说:"不行!不行!吃多不得细嚼,请你租给别个去!"秃头狸更窘了,心想不如自己种上一年,只得再去找二憨讨教。

二憨虽恨他,却忘不了弟兄情分,便把"燕语井"燕子帮助的事如实告诉了他。秃头狸喜欢极了,时常到燕语井伺候燕子,想求燕子给他出个好主意,但燕子不理他。秃头狸想,莫不是要我给它送礼吗?便回家抓了一小撮麦,拌上些沙子,便成一大把了。他到燕语井边撒下,果然井内飞出一双燕子,来啄吃他的碎麦。他便问:"燕子哥,我的田要种什么好?"燕子照教二憨的那些话,回答了一遍。

秃头狸高兴极了,也当真照二憨的做法把田分成两节,一节种荞谷,一节种青稞。但雨还是不下,他又去问燕子:"燕子哥,哪天下雨呢?哪天我才合栽种?"燕子仍照告诉过二憨的话对他讲了一遍。秃头狸就把种子点下了。不料当夜天降暴雨,山洪暴发,冲到他田里。莫说土块被泥浆埋了,就是田埂也被洪水冲断。秃头狸气愤极了,站在井边咒骂燕子。还拿起长竿,准备一竿一个把燕子消灭光。可是一天到晚,在那儿连燕子的影儿都没有看见。

二憨十八岁了,还没有婆娘。他准备了很久,打了不少首饰,要请媒婆,给他说一个良心好的姑娘。那天,他拿了首饰,又去请媒婆,恰恰媒婆不在家,只得回来。刚刚从燕语井经过,燕子又飞来了,喃喃地说:"二憨哥,三脚的凳子无处找,两脚的婆娘要多少。明天正合甸尾街,那里有人卖一尾金鲤鱼,你把它买回来,自有好处。"

二憨真的带了一串铜钱,背起篮筐去赶街。街头果真有个渔翁,在那里卖一条金色鲤鱼。二憨出高价把金鱼买回家里。打些清水,把鱼放入缸内。

鼓打三更，他正在脱苞谷，忽见烛光下走出一个漂亮的女子，微微一笑，也坐拢帮二憨脱苞谷。

二憨老老实实地问："好妹子，夜深了，不怕你父母找你吗？我领你回家去吧！"

那女子笑道："我家在东海，我父名鳌光。偶为鱼游戏，却被渔翁拿。幸亏你救我，清水贮石缸。知哥没对象，成双又何妨。"

二憨又惊又喜，真诚地说："姑娘，我家太穷啦。等我明天买些布，制行李；办些菜，请邻里；热热闹闹的才行婚礼。你说对吗？"龙女说："不消啊，你屋边不是有丛绿芭蕉么？你采它几叶来，我给你做被褥。"二憨半信半疑，去摘来一抱芭蕉叶。龙女手拿金剪，像剪布一般，把芭蕉裁成被褥。用手翻了两下，这芭蕉叶子就放出光来，马上变成被子、褥子。

第二天，二憨又要去备办酒席，龙女阻挡他说："不消啊，你屋前不是有个燕语井吗？我给你一个吊桶，要什么菜，可以对吊桶说，把吊桶吊进井内，提上来，就有好菜。"这天，二憨家里请来了不少的宾客。龙女和蔼地招呼大家，二憨把酒席摆好，请来宾尽情畅饮。八大碗、火锅……都由井里吊上，热气腾腾，碗碗美味。

从此龙女勤织，二憨勤耕，把小家庭的生活安排得井井有条。秃头狸又妒又羡，又向二憨讨教。二憨如实地把事情的经过告诉他。秃头狸又到燕语井边等候，见燕子飞来，他装出一副笑脸说："燕子哥，这次可莫害我啦！我也想讨个美丽的新媳妇，请你帮帮忙。"燕子说："还是去买尾金鱼吧。"

秃头狸上街去买鱼。来迟一步，渔翁的竹篓里只剩下一尾大嘴鳜鱼。他从十文上添起，一直添到千文，才把鳜鱼买回来。回家后，他将鳜鱼放入水缸。拖了条凳子，坐下来假意脱苞谷，还尖着耳听动静。三更后，果然听见火塘内叭叭爆响，灯光下走出一个美人来。秃头狸不及问话，欲火烧腾，笑嘻嘻上前便拥抱她。不料灯光突然一暗，美人已不知去向。他怀里紧紧地抱着一个蓝面夜叉婆，它怪叫一声，把秃头狸按倒在地，张开大嘴，一嘴便把他的秃头咬掉。

第二天早晨，村人发现秃头狸家中有事，跑来叫二憨。二憨和龙女来到哥哥家中，只见秃头狸倒卧在腥臭的血泊里。二憨感慨地说："金粪耙，银粪筐，要过好生活，随时莫离它，心大压着肺，贪财把祸招。"

荨麻与艾蒿（白族）

讲述：杨金凤
记录：张福三
1958年采录于剑川城
流传地区：大理、洱源、剑川

大甑板、二甑底的阿姆[①]出门去了，留下她们俩姐妹在家。晚上，她们早早关门睡了。她们屋后岩子上有个"估有把"[②]，是个妖精。一天晚上，她来打俩姐妹的门。大甑板在屋里问："是谁打门？"

估有把装着她们家外婆的声音说："大甑板、二甑底开门，你外婆来了，快快开门！"

大甑板说："是外婆吗，你就把手伸进来，让我摸摸。"

估有把把手从门缝里伸进去。二甑底摸着说："不是，不是，你不是我外婆，我外婆手上没有毛！"

第二天晚上，估有把拔光了手上的毛，又来打门："大甑板、二甑底开门，你外婆来了，快快开门！"

大甑板说："是外婆吗，你就把手伸进来，让我摸摸！"

估有把又把手伸进去。二甑底摸着说："是外婆来了，快开门，快开门。"

她们开了门，把估有把放进来。

大甑板说："我们点上灯吧！"

估有把赶忙说："不要点灯，外婆正害眼病，怕光。"

大甑板说："外婆，外婆，你吃饭没有？"

估有把说："吃过了，我们睡吧！谁和我睡一头？"

二甑底抢着说："我跟外婆睡一头。"

她们睡了很久。大甑板听见估有把在吃东西，嚼得咯咯响。她问："外婆，外婆，你在吃什么？"

估有把说："我在吃炒豆。"大甑板说："给我吃几颗！"

估有把说："你不能吃！""我要！我要！"大甑板哭起来了。

[①] 阿姆：白语，妈妈。
[②] 估有把：白语，是对老年妇女蔑视的称呼。

估有把递了几颗炒豆过来。大甑板接着的不是炒豆，是几节小指头，她心里很害怕。过了一阵，她说："外婆，我要去撒尿。"

估有把说："你在火塘边撒吧。"大甑板说："火塘有火塘神。"

估有把说："你就在灶前撒吧。"大甑板说："灶有灶神！"

估有把发起脾气来："任你去哪里撒吧！你一个人走路不放心，我用绳子把你拴起来。我一拉，你就赶快回来。"

大甑板走到猪圈，把手上的绳解开，拴在圈里大母猪的腿上，开了后门跑出去，躲在池塘边一棵柳树上。估有把等了很久，都没见大甑板回来。她一面喊，一面拉绳子，拉得老母猪咕噜咕噜地叫，没见大甑板回来。估有把自己起来，顺着绳子去找，结果摸着老母猪。她急了，四处去寻。

在池塘的水面上，她看见大甑板的影子，估有把说："你躲在水里，我也要把你拉起来！"她朝着影子往水里扑，水浑了，影子不见了；她爬起来，等水清后，大甑板的影子又有了。估有把又往水里扑去，水浑了，影子又不见了，她又爬上来。树上的大甑板见了，忍不住咯咯地笑起来。这时，估有把才发现大甑板躲在柳树上。

大甑板赶忙说："外婆，外婆，这树上有几个花红，真是红彤彤的。你回去把门后的铁棍烧红了抬来，我把它们打下来给你吃。"估有把好吃，回家把铁棍烧红了抬来给了大甑板。

大甑板接过铁棍说："外婆，外婆，快把嘴张开。花红来了！"估有把嘴一张开，大甑板便把烧红的铁棍往她嘴里掷去，把估有把烫死了。估有把跌在树脚下，马上变成一蓬荨麻，把树团团围住，大甑板下不来了。

天亮了，大甑板碰上一个放牛的过路人，她喊："放牛大哥哥，我下不来了，把我接下来吧！"

放牛的男人说："不行，我有要紧事情，你等一会吧！后面还有人来。"他把牛吆起往山那边走了。

大甑板等了半天，太阳升起丈把高，又看见有两位放羊人过来了，她又喊："两位放羊大哥哥，请把我接下来吧。"

两位放羊人把羊吆在一起说："树下有荨麻，我们也怕！"

大甑板说："好心的放羊大哥，把你们披的羊毛毡铺在荨麻上面。我跳在谁的毡子上，就做谁的老婆。"

放羊人把羊毛毡铺上，大甑板一跳，没有跳在羊毛毡上，却跳到荨麻里，就成了一棵艾蒿。以后，有人被荨麻刺了，用艾蒿擦一擦，按一按，伤口就会好。

牛虎斗（白族）

讲述：施树立 白族
记录：乐夫　瑞鸿　瑞林 白族
1980年采录于剑川甸南

有一次，水牛和老虎在山脚下相遇。这时，老虎的肚子咕噜咕噜叫唤，饿得正难受；水牛热得呼哧呼哧喘粗气，也窝着一肚子火。

老虎说："胖家伙，你来得正好，可做我的点心。"

水牛说："花老倌，别得意，等我洗个澡再来收拾你。"

老虎伸伸懒腰提提精神，张牙舞爪，摆出了一副好斗的架势。水牛却慢腾腾地滚到泥水里，沾了厚厚一身泥，才不慌不忙地站起来，走出水塘，迎上前去。水牛的样子比先前越发胖多了，逗引得饿老虎口水直往下淌。

老虎一扑过去，就用前爪扒牛皮，不料沾了两手泥，没抠到肉。水牛急了，用两只角向老虎顶来。老虎身子比较灵活，往左边一让，就避开了。水牛角顶在一棵大树上，硬碰硬，结果顶弯了，再不能戳伤对方。

水牛气急败坏，只得往水塘子里一钻，骂老虎道："花老倌，有本事下水来再斗好了。"

老虎发一声吼："老子不吃掉你，就不算山中大王！"一纵到水里，就淹死了。

从此，直牛角变成了弯牛角；老虎遇着水牛也不敢再碰它。

不怕虎只怕漏（白族）

讲述：李玉宝 白族
记录：瑞林　乐夫 白族　瑞鸿 白族
1980年采录于剑川甸南
流传地区：剑川、洱源、鹤庆

我们白族话把筛子叫作"楼得"，把老虎也叫"楼得"。

一天晚上，外面下着雨，伸手不见五指。村边那位老奶正在用"楼得"筛麦面。雨越下越大，雨水从房头上漏下来，还滴进麦面里。老奶只得挪了挪位子。这时，屋后圈里那头漏得①恰好叫了两声，小孙女说："阿奶，我家墙又矮，圈又烂，要是楼得来咬漏得，怎么办呢？"

"唉！你咋个晓得，天下间不怕'楼得'只怕'漏得'啊！"老奶说罢，指着手里筛子底上那个漏洞给孙女看，又指了指房头上的漏雨处。孙女笑了，阿奶也笑了，祖孙俩笑得很开心。

谁知这些话被躲在马圈楼楞上的贼听到了，也被刚到马圈门口的老虎听到了。

老虎想："山头子上，也算得我大了，难道'漏得'比我的本领还大吗？我咋没见过它呢？千万小心，不要碰着'漏得'才好。"于是，摸黑撞开圈门，要去吃骡子。

躲在楼楞上的那个贼发觉老虎进来了，慌忙中他想骑着骡子逃走。他探下一只手恰巧摸到一个毛茸茸的脊背，于是不管三七二十一，便骑了上去。他紧紧抓住鬃毛，两腿一夹，就往圈外跑。只觉两耳生风，快如闪电。心想：骡子不会跑得这么快，不是骑在老虎上，就是骑在"漏得"上了。左也死，右也死，看来死定了！

老虎呢，发觉有个东西骑到自己身上，又揪鬃毛，又夹肚子，真是胆大包天！心想：肯定是被"漏得"抓住了，必须跑出去，掀掉它。老虎拼命跑呀跑，掀呀掀，还是甩不脱。越是甩不脱，就越往山上跑。

跑了几架山，这时雨才停住，天也大亮了。那个贼发现是骑在虎背上，但下不来了。老虎扭过头也发觉驮着个人，就想抓下来吃。这时候，刚好从树枝下经过。贼赶忙一把攀着树枝，爬到树上去了。

老虎不会爬树。据说当年老虎跟老猫学武艺的时候，老猫怕老虎日后反心，就留下这一手没教它。果然，老虎反心了，要吃猫。老猫就上树避开，还劝老虎："阿妙②！阿妙！"所以么，老虎爬不得树，只得在树下干着急。而且，这时老虎还心里害怕，怕是"漏得"把人抓到树上去了，万一有个三长两短，这还得了。

恰巧一只猴子过来了，老虎请它上树看个实在。约定猴子点头，老虎就

---

① 漏得：白语，骡子。
② 阿妙：白语，意思是：不要这样做！

上前接应；猴子眨眼，表示树上真有"漏得"，赶快各自逃生。

猴子上树了，那个贼吓得屁滚尿流，小便顺着裤筒子往下淌，一滴就滴到猴子眼睛里。猴眼辣疼，连忙眨巴。老虎见猴子连着眨眼，就慌忙逃走了。猴见老虎逃去，明知自己也不再是"漏得"的对手，也跟着逃走了。

这个贼脱险回家后，发誓不再做贼，于是便去做了猎人。

棕树为什么年年被剥皮（白族）

采录：江锐　白族
1980年采录于剑川甸南

从前，棕树和松树打老庚①，它们一同住在高山顶上。棕树紧挨着松树长，夏天靠松树遮阴凉，冬天靠松树挡风寒。棕树常对松树说，"松大哥，我身子单薄，全靠你长年照顾，你的大恩大德使我终生难忘。"

有一次，天大旱，山上缺水。松树对棕树说："老庚，山上日子艰难，听说山下坝子里水多，我们是不是搬下去？"

棕树高兴地说："我也正这样想，松大哥，你费心点，守住老窝，别让杉树、栗树占了我们的地盘，我下山去看看，找到好地方就回来喊你。"

松树同意了，还把积攒的水也交给棕树带走，嘱咐说："老庚，不管找着找不着好地方，也快去快回，免得我焦心。"

棕树发誓说："我们的友谊我绝不会忘记，你的恩情我更不会忘记。如果我找到好地方不回来喊你，愿挨千刀万剐。"

棕树到了坝子里，看见菜园的水沟边水足土肥，就住在那里不出来，得意地摇起扇子，把松树的恩谊和自己的誓言忘得干干净净。

园子里的瓜菜见棕树来侵占它们的地盘，告给主人，主人就拿刀来剥棕树的皮。棕树见自己的誓言应了验，心里很后悔，但已来不及了。

---

① 老庚：同岁的朋友。

乌鸦和山鸡（白族）

讲述：杨一贤　白族
记录：陈瑞鸿　张文　白族
1980年采录于剑川东岭

很久很久以前，乌鸦不是黑的，山鸡不是花的，它们都披着一身洁白的羽毛。它俩是邻居，常来常往，形影不离。在一起寻找食物，一起跳舞唱歌，一起游玩……

有一天，天刚蒙蒙亮，乌鸦一骨碌爬起就去找山鸡，来到山鸡的窝里，它还蒙头熟睡呢。乌鸦把山鸡捶醒，喜笑颜开地说："山鸡，告诉你一个好消息！昨天，我在山顶上发现一个大水塘。塘水清幽幽，塘底有几个小石子都看得一清二楚；水面平展展，把我的样子，映照得明明白白。"

"啊呀！这太好啦！"山鸡揉揉睡眼说："长成这么大，我还没见过自己的样子呢。快领我照照身影去吧！"

一路上，山鸡高兴得又蹦又跳又歌唱。不一会儿，乌鸦就把它领到了水塘边。山鸡抢先占住一块伸进水中的石头，探出头去，照看身影。看着看着，它突然捶头跺脚，号啕大哭起来。

乌鸦在一旁莫名其妙，赶忙上前扶住它，把它劝到大树下去坐："山鸡，你咋个这样伤心地哭呀？"山鸡泣不成声地说："不看不知道，一看就气死掉。看到了自己的样子后，我悟出了一个道理。呜、呜、呜……""什么道理呀？"乌鸦心里非常纳闷。"你真憨，你为啥不动脑筋想想，凤凰为什么当上鸟王，受到百鸟的崇敬？原来就靠它长着一身五颜六色的漂亮羽毛。我恨死爹妈，为什么生出我这个样子，不如跳到水塘里淹死算啦！"说着说着山鸡又呜呜地哭起来了。

乌鸦拍拍山鸡的肩膀，安慰说："为这点小事，不值得跳塘寻死，免得人家笑话你呢。""好乌鸦，看你这满不在乎的样子，难道你有好法子？""有啊！我认得好多可以做染料的花枝花瓣、树叶草根。只要采集来做成颜料，按需要调配出各种颜色就可以把你彩画起来了。"山鸡破涕为笑："嘻、嘻、嘻……真想不到你还有这一手呀！""走！我领你采集去！"山鸡双翅抱住头："啊哟，我刚才太伤心了，直到现在，五脏六腑都还疼呢，实在走不动了。采集颜料的事,就请你费心点!"乌鸦看看它那副可怜的样子:"好啦,你跟我去也帮不了什么大忙,就在这儿等我,可不要跑远。"山鸡"扑通"一声跪在乌鸦面前:"对着天地神灵起誓,我诚心诚意地拜您为师。等师傅把我彩画好后,我一定花十倍的力气,百倍的工夫,把您彩画得比凤凰还要美丽漂亮……"

乌鸦飞到东山上,用爪子扒开泥土,采来金凤花根,做红颜料;飞到南山上,用翅膀扑打树枝,采来栀子果,做黄颜料;飞到西山上,用嘴叼来蓼蓝叶,做蓝颜料;飞到北山上,采来了乌桕皮,做黑颜料。乌鸦还采来十二束松枝扎成十二支画笔,并找来十二个石盘盛颜料,忙得满头大汗,精心调好了颜色。

这时山鸡却躺在水塘旁的大树下睡午觉,鼾声连天,睡得正甜。等一切准备就绪,它才伸伸懒腰,打着哈欠醒过来:"啊哟!非凡的乌鸦画师,您真不愧是绝顶聪明的才子,叫我怎么感谢您才好呀!""累点苦点算不了什么,就怕彩画出来不合你的心意。"乌鸦诚心地说。山鸡笑逐颜开:"哪里,哪里,不要说这些话了,真叫我心里难受。请师傅快快动手先彩画我,我再依样彩画您。"乌鸦挥动彩笔,一笔一画,一丝不苟,认真地彩画起山鸡来。它以郁葱的青竹为蓝本,把山鸡的身子彩画成翠绿色;它依照鲜花的样子,把山鸡的长尾巴彩画得五彩缤纷。脚站酸了,顾不得伸伸腿;腰站疼了,来不及捶捶背。它画完尾巴上的最后一笔时,只觉得天旋地转,眼前冒出朵朵金花,一下子昏倒在地上,完全失去了知觉。

山鸡不管乌鸦死活,三步并成两步,奔到水塘边忙着照看身影:"啊!这难道真的是我吗?"它手舞足蹈,按捺不住自己激动的心情,唱起歌来自我陶醉:

> 天上的月亮呀,看见我就跑进乌云里躲藏;
> 地下的鲜花哟,在我面前失去了芳香;
> 山里的金凤凰啊,也飞来朝拜我,不敢再称王……

一阵山风吹来,把乌鸦吹醒了。山风把山鸡的歌刮进了它的耳朵。它耳朵胀疼,肺也气炸了:"山鸡!山鸡!你不该过河丢拐棍,病好打医生。快扶我喝点水!"

山鸡心里嘀咕:"哼!不死还算你的福气大,还想叫我去彩画你,事情没那么容易。有你无我,我才不干这种傻事呢。"

它暗自盘算,想出了鬼点子。脸上却堆满笑容:"乌鸦师傅!您的手艺真巧，把我打扮得如此漂亮，要好好感谢您呢。"一面说，一面悄悄地兑好一盆浓黑的颜料，端到筋疲力尽的乌鸦面前，当头泼下，把它洁白的羽毛全都染黑了。

狠心的山鸡还嫌不够黑，再去兑了几盆，劈头浇在乌鸦上，浇得它上气不接下气，"哇哇"直叫。

从此，乌鸦就变成黑的了。为了揭穿山鸡的阴谋诡计，伸张正义，乌鸦大声疾呼，嗓子也弄坏了，只能发出沙哑的声音来。

山鸡趁机造谣说："黑乌鸦，哇哇叫；报凶信，灾害到。"

许多不明真相的人都受骗上当了。

乌鸦和喜鹊（白族）

采录：江锐 白族
1980年采录于剑川城

从前，乌鸦是一只白鸟儿，住在王画师画楼东面的柏树上；喜鹊是一只黑鸟儿，住在李画师画楼西面的柳树上。

乌鸦性情直爽，见啥说啥，而且很聪慧，能预见将会发生的灾祸，常常提前向人发出忠告。有一天，王画师正在画画，乌鸦知道有人在国王面前说王画师的坏话，国王正要派人来捉画师，就飞进去叫："老哇，呱嘟！老哇，呱嘟！"意思是：老王，快逃！老王，快逃！

王画师听得心烦火冒，抓起墨缸泼在乌鸦身上，把它染成了一只黑鸟。后来，王画师被国王抓去要砍头，他想起乌鸦的忠告，后悔已来不及了。

乌鸦虽然变成了一只黑鸟，它还是不忍心看着人们遭到不幸和灾难，仍常常提出忠告。因为乌鸦一叫，总有不幸的事情发生，人们一直骂乌鸦是不祥之物。

喜鹊善于奉承，爱讲好话。有一天，李画师画了一幅梅花，虽然画得不怎么好，喜鹊见了，却赞不绝口："啧啧，好好！啧啧，好好！"

李画师听了心里很舒服，给喜鹊画个白胸脯、花脖子、花翅膀、花尾巴，还把喜鹊画到梅花枝上，叫"喜鹊登梅"。

七月初七，百鸟朝凤。鸟王见白鸦变成了黑鸦，黑喜鹊变成了白喜鹊，就问它们是怎么弄的？乌鸦和喜鹊都讲了自己的遭遇。鸟王听了，叹了一口气说："人们还是喜欢奉承的多，喜欢忠告的少啊！"

狗搭豹子做生意（白族）

采录：松泉 白族
1980年采录于剑川城

从前，豹子听说狗肉味道鲜美，很想尝一尝，可是狗整天和主人在一起，一时无法下手。豹子躲在村边树林中，偷偷地注视狗的行踪，寻找下手的机会。豹子见狗非常贪心，只要主人随便丢下一点东西，它就摇着尾巴去吃，心头便有了主意。趁狗的主人不巡顾①，向狗抛了一点麂子肉，狗摇着尾巴跑来吃了；豹子又往近处抛了一点麂子肉，狗又摇着尾巴跑过来吃。这样一点一点，把狗引到树林子里。豹子眯着眼睛，装出一副笑脸说："狗兄弟，这麂子肉好吃吗？"

狗抬起头来问："你是哪个？"

"我是豹子，我问你这麂子肉比你主人家的骨头好吃吗？"

"好吃，好吃。豹子大哥，您还可以给我点吃吃吗？"狗摇着尾巴说。

"狗兄弟，世界上比麂子好吃的肉多啦，比如说马鹿肉、岩羊肉、獐子肉……只要你学会做生意，不愁没有好肉吃。"

"做生意？"

"是呀，老君山上有个大街子②，我常到那里做生意，赚了钱就喝酒吃肉，回回吃得打饱嗝。"

狗馋得痒痒地说："搭你去做生意就好了，可惜我没有本钱。"

豹子见狗上了钩，又给了它一点麂子肉："没有本钱我借你，我们合伙好了。"

这时，主人见狗跑到林子里，大声喊它回来。狗却贪着豹子给的小便宜，说："豹子大哥，走吧，我们快赶街去吧，主人叫我我也不回去了。"

老君山上哪有什么街子？豹子把狗领进没有人烟的老林，就把狗吃了。

从那时起，就流传着这么一句歇后语："狗搭豹子做生意——贪心亡命。"

---

① 不巡顾：不注意的意思。
② 大街子：方言，大集市。

小鸡报仇（白族）

采录：李源　李晓娟　白族
1980年采录于剑川城

在一个半山坡上，有一间木房子。相传，这间木房子里住的是一只老母鸡和它的一窝小鸡。

有一天，老母鸡对小鸡说："孩子，阿妈要是让凶恶的山猫咬吃了，你们姊妹可要为阿妈报仇呀！"小鸡们异口同声地说："哪个伤了您的一根毛我们也不依它。"

谁知，过了几天，不幸的事情发生了。老母鸡被山猫咬吃了。小鸡们哭呀，喊呀，从早上哭到晚上，从天黑哭到天亮。老母鸡的大女儿想："这样哭下去也不能把妈妈哭回来，得想个办法呀！难道就让妈妈这么可怜地死去吗？"于是，它对弟妹们说："你们记得阿妈不久前说的话吗？"大家说："记得，我们要为阿妈报仇！"仇恨的火苗在小鸡心里升起。它们一个接一个地冲出门去。

走着、走着，它们遇到一颗小针。小针问："你们要到哪里去？"小鸡们流着眼泪说："我们的阿妈让大山猫咬吃了。我们现在要去报仇！"小针说："我跟你们去吧，我一定要帮你们出点力。"

就这样，小针跟着小鸡去了。

走着、走着，小鸡来到一片麻栗林里，碰到一颗麻栗。麻栗问小鸡："你们要到哪里去？"小鸡说："我们的阿妈让山猫咬吃了，我们要去报仇！"麻栗说："我跟你们去吧，我一定帮你们的忙，为你们的阿妈报仇。"

就这样，麻栗跟小鸡去了。

走着、走着，小鸡在一条小溪边碰到一只螃蟹。螃蟹问小鸡们："你们要到哪里去？"小鸡说："我们的阿妈被山猫咬吃了，我们要去报仇！"螃蟹说："我跟你们去吧，我一定帮你们为你阿妈报仇。"

就这样，螃蟹也跟小鸡走了。

走着、走着，又碰到一堆牛屎。牛屎问："你们要到哪里去？"小鸡们说："我们的阿妈让山猫咬吃了，我们要去报仇。"牛屎说："我和你们去吧！我一定为你们出把力。"

就这样，牛屎也跟小鸡走了。

快要到山猫家时，小鸡又碰到了一根竹筒子。竹筒子问："你们要到哪里去？"小鸡说："我们的阿妈让山猫咬吃了，我们要去报仇。"竹筒子说："我和你们去吧！我一定狠狠地打那个凶恶的山猫。"

就这样，竹筒子也跟小鸡走了。

小鸡带着大家，悄悄地来到了山猫家里。小针先轻轻地进了山猫家的门，钻进了山猫的板凳里。麻栗也走了进去，藏进山猫的火塘里。螃蟹横着身子爬进了山猫的水缸里。牛屎躺到了山猫家的门槛下。竹筒子爬到了山猫家的门头上。

当小针、麻栗、螃蟹、牛屎、竹筒子藏好后，小鸡就在山猫家门口大吵大骂，把正在沉睡的山猫吵醒了。山猫一骨碌从床上翻起来。当它听清是小鸡的声音时，顿时来了精神。它想："我真有福气！刚吃了母鸡，小鸡又送上门来了。"

当山猫得意地坐上板凳穿鞋子时，小针跳出来，狠狠地刺进了山猫的屁股里，痛得山猫直叫唤。山猫去扒火塘，想看看什么东西刺进它屁股里，藏在火塘里的麻栗趁机炸起来，麻栗皮炸进了山猫的眼睛，痛得山猫两眼睁不开。山猫赶忙摸到水缸边，想洗洗眼睛，藏在水缸里的螃蟹猛地伸出手上的两只大钳子，钳住了山猫的手。山猫甩着手往外跑，想把小鸡一个个吃了解气。可它一跨出门就一脚踩在牛屎上，一滑，跌了个四脚朝天。这时，藏在山猫门顶上的竹筒子使足力气，瞄准山猫的头部狠狠地砸了下去。顿时，山猫直挺挺地动不得了。可恶的山猫受到了应有的惩罚。

小鸡报了仇，感激地向大家道谢。大家齐声说："为受害的人除害是我们应该做的，只要我们合成一股力，什么样的怪物也会败在我们手下的。"

大帽子改小帽子（白族）

采录：杨登农
1980 年采录于剑川城

从前，有个姓赵的裁缝，偷布成性，无论帮哪家缝衣服，都要偷上几尺布，藏在头上的大帽子里。所以，他缝的衣裳短得像领褂，裤子窄得像竹筒。但本乡本土没有第二个会缝衣服的人，又没拿着他的真赃实据，人们只好哑巴吃黄连——暗受苦。

有天,赵裁缝又帮一家人缝衣服。他趁主人不在身边,飞快地剪了一段布,熟练地折好,塞进又深又大的帽子里,装着若无其事的样子。殊不知,他的举动被主人家瞧见了,但也装着没事儿一样。

到吃晚饭的时候,主人坐在裁缝身边,又夹菜又添饭,显得格外殷勤。当他吃完四碗,准备放下碗筷的时候,主人站起来给他添饭,他连连摆手说已经吃饱了。主人哪里肯依,说:"赵师傅不要拘①,才吃这小点饭,咋个会饱?您再客气,我就把饭菜倒进您的帽子里。"

一面说,一面揭他头上的帽子。他连忙用一只手护住帽子,另一只手伸手接饭。这样一连吃了七八碗,直吃得气都喘不过来。

从此,赵裁缝的大帽子改成了小帽子。

没有瘿袋挂葫芦(白族)

采录:赵怀瑾　李荣　白族
1980年采录于剑川城
流传地区:剑川、洱源

有两个老友,同年同月同日同时生,一个富,一个穷。富的叫阿荣,穷的叫阿牛。

阿牛脖子上生着个大瘿袋,为人忠厚,靠打柴来养活母亲,阿荣吃穿不愁,但待人刻薄,一点也不周济阿牛。

阿牛天天起五更,踏着夜露上山砍柴。有一天,他爬到一个大山箐,正要动手砍柴,忽然听见旁边有说话的声音,忙侧过头一看,见离他不远的空地上,有两位老人盘腿坐着下棋。阿牛好奇,轻手轻脚地走到他们身边看,大瘿袋吊在脖子上摆来摆去,也不觉累赘,简直入了迷。一位老人见他很规矩,就对另一个老人说:"这小伙子很忠厚,替他把瘿袋取下来算了。"那个老人一伸手,就轻轻地把阿牛脖子上的瘿袋摘了下来。

阿牛觉得轻松多了,谢过两位老人,就又去打柴。老人说:"柴莫打了,我们给你点鸡粪。"阿牛想:鸡粪虽不能上街卖钱,撒到地里是好肥料,就

---

① 拘:白语,不用客气。

高高兴兴地背起鸡粪回来了。

到了家里,阿牛把鸡粪放在门背后,跑进里屋,把山上遇着的事全对他妈说了。他妈看了看儿子的脖子,又惊又喜,忙说:"这回好了。你先歇口气,我去把鸡粪撒到园子里。"他妈到门后扒开背箩一看,哪里是鸡粪,是一箩白花花的银子。老妈妈乐得大声喊:"儿呀,你硬是遇着神仙了,你背回来的是银子哪!"儿子走过来,母子俩乐得合不拢嘴。

阿牛妈说:"阿牛呀,我们这下子有钱了,先盖他几间房子,再给你娶个媳妇。"

过了不久,阿牛家的新房盖好了,媳妇也有了,拜堂的日子快到了。阿牛想起老友阿荣,去请他来做客。阿荣见阿牛没有了瘿袋,十分惊奇。到阿牛家,又见新房齐展展的,院里杀猪宰鸡,迎亲送客,好不热闹,他把阿牛拉到背静处,问是怎样发财的。阿牛把经过一五一十地说给阿荣,阿荣听完,想到发财机会到了,便匆匆告辞,一溜烟跑回家去。

第二天,阿荣不等天亮,就收拾背箩,在脖子上挂了一个大葫芦,假装上山砍柴,一边走,一边念着:今天该轮到我发财了!

阿荣来到阿牛砍柴的地方,这里看看,那里看看,终于在空地上找到下棋老人,忙奔过去,弯下腰,装着看他们下棋,故意把脖子上的葫芦弄得晃来晃去。只听"咚"的一声,葫芦碰在一位老人的头上。这老人看了他一眼,不高兴地说:"这孩子真没礼貌,没有瘿袋,偏要挂个葫芦碰人。"另一个老人说:"咳,他喜欢瘿袋,就把昨天摘的那个给他吧!"说着把阿牛的瘿袋挂给了阿荣。阿荣想要点鸡粪,两个老人却拂袖而去。

阿荣双手抱着脖子上的瘿袋,垂头丧气地回来了。从此,没有瘿袋挂葫芦的故事就流传开来了。

牛为何帮人耕地(白族)

讲述:新华妈 白族
记录:刘红军 白族
1980年采录于剑川马登

很古很古的时候,人间还没有牛,也不兴用牛耕地。人们种地翻土用锄头,干活又苦又累。每天脸朝黄土背朝天地挖呀挖,但收成很低,种一葫芦收一瓢。粮食很少，常常吃了上顿没下顿。

玉皇大帝派牛下凡到人间传达圣旨："三天吃一顿饭。"牛想，三天吃一顿饭，不是要把人饿死吗？它本想不去，但又怕玉皇大帝责怪，只好硬着头皮去了。牛怕把此话忘掉，一路上嘴不停地念着："三天吃一顿饭，三天吃一顿饭……"它急匆匆地走着，不小心被石头绊了一下，跌坐在地，就把圣旨传达错了，说成："一天吃三顿饭。"

玉皇大帝知道后，大为恼火，不准牛返回天庭，永远留在人间干苦力活。牛也十分乐意。从此，牛就帮人们犁田耕地。

无雀之乡水子坪（白族）

讲述：双福爹 白族
记录：瑞林　乐夫 白族　瑞鸿 白族
1980年采录于剑川甸南
流传地区：剑川羊岑、甸南

谷子黄了，四乡八寨都有人去吆雀子，有的打铜锣，有的放火枪。田里头，吓麻雀的稻草人也扎实多。可是我们水子坪却没有人到田里吆雀子。箐槽槽里三四百亩谷子黄澄澄的，但一只麻雀也不飞来吃它，怪不怪？

相传，水子坪山清水秀，地块平整，土质肥沃，水源充足，庄稼长得扎实好。秋收时，大柜小柜大箩小箩都装满了谷子，但还剩好些谷子装不完，只得堆在阶台上、院子里。这样一来，把麻雀都引来了。麻雀一飞到我们水子坪，就不再往别处飞，密密麻麻的麻雀把天都遮黑了。

麻雀太多，灾害无穷。还不到谷子低头，一个村子的人都要去吆雀子，每隔十来步就要站一个，从天蒙蒙亮吆到黄昏，又苦又累，但徒劳无益。一年望秋收，丰产变歉收，到头来收不回多少谷子，所以日子过得很苦。

有一年秋天，一个从外地来的老头翻山越岭来到我们这里，他走得又渴又饿，想讨点水喝，要点东西吃。但村子里没有人，大家都去吆雀子了。他只得到田坝里来找，遇见一位大姆，就开口向老人要一碗水喝，要一点饭吃。老大姆为难地说："不是我舍不得给你东西吃，我走了麻雀就把我这块田里的谷子吃得精光。收不着粮食，一家老小只得等着饿死了。"老头笑了笑,说他代老大姆吆雀子。大姆嘱咐了又嘱咐,才回家给老头烧水煮饭。

怪了,老大姆把水和饭送来时,田里一只麻雀也不见了。老头吃过饭,又继续赶路。村里人照常天天去吆雀子,但还是不见麻雀的影子。后来,人们慢慢就不再去吆雀子了。直到现在,我们水子坪还是无雀之乡。

原来。那个老头就是乾隆皇帝。他游江南来到剑川,看到我们水子坪人被麻雀害苦了,就封赠我们水子坪为无雀乡。

有人说我们箐槽槽两边的山上长满了大栗树,鹞鹰爱来上边作窝,所以鹞鹰多极了,麻雀害怕鹞鹰就不敢飞来。那么这些又粗又壮的大栗树,又为什么长得这样密密麻麻呢?也是乾隆皇帝路过水子坪时封赠下来的缘故。

生活故事

盐神（白族）

讲述：杨效明 77岁 白族
记录：小鹏 白族
1981年采录于剑川弥沙

很久以前，我们的祖先不论吃什么东西都不放盐巴。俗话说：南瓜萝卜洋芋片，不放盐巴难下咽。没有盐巴的饭食，那才真不好吃呢，可又有什么办法！因为那时候，还不知道世界上有盐巴这东西。

传说有一天，有个老牧人带着他的儿女，来到剑川弥沙河边的象鼻山上。老牧人的女儿名叫谷女，长得聪明美丽，从小喜欢跟山里的梅花鹿交朋友，养成了勤劳善良的好品行。老牧人的儿子名叫山娃，相貌倒也长得周正，可就是性情刁怪，从小喜欢跟山里的老野猪交朋友，学来了一副好吃懒做、蛮不讲理的坏习气。

谷女大清早起来上山打柴，赶上牛群去放牧，晚上回到家里，还帮助阿爸烧水煮饭，打整家务。山娃什么事都不干，天天睡到日高八丈，吃了饭就跑去找老野猪玩耍。老野猪也三天两头地上门来找山娃，每来一次都要怂恿山娃把家里的竹笋、山芋、蘑菇等好吃的东西翻出来吃个精光。这些食物都是老牧人和谷女辛辛苦苦从山里找回来的。

俗话说：跟好学好，跟坏学坏。老牧人教导山娃莫跟老野猪交朋友，要他像妹妹一样，做一个勤劳的人。可山娃让老野猪的甜言蜜语给迷住了，不但不听阿爸的话，反而对妹妹怀恨、嫉妒起来。

有一天，谷女放牛到了山脚下，只见牛群都争着去喝一股山泉水。第二天，牛群一放出圈，又一个劲儿地朝山下跑去，一直跑到那山泉边去饮水。谷女奇怪了：莫非这泉水特别好喝？她掬起泉水尝了一口，呵，果然特别可口。原来那是一股盐水泉。谷女想：要是用这泉水烧菜煮汤，味道一定很美。于是，就砍了一节竹子，灌了一筒泉水带回去。

谷女用山泉水煮的汤，味道果然鲜美极了。阿爸一边吃一边赞不绝口。山娃听见阿爸称赞谷女，心里越发不服气。过了几天，老野猪又来找山娃玩。山娃就把妹妹带回山泉水的事告诉了老野猪。老野猪知道山娃对妹妹有怨气，就有意挑拨说："周围几百里内的山泉我都喝过，根本就没有那样的山泉，你妹妹八成是拿牛马尿给你们煮的汤。"

山娃相信老野猪的话。刚巧有一头待产的母牛留在家，母牛撒尿的时候，他就跑去蘸了点牛尿尝了尝。"呸！"牛尿里果然有一股咸味，山娃吐了几口唾沫大叫起来："好呀！谷女这死鬼天天用牛尿给我们煮汤吃，阿爸和我都受骗了。阿爸还夸她呢，夸个屁！"

本来嘛，老母牛喝了盐泉里的水，撒的尿里就会带点咸味，这一点也不奇怪。可是山娃不问青红皂白，等谷女放牧一回来，就对她厉声责问起来。他把谷女打了一顿，还把她关在屋子里，说要等阿爸回来再收拾她。

谷女对阿爸和哥哥一片好心，反而受这么大的冤屈，她伤心地哭了。阿爸到远山去挖山芋还没回来，她一肚子委屈向谁倾诉呢？半夜时分，谷女想起了自己的朋友梅花鹿，就撬开窗子跑了出去。

梅花鹿听了谷女的诉说，也同情地流下了眼泪。它劝谷女忍住悲伤，等阿爸回来再慢慢辩解；山下的盐泉不会飞走，事情的真相总可以弄清。不巧，谷女和梅花鹿的谈话被躲在树丛中的老野猪听到了，它怕自己的谗言败露，顿时起了黑心。当梅花鹿送谷女回家，路过一堵悬崖时，早就隐伏在那儿的老野猪突然向她们冲了过来。梅花鹿腿快，侥幸地逃脱了；可怜的谷女却被老野猪拱下了山崖。

第二天早晨，老牧人一回来，山娃立即向阿爸告了状。老牧人不相信，他要亲自盘问女儿。父子俩打开小屋，发现谷女已经不在屋里。正在这时，梅花鹿跑来了。它咬住老牧人的衣袖，发出了凄惨的叫声。老牧人明白了梅花鹿的意思，跟着它向山里跑去。来到悬崖下，老牧人看见了谷女的尸体，他扑向女儿，悲痛得几乎昏了过去。他相信谷女一定是受了冤屈，可谷女说的盐泉到底在哪儿呢?他问梅花鹿,梅花鹿咬了咬老牧人的衣袖,发出了呦呦的叫声。

老牧人明白了,就跟着梅花鹿向山下跑去。到了盐水泉旁,老牧人掬起泉水喝了一口,呵,咸味跟谷女煮的那菜汤味道一模一样。

盐水泉找到了,事情的真相明白了。老牧人回家严厉地指责山娃。山娃不得不承认自己听信了老野猪的话,冤枉了妹妹。他还从梅花鹿口中得知了妹妹的真实死因。十分气愤,进山把那头专干坏事的老野猪杀死了。

不久,他们父子俩搬下山去,就在盐泉旁住了下来,把谷女找到了盐泉的事告诉四面八方的乡亲。乡亲纷纷搬到盐泉周围住下,取盐泉水烧菜煮汤,养牛喂马。由于吃上了盐,人们的身体比以前长得结实了,牲畜也养得又肥又壮。

乡亲们没有忘记为他们找到盐水的谷女姑娘。他们为她盖了庙宇,塑了她的金身,让她享受四时香火的祭祀。不久,连天上的玉皇大帝也知道了谷女的功德,把她收上天宫,封她做了卤主盐神母。可是,生性善良的谷女不愿在天宫里享清福,她把自己的身躯化作了几个大盐矿,还教给人们开矿煮盐的新方法。

有了几个大盐矿,滇西北的盐业一天比一天发旺起来,不仅是白人,连藏人、彝人、纳西人、傈僳人也享受了它的好处。为了给谷女姑娘传名记功,每逢到她殉难的农历四月初八这天,产盐区的白人都要迎神赛会,举行隆重的祭祀活动。

【附录】百花箐(白族)

讲述:杨恒占 白族
记录:陆家瑞 白族
1980年采录于剑川弥沙

很久以前,弥沙井的老百姓还住在如今叫百花箐上头的庄子里。庄子里有个庄主,武艺高强,远近几百里没有对手,人称铁甲庄主;他的兵马,也是个个身披铁甲,武艺高强,人称铁甲神兵。铁甲庄主带着他的铁甲神兵征服了附近的部落,掳来了大批牛羊。铁甲庄主的牛羊多得连自己也数不清,就用山箐量羊,山沟量牛,所以至今弥沙地方还有"量羊箐""量牛沟"的地名。替他放牛放马的娃子少说也有几十个。

在铁甲庄主的放牛娃中，有一个叫百花的女娃子。这百花姑娘，身材瘦小。铁甲庄主见她人小体弱，不能到远处高山上放牧，不放心把牛群交给她，就从牛群里挑出几头瘦弱的交给她，叫她在庄子附近放牧。

百花姑娘赶着几头瘦牛在庄子附近放牧。一天，百花姑娘发现一条山箐，箐里草木茂盛，开满了各色各样的鲜花，就是箐口被大石岩堵住了。为了让牛吃上好草，百花姑娘掀开山石，修了一条毛毛路，把牛赶进了山。

说来也有点奇，不几天后牛身上的牛虻慢慢地少了，卷曲的牛毛也慢慢地伸直了，渐渐地有了光泽，膘水慢慢地长起来了。

开始，百花姑娘以为箐沟里草嫩叶肥，后来她才发现牛群一进箐沟，便飞也似的跑到箐底弥沙河边去饮一潭泉水。泉水有些浑浊，冒着一股股白气；泉水流过的沟边，有一层清霜似的白粉。

百花姑娘非常奇怪，用手蘸了一点在舌尖上尝了尝，觉得盐咸盐咸的。百花姑娘惊喜地叫了起来：这不是盐水么！那时候，吃的盐要从很远很远的地方运来，价钱也很贵。

百花姑娘发现卤水后，就悄悄地用背水的葫芦给庄里的百姓娃子送卤水，并嘱咐大家不要把秘密说出去。

俗话说：坛口罐口易封，众人口难封。过了不久，百花姑娘发现卤水的事情，终于让铁甲庄主知道了。他带着铁甲神兵，赶走庄户娃子，开发弥沙盐井。

俗话说：银钱白，人眼黑。铁甲庄主独占弥沙井引起了周围部族头领的眼红，他们暗地邀约，联合起来，趁铁甲庄主不注意，打进弥沙井来，杀死了铁甲庄主，瓜分了盐灶。

刀枪不长眼，镰过草遭殃。在这次战乱中，百花姑娘也被乱兵杀死在她发现卤水的卤沟里。

战乱过后，有一段太平盛世，卤丰盐旺，弥沙井逐渐繁华起来，人们怀念百花姑娘，就把她尊为盐神娘娘。为了纪念她，就把她放牛的那个山箐称为百花箐，把她发现卤水的日子定为盐神节。每年盐神节，都要到百花箐接百花娘娘回来供奉。

茯苓（白族）

讲述：杨达科　白族
记录：李达勋　李青志　白族
1984年采录于剑川象图

传说药王菩萨手里缺少一剂利尿、镇定兼滋补的药。他想呀想，想到了那个点石成金的能人——吕洞宾身上。可这件事不好办哪！

一天，吕洞宾出来转悠，忽见前面的山脚下有个女子，急忙上前一看，哎哟！是个绝妙的美人儿哩！这可乐颠了吕洞宾。他一时丢开仙家的戒规，不管这女子高兴不高兴，硬扯住她调情。那女子说："要我答应也不难。可得讲个条件：我在前边跑，你在后面走；如果追得上我，我就和你相好。""行啊！"吕洞宾哪里把这女子放在眼里，满口应承。等她跑开十几丈远后，才撩开大步追上去。追呀追，一时还不能追上她。吕洞宾求胜心切，要了点小手腕，把走换成了跑。嘻，听到那女子呼哧呼哧的喘气声了，眼看就要追上。这时，那女子掉头拐进一片松树里，右躲左闪与吕洞宾周旋，最后蹲下来换口气。吕洞宾一眼瞧准，狠劲跑上前，伸手抱住了她。

"咚！"吕洞宾满眼冒金星。嘿，怀里抱着的哪是妙龄美女，是一棵松树呀！这一撞，撞得不轻，把鼻子都撞歪了，血滴在松树根上。你说怪不怪，一眨眼的工夫，就从松树根上结出了许多大的像西瓜、小的似甘薯样子的东西。吕洞宾这时才清醒过来，羞愧地说："服您了！"

原来，药王菩萨为了拿到这剂利尿、镇定药，变成一个漂亮的女子，先挑逗洞宾上钩，然后趁他得手的一刹那，就地化成棵松树，让吕洞宾撞在上面，取他的几滴血做这剂药的药种。谁不知道吕洞宾的血也是妙药灵丹啊！于是，药王菩萨演出了这场戏。因为吕洞宾说："服您了！"所以，这剂药的药名就叫"服您"，因怕伤吕洞宾的脸面，人们把它改作"茯苓"。

你知道了吧！至今，茯苓还结在松树根上，它的肉色还是粉红的。

郊边牧笛（白族）

采录：杨元寿 白族
1960年采录于剑川城

相传古时候，剑川城里有个人在江西做官，从江西带回一个书童。这书童聪明伶俐，吹得一手好笛子。

书童远离家乡，天长日久就很思念自己的父母，多次要求回家，但主家不准。后来书童害了一场大病，接二连三发高烧，病好后竟成了一个哑巴。

书童成了哑巴，主家见他成了残废，不好使唤，就把他赶出家门。书童身无分文，举目无亲，带着那支不离身的笛子，流落在城南郊金华山下，帮人放牛度日。

郊边东面有个水寨村，村里有个赵土官，土官有个姑娘，因为亲生娘死了，后娘待她很刻薄，每天天不亮就叫她去金华山后砍柴。当姑娘砍柴回来在石月亮处歇气时，总是听到一阵悠悠的笛声传来。别人听着笛声，只觉得太悲伤；姑娘听着笛声，就好像是在诉说自己的身世一样，不禁流下泪来，很想见到吹笛子的人。

一天，赵土官和他的婆娘到北乡做客去了，姑娘就拿了两件衣裳到郊边来洗，希望能见到吹笛子的人。太阳偏西，那悠悠的笛声又响起来了。姑娘循着笛声走去，见一个牧童坐在石头上，望着东去的白云吹笛子。姑娘上前问："阿哥，你的笛子吹得真好，是你天天在这里吹的吗？"

牧童没有回答。

"阿哥，你是哪里人？叫什么名字？"

牧童望了望姑娘，没开口，却吹起了那支使人听了流泪的曲子。从那悲哀的笛声里，姑娘知道了牧童是个哑巴，也知道了牧童悲惨的身世。

姑娘从衣襟里掏出口弦弹起来。她用口弦安慰着牧童。聪明的牧童从口弦声里听出了姑娘的心意，也听出了姑娘辛酸的遭遇。就这样，他们用笛子和口弦互相诉说痛苦、互相宽慰，一直到太阳落山才依依不舍地各自回家。

从此以后，姑娘洗衣、割草就来找牧童。牧童也常常把牛赶到水寨村旁放牧，以便和姑娘会面。他们见了面就用笛子和口弦互相倾诉感情，笛声变得动听起来,口弦声变得欢乐起来,慢慢地,他们的感情越来越深,就暗暗地订了终身。

年深日久,这件事被赵土官知道了,他把女儿打得半死。后娘又指使家丁,把姑娘关进了土牢。姑娘在土牢里,不吃不喝,成天思念着牧童。她流着泪弹口弦,弹呀弹,一直弹了七天七夜,眼泪流干了,弦片弹断了,姑娘含恨死去了。

牧童在郊边等姑娘,他等呀等,边等边吹笛子,姑娘一直没有出来。他的笛声渐渐地变了,变成原来那种忧伤的调子了。等了八天八夜,没有见到姑娘的面,牧童绝望了。他对着蓝天吹,对着白云吹,吹呀吹呀,一直吹到眼里冒出火,嘴里冒出血,倒在草地上死了。

牧童死了,但是他的笛声却一直没有绝。每当日落黄昏,人们从郊边走过时,总会听到那断断续续如诉如泣的笛声,悲哀而凄凉,使人听了伤心地流泪。

这就是"剑阳八景"中的"郊边牧笛"的由来。

【附录】东山萝卜西湖鱼(白族)

讲述:赵慰昌 白族
记录:金卓桐 白族
1957年采录于剑川城

"东山萝卜西湖鱼",这是剑川白族人有名的一道本地菜。用西湖的鱼配上东山上的萝卜,味道鲜美可口。这道菜有一个来历:

传说东山上有一户姓羊的白族人家,为了还租债,不得不把他的小儿子羊五斤卖到丁卯城财主家做长工。

这个羊五斤年纪十三岁,生来聪明伶俐,长得一表人才,又学会吹一手好笛子。开始财主让他烧茶端水,侍奉跟他同龄的财主少爷。陪财主少爷读书,少爷还没有念会他就能背下来了。财主怕这样下去会反客为主,在人前丢失面子,便让他去放牛。

丁卯城的东面有一湖泊,剑川人叫它西湖。这西湖形状像一口锅,外浅中间深,周围长满绿茸茸的青草。每天,羊五斤骑上牛背,吆喝着牛群,将牛放进西湖。他坐在垂柳树下,咿咿呜呜吹响竹笛,好不自在。

冬去春来,羊五斤已离家五年了,他放牧的小牛已能犁地,还下小牛犊啦。他看到小牛犊跟母牛撒欢逗耍，他想起多病的阿姆，和为一家人的生活奔波的阿爹。他拿出竹笛，悠悠地吹起来。

笛声传到正在割猪草的一位姑娘耳里。这姑娘是湖东面向湖村赵土官的大女儿阿花囡，因亲生阿姆早死，后娘待她很刻薄，天天要她砍柴、放猪割草。阿花囡听到笛声，心弦被拨动起来，她想立即去看看吹笛子的是什么人，可是湖水相隔，一时走不到湖那边，心想："难道还有像我一样苦的人吗？"

阿花囡一连听了三天，她终于下决心要到湖西边去瞧瞧这吹伤心笛子的是什么人。第二天她一面割草，一面朝西面走去，快要到柳树的地方，笛声又响起来了，她想再走过去，又觉得不好意思。左思右想才想出一个法子，便从衣襟里摸出口弦，铮铮铮地弹了起来。隔了一会，笛子停吹了。阿花囡弹了一会，笛子又响起来。两人一吹一弹一直弹吹到太阳西落，才难分难舍地各自回去。

一天，丁卯城财主的少爷来到西湖边钓鱼，正遇上羊五斤和阿花囡相会。少爷看见长得如花似玉的阿花囡，顿时生了邪念。他问羊五斤："你跟这姑娘在此做什么？"

"她来放猪，我来放牛，搭伙放牲畜。"羊五斤回答。

"你回去，我在这里帮你放。"少爷对羊五斤说。

"少爷，放牛是我的本分，你还是去玩你的吧！"

"我要放，怪不得你喜欢放牛？原来放牛好耍。这样吧，让我也耍耍。"

阿花囡听着话不入耳，站起身便走。少爷望着姑娘的背影出神，对羊五斤说："你把这姑娘让给我，我可以让阿爹放你回去。"

羊五斤气得捏紧拳头，恨不得揍他一顿。但想想又忍住了。

第二天，少爷硬逼着羊五斤一块儿来放牛，可等到天黑也看不到姑娘的身影。一连五天都是如此。少爷不来的那天，阿花囡又来了。一对情人坐在湖边草地上，吹起竹笛，弹着口弦，十分欢乐。少爷看到这情景，心中非常恼恨。他一心想要得到阿花囡，便想出了一条毒计。他用重金买来毒药，下在饭菜里。羊五斤没有防到少爷的这一招儿，将药吃进了肚，大病了一场，变成了哑巴。

阿花囡几天不见羊五斤，找遍西湖边的每个角落，弹断了几只口弦，始终探不到他的踪影。有一天，她找到垂柳树下，突然跳出一人。仔细一看，原来是丁卯城财主的少爷。他一把拉住姑娘的手，嬉皮笑脸地说："姑娘，我告诉你，羊五斤病倒了，死活难说。一个臭长工，你喜欢他什么？只要你愿意跟我，我把你讨来做媳妇，让你一辈子吃喝玩乐，逍遥快活，怎么样？"

阿花囡气愤极了，大声说道："你狗眼看人，回去问问你妈，她喜欢人还是喜欢狗？"说完就走。

少爷忙上前拦住："告诉你，羊五斤不会是你想象的那么好了。"

"真金变不了铜，铜也变不了金。"阿花囡回答说。

少爷看怎样说也动不了她的心，便心一横上前按住阿花囡。阿花囡拼命挣扎，两人扭打在一起……这当儿，羊五斤吆着牛走来，他怒火心中烧，跑过来"啪啪啪"将少爷打了三个耳光。

阿花囡泪流满面，紧紧拉住羊五斤的手，羊五斤只是点点头，指指嘴巴，两股热泪滚流下来。羊五斤虽然成了哑巴，但阿花囡仍然爱着他，他俩放牧在一块，吹弹在一起，用竹笛和口弦诉说心中的深情。

不久，少爷听到阿花囡是向湖村赵土官的女儿，便又生出一计。这天他带上两个家人到向湖村，找到了赵土官，说："今天我是不得不来找你，你既生养了女儿，就应该好好管教，让她知书达理。你怎么让她去放猪割草？做点家务也不算什么，可是你女儿不守本分，经常在湖边勾搭我的长工，使我的长工不好好干活，他不干活不大碍事，只恐二人做出丢丑的事，乡亲们面前太无脸面。你赵家是名门望族，将来……我是来把丑话说在先，你看你办吧！"说完扬长而去。

赵土官半信半疑。他婆娘怂恿说："我早听说了，怕你不信，又说我待不得她，所以只当成耳边风。今天人家已告到家里，看你做父亲的怎么处置啦！"

赵土官等女儿回到家，狠狠地揍了阿花囡一顿，便将她关进土牢里。

阿花囡在土牢里不吃不喝，成天思念羊五斤。她眼泪涟涟地弹起口弦。弹呀弹呀直弹了九天九夜，弦片弹断了，弹不成了。她使力去拉窗棂，窗棂被拉断了。她从土牢里逃出来，跑到西湖边去找羊五斤，找遍了西湖，不见羊五斤。她想羊五斤一定不会活了。于是大喊了三声羊五斤，便跳进西湖里了。

自阿花囡死后，羊五斤每天放牧到湖边，等呀等，从清晨等到太阳落，望穿了双眼，就是等不到心上人。他吹呀吹呀，吹得笛音变了调，变成了呜咽咽的哭泣声。他对着过往的鸿雁吹，鸿雁回答他三声哀鸣；他对着天上白云吹，白云变成乌云飘走了；他吹得眼冒金花，口吐鲜血，吹着，吹着，忽然湖面漂上一个人来。他仔细一看，是阿花囡！"阿花囡，我的阿花囡，你终于来了！"他心里大声喊着，便朝湖里奔去。不一会儿，羊五斤被滔滔的湖水吞没了。从此，每当太阳落山的时候，西湖边上便响起悠扬的竹笛、口弦声。

据说他俩死后，变成了一对鲤鱼，使西湖里的鱼一下子增多，供给人们食用。但在烹调的时候，必须要配上东山萝卜，才能煮出美妙的滋味。剑川白族人称其为"东山萝卜西湖鱼"。

芦管（白族）

讲述：杨元汉　白族
记录：张文　白族
1984年采录于剑川城

正是点火栽秧的大忙季节，白族人居住的剑川坝子遭了特大的旱灾。一连几个月不下一点雨，河里的水都干了，大田里裂开了一道道的缝，人们吃水都要跑到一里远的山脚下去挑。

金华山下的西登村里住着一户人家，父亲是个远近闻名的木匠师傅，上山找水源时，不幸坠岩身亡。丢下了才十一二岁的女儿阿瑞妞和身体虚弱的阿瑞妈，母女俩相依为命过日子。

一天早晨，阿瑞妈准备上山采野菜。她刚走出门，就见一位白胡子老人昏倒在路边。就连忙把老人搀扶进自己家中。

老人饿急了，一进阿瑞妈的堂屋，见到火塘上炖着的野菜稀饭，自己就吃起来。吃了个底朝天。

阿瑞妈看见他这副样子，就说："阿达达（大爹）！您好几天没有吃到东西了吧？我们家还存着点保命粮，让我再焖一锅饭。"说着，就去缸底舀出一碗米，又从柜子里翻出一块腊肉皮，刮下几片腊肉，切成肉丁，焖出了一锅香喷喷的腊味罗锅饭。老人不说不笑，连声谢谢也不讲，毫不客气地又大口大口地吃起来。

这时，阿瑞妞从山上挖野菜回来。一进家门就闻到一股浓浓的香味，一面咽着口水，一面高兴地手舞足蹈，唱起调子。阿瑞妈连忙对阿瑞说："小乖乖！有位老爷爷好多天没吃东西，饿坏了。我们家里的米只剩缸底底的一小点了，罗锅饭只焖了一小锅。你说，先让爷爷吃，还是给阿瑞吃？"

阿瑞咽咽口水,瞪大着眼睛,想了想说:"阿妈做得对,应该让爷爷吃罗锅饭,我喝野菜稀饭吧!"

老人吃饱喝足后,躺在床上就睡着了。阿瑞妞把一束野菜花放在老人的床头,轻轻地说:"老爷爷,睡吧!阿瑞妞的肚子不饿。睡吧!睡吧!"

老人在阿瑞妞家住了三天。她家把仅有的一只老母鸡都宰了,煮给老人吃;还到隔壁家借米,单独给他焖罗锅饭。经过精心调理,老人慢慢恢复了健康。

这天早上,阿瑞妞给老人烤好茶,准备上山采野菜。老人忙把她喊住:"小阿瑞,你不用上山了。你看爷爷送给你一个宝贝!"说着,就从衣袋里摸出一个闪闪发光的红宝珠,把堂屋照得通亮通亮。老人告诉她:"小阿瑞,你们家有了这红宝珠,就不愁吃不愁穿啦。要金有金,要银有银,你要什么,它都能变得出来。"

"老爷爷!我们家不要金,不要银。要水,要让大家都能栽上秧。"阿瑞妞十分诚恳地说。

老人看到她们一心为大家的善良品德,感动地说:"看来只得把我最心爱的宝贝送给你们了。"说着,就拿出深藏怀中的一支六七寸长的竹管,套上一寸的芦哨,含进口中吹奏起来。

"老爷爷!这是什么乐器?"阿瑞妞好奇地问。

这叫芦管。你不是要我送你一件解除旱灾的宝贝吗?这就是。你只要用这只芦管吹奏一支《清水流》的曲子,就能变出水来。阿瑞妞在老人的指点下,学会了吹芦管。

阿瑞妞在河边吹,干裂的河道里就哗哗流水;站在田埂上吹,冒烟的大田立刻漾起水波,旱情解除了,人们满栽满插,多收了许多粮食。

从那以后,白族就学会了制作芦管和吹芦管。

两个赶马人(白族)

讲述:李庆瑞 白族
记录:剑湖 白族
1984年采录于剑川城

四愣和八斤是邻居。有一次,他们合伙赶马帮,买了二十匹马,到远方做生意。

八斤嘴甜心狠,走着走着,起了黑心,他想:"如果这马帮和二十驮财物都归我个人所有,我就是最富有的'大锅头'①,那该多好啊!"一天,他们路过一座大山,山路十分崎岖狭窄,路东是深不见底的山箐。八斤顿时产生了恶念头。他趁四愣走在悬岩边时,使力一碰,四愣就掉到深山箐里去了。八斤认为四愣从悬岩绝壁上滚下去,肯定摔死了,就独占了马帮、财物,得意地赶着马帮,扬长而去。

四愣幸运地滚落在树枝上,又滑落在箐底的枯枝败叶堆里,没有丧命,只是摔昏过去了。到半夜时分就慢慢地苏醒过来。四愣艰难地睁开双眼,借着月光,看见不远处有间房子。他挣扎着往前爬去,费了九牛二虎之力,才爬到房子前。原来是座本主庙。月光照在本主老爷的脸上,本主老爷笑逐颜开。四愣心里一阵高兴,这时虽然又冷又饿,周身疼痛不止,但他拼着最后一口气,终于爬到了本主老爷前的供桌下面。正面有桌围挡着,恰好能舒适地躺下休息。

挨到天快亮的时候,一阵狂风大作。突然间,本主庙里闯进一只狼、一只豹子和一只老虎。四愣全身汗毛直竖,吓得出了一身冷汗,心里七上八下,暗想:这下真的要完蛋了。

但是,狼虎豹子好像没有发现他,它们虔诚地跪拜在本主老爷前,齐声禀告:"孩儿们向老爷请安!"

本主老爷亲昵地说:"孩儿们在外面奔波一天,辛苦了!像往常一样,把你们巡查地带的所见所闻都讲给我听听吧!"

狼走上前去,伸出舌头舔了舔嘴,说:"山上有一对穷苦的老夫妇,眼看快要饿死了。我这里有解救他们的一张图。"说着,就把那张图恭敬地举在头上,递给本主,放在供桌上。听说有办法救那苦命的老人,四愣忘记了自己眼下的危险,大着胆子听下去。

危险的事没有发生。狼退回原位后,豹子也走上前,清了清喉咙。瓮声瓮气地说:"南诏王后的奶上长了一个毒疮,我这里有治疗的药方。"说完,就把药方递给本主,也放在供桌上。

老虎打了一个喷嚏:"老爷!我好像闻到生人味,会不会有人来偷听我们说话?"

---

① 大锅头,是赶马人的首领,按地位分大马锅头、二马锅头等。

"老爷我兴趣正浓,你最好莫打岔,快接着讲你的见闻吧!"听了本主的答话,四愣的心又才安稳下来。

老虎接着说:"圆山这块地方要遭受百年未遇的大旱,那里的老百姓面临着十分危急的灾难。若要解救旱情,必须有人不畏艰险,到圆山顶上的山洞里,寻到金箱子,里面的神书上就写着抗旱的妙法。"四愣牢牢记住了老虎的话。

东方刚闪出鱼肚白,狼虎豹子匆匆告别了本主。四愣忍耐着饥饿和伤痛,爬出来,揣上那张图和药方,拜谢本主,马上动身,他艰难地攀登着悬岩绝壁,要去山上寻找那两位生命垂危的老人。

四愣登上了山顶,只见两位白发苍苍的老人在新坟前悲哀地痛哭。他奔到老人面前正要问个究竟,只觉得头重脚轻,一阵天旋地转,身不由己地昏倒了。

当他苏醒过来的时候,已经躺在老大爹的破草棚里。老大爹紧紧地把他抱在怀里,老大妈正喂他热姜汤。

四愣问老人:"大爹!大妈!你们的哭声能使石头人落泪。快把你们的苦情告诉我,让我来分担一部分忧愁吧!"

老人的眼泪像泉水一样涌出来:"我们都是七十多岁的人了,身边只有一个儿子,家里的生计全靠他打柴维持。前天,他去采药时,不幸从悬岩上摔下来,跌得粉身碎骨。我们失去了唯一的依靠,日子怎么过呀!今天,如果没有碰上你,我们已经决定向儿子的坟墓哭别后,就去跳崖自尽了。"

听完老人的哭诉,四愣掏出狼递给本主的那张图一看,图上画的正是两位老人的这间草棚,草棚旁不远的地方还画有一棵挺拔的松树,树下金光闪闪。他稍一思忖,就悟出了图中的奥妙。四愣请两位老人把他领到松树下,用锄头一挖就挖出了一罐银子。

两位老人依然愁眉不展:"天底下最善良的好人啊!这银子依然挽救不了我们悲惨的命运。南诏王后的奶上生了一个大毒疮,有人给他开了药方。南诏王下令让老百姓为他寻找药方上那剂谁也不认识的药。我们的儿子就是为寻找这种药而摔死的。儿子死了,无人应差挖药,就得缴钱。你想,我们的日子怎么过呀!"

"不要怕。我正好知道一种能医南诏王后那个病的药,我马上替你们去应差。"四愣问清了到王宫的路,就告别了老人。

四愣求见了南诏王,说他能医好王后的病,但必须满足他的两个要求:

一、马上收回派老百姓找药、缴钱的圣旨。二、晚上,让他独自在御花园内住宿。南诏王满口应允。还同他讲定,如果五天之内医不好病,就砍头示众。

当天晚上,四愣独自睡在御花园里。月白风清,十分安静。他反复琢磨豹子的那张药方:"御花园里听五更,盆盆兰花须留心,兰花盆里有仙草,拔来一用灵。"远处传来了敲五更的梆声,声声敲在四愣的心头。他立刻翻身起床,快步走到摆兰花的地方。

天哪!四愣这样白天黑夜奔忙了四天,找遍了九九八十一盆兰花,就没有找见一根异样的草。到第五天晚上,依然毫无收获。只听雄鸡高唱,天已大亮,他急得两眼冒火星。这时,南诏王的两个侍从已来到他面前传圣旨,宣他进殿,快给王后治病,如再推诿,就砍头示众。四愣心慌意乱,只得从一盆兰花里随意抓了一把草,硬着头皮,跟随侍从给王后治病去了。

王后病了八八六十四天,已昏迷不醒,眼看快要咽气了。南诏王命令四愣快给她下药。四愣强作镇定,把抓来的那把草放进嘴里嚼碎后,敷在王后那红肿得像小桶一样的奶上。奇迹出现了,药刚敷上,王后长长地喘了一口气,"哎哟!哎哟!"地呻吟起来。连续敷了三天药,王后的病日渐好转。到第四天,可以下床走动了。

南诏王非常高兴,专门在王宫里摆下丰盛的国宴,酬谢四愣。还打开国库,把最珍贵的宝物拿来三大盘,送给四愣,并要委任他做大官。面对价值连城的珍宝和显赫的官位,四愣丝毫不动心。此刻,他心里非常挂牵的是那面临严重干旱灾难的圆山地方的百姓们。他婉言谢绝高官厚禄,仅向南诏王要了一匹千里马,他要飞速赶到受旱的地方去。南诏王答应了他的要求。赠给了四愣一匹浑身无一根杂毛,号称"雪里白"的千里马。

四愣骑上"雪里白"星夜兼程,赶到了圆山地方。只见河里的水都干枯了,连人吃的水也要到几里外去背。已栽下的秧苗眼看都要枯死,大部分田亩等水栽插。人们四处奔波寻找水源,都一无所获,急得像热锅上的蚂蚁。他宽慰大家,只要上圆山顶找到神书,就能知道救旱的办法。只见老年人摇头叹息:"圆山高,离天三尺入云霄。要攀圆山猴子路,先吃登山草。尝尝登山草,味道苦难熬,吃下一根登山草,五脏吐出了。"

千难万难,难不倒四愣。为了找到神书,四愣已把生死置之度外。他让老人们挖来了一些登山草,毫不畏惧地吃起来。但是才放进嘴里几根,就觉得苦涩无比,马上呕吐不止,像是要把五脏六腑全吐出来才算完。吐了一阵,四愣实在支持不住,昏迷过去了。有人忙给他扎指尖针①按摩闷气。过了一会,他才慢慢醒过来。他二话不说,继续大口大口地吃起来。奇怪的是,这次却不再吐了。反而觉得其味鲜美可口。顿时感到力气倍增。于是他辞别众人,立即起身登圆山探宝去了。

四愣吃了登山草后,身轻如燕,爬山如在平地跑,不到一天的工夫就爬过了九十九个山头,越过了九十九条山涧,终于登上了圆山顶,在山顶上找到了山洞口。

那个山洞深不见底,拐完第十个弯子,眼前突然明亮,再往前走了不多几步就进入洞室。这里特别宽敞,一张大石桌上放着一个精致的金箱子,箱子里射出万道金光。四愣高兴地打开了金箱子,里面真的藏有一本闪闪发光的神书。他取出神书一看,上面写着四行大字:"凿开山下青石崖,泉水哗哗涌出来;不愁老天不下雨,无雨把秧栽!"看了神书,四愣很高兴,忘掉了疲劳,立即下山。

他带领大家凿开了青石崖,真的涌出了一股水缸粗的水。泉水奔流,人群欢腾。大家点火栽秧,抢到了节令,战胜了干旱。圆山的人们一致推举四愣当首领,管理圆山地方。那一年秋天,圆山地方夺得了前所未有的大丰收。出门逃荒的人们都纷纷归来了。要饭的花子,也向这里涌来。

一天,四愣在街市上察看民情,底下人带来一个衣衫褴褛的花子。此人自称是四愣的邻居好友,硬要让他们领来见四愣。四愣仔细一认,原来这叫花子就是八斤。

旁边认得八斤的人说:"他前些时候在大地方开商号,是个富翁。因为吃喝嫖赌,挥金如土,才变成现在这个样子。"

八斤装出一副可怜相,哭丧着脸说:"四愣好朋友,一匹马挤过来,碰着我两个,你失足落下山箐后,我在山路上哭了你三天三夜,后来不得已才离开。想不到你却因祸得福。而我因为时时挂念着你,无心赶马,才落得这个地步。"

四愣一言不发,把八斤领到自己的住处,给他换了新衣裳,还设宴招待他。八斤看四愣不提他坠岩的往事,反而好酒好肉招待,心里的一块石头才放下。

酒过三巡,八斤就迫不及待地询问四愣得到这些好处的根由。到晚上掌灯睡觉的时候,旁边已无外人,四愣才把事情的全部经过一五一十全讲给了八斤。

---

① 指尖针:十宣穴的针刺。

听了四愣的讲述，八斤躺在床上翻来覆去一夜睡不安稳。才听头遍鸡叫，他就跑去找四愣了。他硬逼着四愣，领他到那座本主庙里去。

四愣被逼得没法，只好把八斤领到本主庙里。四愣本想留下做伴，八斤慌忙说道："当初你也是独自一人在这里，我想这回最好也是我一个人在这里等候，也像你一样，享受享受这个福分。"四愣只得离开了。

当天亮之前，果然一阵狂风大作，不一会儿，狼虎豹子就来了。只听老虎咆哮着："弟兄们，我嗅着生人味，大概是偷听我们的那个人又来了，正好今天大家都没有吃饱，可以美餐一顿呢！"

八斤吓得魂不附体，两腿像弹三弦样抖，本想逃命而走，狼虎豹子把他从桌子底下咬出来，一齐扑到他身上，把他撕成碎片，吞吃了，只剩一颗心没有吃。

第二天，四愣去看时，只见八斤的那颗心，原来是颗黑心。

双眼桥（白族）

讲述：李怀生 白族
记录：李茂才 白族
1984年采录于剑川马登
流传地区：剑川马登、兰坪

从前，东山有个财主，家里很富裕，但美中不足的是先后讨了十二个老婆也只养了一个独儿子。更糟糕的是，有一次儿子去打猎，因火枪走火，把两只眼弄瞎了。东山财主把儿子视如掌上明珠，想凭他十分富裕的家资，给瞎儿子讨个才貌双全的媳妇。

西山有个很贪财的财主，养了个美貌的姑娘，他一心想把姑娘嫁给比自己更富裕的人家。

这两家财主的心事被一个名叫阿克的人摸着了。阿克聪明能干，办事利落，远近闻名。

有一天，阿克到东山财主家，把西山财主的姑娘如何如何才貌双全吹了一阵。又说他能够做媒成全这门亲事，但聘礼要比讨一般好女子重几倍才行。东山财主听了很高兴，生怕那个美貌女子马上就被别人夺走似的，当即央求阿克去说亲，愿出五百两银子，并许诺事成之后重重酬谢他。

当天阿克就匆匆忙忙赶到西山财主家，把东山财主如何如何的事吹嘘了一番，并说东山财主托他找个儿媳。西山财主听了，垂涎三尺，忙对阿克说："你能帮我攀上这门亲事，那我一辈子忘不了你的恩德。"

次日阿克到东山财主家说："老爷，他们勉强答应了婚事，但身价要一千两银子！"东山财主左盘右算后便一口答应了。

第二天阿克又到西山财主家说："老爷，我费了好多口舌，才把事情撮合。他答应给二百两银子的聘礼，少是少了点，但财礼要多了显得不体面。依我看，往后成了亲家，再慢慢地向他讨。"西山财主听了觉得也有道理，当即收下了二百两银子，一口答应择期迎娶，阿克接着说："不好的话说在前，他儿子的眼睛坏了一只。"西山财主毫不思索地回答："没关系！没关系！"他亲自送阿克出村子，临别时阿克再一次嘱咐："不好的话说在前，他儿子的眼睛坏了一只。"西山财主又连忙说："没关系！没关系！"

两家成亲后，西山财主知道姑爷的两眼都瞎了，气冲冲地来找阿克算账。阿克却笑着问他："老爷，我在你家时说他眼坏了一只，你送我出村时又说他眼坏了一只，你都回答没关系。请问老爷，一个人的眼睛有多少只？何况你还说过一辈子忘不了我的恩德呢！"西山财主被问得哑口无言，自知贪财心急，办坏了事，便垂头丧气地回家了。

阿克把剩下的八百两银子拿去修了一座桥，并取名为"双眼桥"。这座桥至今还在呢！

老汉告状（白族）

讲述：李增荣　白族
记录：李青志　白族
流传地区：剑川弥沙、象图

从前有四个弟兄，他们的母亲早已病故，父亲双目失明。

一天，下着大雨，天气寒冷，活路做不成，只得在家围着火塘闲[①]。大家开着玩笑。

老大说："天阴又下雨，"老二接着说："活路做不成，"老三又接着说：

---

① 闲：方言，休息、玩耍之意。

"煮上一只鸡",四弟马上接着说:"再倒酒一瓶,"四兄弟一齐说:"我们吃一顿。"

四兄弟的话被父亲听到了,但到吃饭时,他们只给他端了一碗粗饭,根本没有酒和鸡肉。老汉很气愤,就到县衙门上告。县官听完老汉的陈述,把他的四个儿子传到县里。开堂后,大声斥道:"你们四弟兄喝酒吃鸡,却待父亲粗茶淡饭,该当何罪?"四弟兄听了都莫名其妙,都说我们历来把好的给老人家吃,从来没有亏待过他。县官听了大怒,马上把他们的父亲叫上堂来对证。经父亲一说,四兄弟才恍然大悟,便对县官说:"那是我们在开玩笑,穷作乐。"

县官说:"如果是真的开玩笑,那你们就以庭院里那丛竹为题,再给我作一首来。"

老大说:"墙脚一枝竹,"老二说:"风吹叶飘落,"老三接着说:"等它长大后,"四弟又说:"做成一支笛,"四兄弟又一起道:"吹出冤枉曲。"县官听了,把乱报案的老汉打了二十大板。

回家的路上,四兄弟扶着老汉边走边开着玩笑。老大说:"一位老人家,"老二跟着说:"告状就是他,"老三道:"官打二十板,"四弟又接着道:"自家弄自家。"四兄弟你看我,我看你,最后一句再也想不出来了。

血染柿树(白族)

讲述:张长生 白族
记录:瑞鸿 瑞林 乐夫 白族
1980年采录于剑川沙溪

从前有一个守寡的老妈妈,她有一个独儿子。儿子结婚以后,听他媳妇的话,经常虐待老母亲。

一天,他们家请了一个犁田的帮工。犁田时,忽然看见田埂上有一只小乌鸦衔食喂老乌鸦。帮工便对老妈妈的儿子说:"你看,那只小乌鸦还很孝顺它的母亲呢。"老妈妈的儿子听出他话中有话,良心有所发现,暗暗责怪起自己,觉得婚后听媳妇的话,虐待自己母亲不对!又想:今天我让老母亲在家做午饭,还要叫她送到地里来,路又远,田埂又不好走,万一跌倒在路上,又怎么办呢?于是,他便拿起牛鞭往村里跑去,接他的母亲。

他母亲来送午饭,刚走到村边的柿子树下,看见儿子手持牛鞭跑过来,不由得害怕起来。她想:平时儿子对自己不是打就是骂,今天他拿着鞭子朝我跑来,一定是嫌我午饭送迟,又要来打我了。儿子在村边路旁打我,让村里人看见,叫我脸面往哪里装!一气之下,便撞死在柿子树上,老妈妈头上的血把柿子树干都染红了。

她的儿子心里十分难过,自己过去虐待老母亲,真是罪该万死!为了表示忏悔,他把那棵柿子树砍下,用血染过的柿子木做了一块灵牌,每日三餐都要在灵牌前供上饭菜,祭祀亡母。

从此,祖宗灵牌都要用柿子树来做。用两块条形木相扣而成,其中一块长七寸,厚七分。另一块厚三分,以表示祖宗的三魂七魄,并且还在灵牌上点一滴儿子的血,以示不忘祖恩。

吴先爷吃豆腐渣(白族)

讲述:李玉宝 白族
记录:瑞林 瑞鸿 乐夫 白族
1980年采录于剑川甸南

传说吴先爷开银矿时,招了许多人去帮工。开矿活计很苦,吴先爷待人又苛刻一点,帮工们很怨恨,时时有人逃走,眼看帮工越来越少。

一天,吴先爷的管家出来悄悄对人说:"吴先爷叫我们吃光饭、喝清汤,辣子面也不给一点。他自己呢,却天天吃鱼吃肉喝白酒。"

大伙一听,心里十分气愤,觉得很不公平,要去和他评评理。

吴先爷是从来不和帮工在一起吃饭的,每天都独自在他的房间里吃。大伙闯进他的房间,猛推开门一看,吴先爷正在那里吃豆腐渣。帮工们见了,面面相觑,一个个退了出来。

哪有这样的事呢?第二天,大伙又去悄悄看吴先爷吃饭。有人在手指头上蘸了点口水,把纸糊的窗子戳了一个小洞。往小洞里一瞧,吴先爷又在吃豆腐渣。每天换一轮人来偷看吴先爷吃饭。每次去,吴先爷都在吃豆腐渣。大家好生奇怪,一个老板会天天吃豆腐渣,天下哪有这样的事!

这时,吴先爷来了。他说:"说千道万还是帮工们辛苦,要把饭食留给下苦的人,自己宁愿饿肚子。"还说:"把银矿开出来,赚着钱时,再酬谢大家。"帮工们听了吴先爷的话,都觉得先爷是个大好人,想走的也不走了。

剑湖武术师（白族）

讲述：段霁明 白族
记录：杨印生 白族
1960年采录于剑川东岭
流传地区：剑川东岭、甸南等地

很早以前,剑湖畔的桑岭村里有个马继泰,自小拜过名师,学得一身武艺。为人正直,好打抱不平。深受乡邻尊敬,被称为剑湖武术师。

有一年,他到腾越永昌一带做木匠。那里的年轻人学习武艺,听了剑川木匠师傅的介绍,就来拜会马继泰,要看看他的武艺。马继泰一再拒绝,但屡次三番推脱不得,只好答应于某日某个茶馆里,为他们表演一两套。

几天后,马继泰与同伴二三人如约去茶馆里等候。一面喝茶,一面闲谈,不一会儿,那些年轻人都来了。马继泰在座位上端坐不语,伸手就把飞到眼前的一只苍蝇逮住,继而放手让苍蝇飞去。苍蝇飞离他三尺开外时,只见他伸出两个手指头轻轻一招,又将苍蝇捉到手。众人被他的气功绝招惊得目瞪口呆,暗暗喝彩。又过了半个时辰,他从肚兜里摸出钱把银子,吹一口气,就将银子吹离掌心,在空中不停地旋转而不落地。只听他对茶老板说："在座客人茶钱全由我付。"话音刚落,只听啪的一声,银子便落在桌上。茶老板前来取银,见银子已嵌入桌面。"哟,好大的劲！"老板只得用刀尖撬出。众人连声称赞："佩服！佩服！"

马继泰转回客店休息,他住在南厢一间。对面是走江湖卖艺的客人居住,带有家眷。下午各自生火做饭时,忽见进来一人,走到卖艺客门前扑通一跪,不住地哀求："大哥！恕我有眼不识泰山,冒犯高手。现被伤处疼痛难当,请给我一服药解除病苦,万分感谢。"边说边连连叩头。卖艺客头也不抬,傲慢地答道："什么？我又不拿请帖请你同我打。我打败的多少人,死还是死,谁像你啰嗦。滚！不然我就不客气了。"那人只得站起来,懊丧地往外走。马继泰向他招手,把他叫到面前,问清了原因。原来三天前,他与卖艺客比武被击伤,疼痛难熬。现请求解救一下,而卖艺客毫不理睬。说着说着便声泪俱下。马继泰解开他衣襟细看,见他胸肋一片青肿,对他说：

"你的伤是武术中的红沙掌所致，若不及早治疗，数日后必伤命，幸而遇着我，尚可解救。"说着就取出几包面面药，递与那人："此药能散瘀解毒，连服三日，可保无虞。"那人道谢而去。

那人才出去，卖艺客大步跨到马继泰面前，恶狠狠地质问："你是什么人？敢来插手干预我的事。你卖弄人情，拆我的台，明日教场坝相见！"说完转身便走。

次日清晨，卖艺客又来找马继泰："饭后你我到教场坝比武，伤人不抵命，你敢吗？如你向我叩头道谢，我就饶你。"马继泰说："我堂堂男子，岂向你鄙恶之辈屈膝！你说伤人不抵命，空口无凭，须立字据，各持一份，以免节外生枝。"两人写下文书，并请店中人作证，随即就到教场坝比武。

开始时，马继泰与卖艺客斗拳术，马继泰为试探其本领如何，以退为进，先让过三招。后以闪电之势进攻，猛击其下三路，使对方只有招架之功，无还手之力。正在此时，卖艺客忽然喊"停！"跳出圈外说："我们以兵器相斗，决一胜负。"遂提春秋刀而进，马继泰亦提棍相迎。刀长棍短，马继泰显然吃亏。他的木棍被刀削去一截，不数回合，又削去一截，只剩下一尺来长。马继泰连连败退，被逼到墙脚。说时迟，那时快，他如箭离弦，一步蹿到卖艺客身后，顺手将木棍朝他胸后一点，卖艺客一扑倒地，口里喷血，呜呼哀哉了。他的妻子对马继泰说："你家居何方？姓甚名谁？以后要使我的儿子前来报仇！"马继泰一一告诉她后，扬长而去。

马继泰击杀卖艺客后，心中时常不安。心想，出游江湖，难免打抱不平。虽说除暴安良，但未免结下难解之仇。不如务农为本，安居乐业。从此就隐匿剑湖边，率子躬耕，不觉时光飞逝，又过了十多年。

一天，马继泰与儿子在南郊犁田，在田埂上休息。忽一少年来至面前问："大伯，前面是桑岭村么？马继泰其人还在否？"马继泰听他口音，知是外方人。又见他背插铁锏，面有杀气。心想，说不定是卖艺客之子找上门报仇来了。马继泰用两个手指头挟着犁头，高高举起，指向村中说："由村东进去，朝西走，再转北，门口有棵垂柳树的便是马继泰家。"那少年道谢而去。

马继泰让儿子急抄近路，赶在那少年之前回家，告诉他母亲，务必好好招待。那少年来到马继泰家，受到马夫人的殷勤招待。她对少年说："马老倌去犁田，少刻便回，请略坐等待，我去做饭。"她进厨房取出菜刀，指着挂在梁上的牛肉说:"阿弟!请你把那块肉割下两斤来。"少年望着高挂在离地一丈多高处的肉,问道:"大妈,有梯子没有?""何需用梯子!你看我来取。"便将身子一纵,来一个鹞子翻身,就把肉割到手中。一称,不多不少,恰好两斤。少年惊得目瞪口呆,心中忧虑万分。

不多时,马继泰同其儿子回家。那少年一见就明白,原来指路的老倌就是要找的马继泰。他抱头呜呜大哭起来,马继泰忙上前相劝。少年收泪,忧心忡忡地说:"马大爹!我就是卖艺客的儿子,今奉母命而来。但我学武不精,何谈报仇?只来送死罢了。"马继泰的儿子闻言,便舞弄铜锤,要与少年较量;马夫人亦从厨房持棒跳出,眼看一场大战将爆发。马继泰厉声喝退儿子和妻子,对少年说:"你辛辛苦苦来到此间,实属不易。情是情,法是法,你先休息几天,我俩再择定地点、时间比武不迟。"又转身对妻子、儿子说道:"待客要礼貌,万万不许偷击暗害。如果干出偷鸡摸狗的事,我就不客气了。"

马继泰在家中好酒好肉招待少年。转眼就过了五天,马继泰差遣他儿子进城买东西,叫妻子去田里种庄稼。趁家中无人之时,马继泰取出铁锏交还少年,领他到村南荆棘地里,对他说:"若真要比武,你再练二十年也不是我的对手。为了成全你替父报仇的心意,今天就让你打我三锏。"说着,两手叉腰,让少年打了他三锏。马继泰即刻口吐鲜血,脸色苍白,话也说不出口了。他挥手让那少年快逃。

马继泰回家后,卧床不起。等家人回来时,那少年已无影无踪,而马继泰却奄奄一息,不问即知是被谁所伤。他儿子急起欲追,马继泰忙阻止,挣扎着说道:"他早已远去,追不上了!这是我有意成全他,死而无憾。我已老迈,人谁不死,死得义气,就可以了。"两天后,马继泰才断气。噩耗传开,四面八方的人都来吊唁他。

段育

采录:杜乙简 白族
1980年采录于大理下关
流传地区:剑川、鹤庆、洱源、大理

从前,有个段育,剑川人说他是沙溪的活鲁班;鹤庆人说他是赵屯辛庄的小炉匠；洱源人说他是凤羽的箍桶师傅；邓川人说他是城西百岁坊的活神仙……

一

段师傅做木匠，木不让丝毫，尺寸拿得准，千家师傅数他好。段师傅盖的房子省工、省料、美观、牢靠。段师傅还能雕得一手好细活：透雕寿字显八仙，太白醉酒有酒气，双凤朝阳风吹尾，百花齐放蝶蜂飞。

有一次，他帮人家盖房子。他画墨，徒弟们锯的锯、锛的锛、刨的刨、凿的凿，三天五天就把大架子做好了。东家择定黄道吉日吹唢呐，抛馒头，请客祝贺竖架子，上中梁。徒弟们趴在架子上，"左青龙，右白虎"地唱着吉利话。可是上到中梁时，左斗右斗，横竖短了一寸七。

段师傅在下面不慌不忙地斜细着眼睛，左瞅瞅，右瞅瞅，说："掉过来拉拉它吧！"

木头怎能拉得长呢？但是由于徒弟们是打心坎儿里服他的，就真的把中梁一掉一拉。"咔嚓"一声，中梁果然不长不短严丝合缝地上进榫口了。

段师傅又是个神巧的箍桶扎甑匠。只要他挑子一出门，南村北寨一坐摊，活计就忙不开了。

有一位新嫂子抱来一捆大大小小、长长短短的零星桶叶子，请段师傅箍个木盆子，约定日头挨山牛角响的时候来取货。新嫂子临走，叮嘱说："要箍成腰子形（椭圆形）啊！"

"嗯！"段师傅一面忙工活，一面点点头。

段师傅一面忙工活，一面和晒太阳的父老们说笑，把木盆箍成圆形了。太阳下山了，新嫂子拾掇好家务，走来取木盆。段师傅说："拿去吧，包用十年不漏水。"可是新嫂子瞪了一回白眼，又噘了一回嘴，愤愤地说："你耳朵走气了，怎么把腰子形箍成圆形去了呀！"

段师傅抱歉地说："啊啊，糊涂了！不中嫂子意，明朝儿给修改过来吧！"

"那那，今晚拿啥喂鸭子呢？"新嫂子不乐意。

"是呀，是呀！"段师傅搔搔头皮，说："就给改回腰子形吧！"说完，把木盆滚了三轱辘，伸开两只大手掌把木盆一按，一捺，只听见"咯吱咯吱"地响，敞口翻过来，就改成腰子形了。"喏！拿去，时间还早呢。"新嫂子满意地走了。

段师傅还会做小炉匠。他带起小徒弟挑起锅炉担，边走边摇响着铁铜串儿，叫道："有锁没钥匙的拿出来配，漏壶、破碗、烂锅拿出来补！"一会儿工夫，段师傅摊子周围就挤满了人：有来配钥匙的，有来补铜壶的，有来补百合花小瓷碗的，有来镶接玉镯子的，有来补小铁锅的……还有看热闹的。

段师傅的活儿忙开了。有几个好事的人俏皮地问道："段师傅！母鸡啄泡豆，打翻了砂锅，能补不能补？"

"能！"段师傅点了一下头。

砂锅拿来了，段师傅照样使起"本"字形的螺线钻，在砂锅上钻眼。小徒弟们在一旁低着头捶打小马蝗钉，准备在砂锅上钉补。随后，段师傅只耸起一个膝头来，把砂锅卡在膝顶上，拿起铁锤"笃笃"地敲打起来。翻出来捶，翻进去敲，翻出翻进，扑扑打打，直像翻弄着柔软的毡帽一样。只一袋烟工夫，段师傅说："好了，拿去！渗水我来舔；不撞不砸，十年八年炖坏了，砸我脸上！"

大家看了，都说："你真是活神仙。"

段育不仅是神巧的木匠、箍桶匠、小炉匠，而且他会飞呢。

马年腊底，家家户户准备着"接福迎春"了。段师傅请了老相好李师傅在家里做裁缝，给家里添置新衣服。李师傅喝过姜糖茶，吃过早饭，摆设好裁缝案子，准备开剪了。

段师傅才大悟似的说："啊！布未曾买呢。"

李师傅有点生气了，二话不说，就要走。

段师傅说："慢点儿！马上就买到，我马上去买点金齿（现在的保山）布。你们师徒休息一会儿，抽袋烟。辰时交巳时，我便回，误不了。"

不说金齿布还可，提到金齿布，李师傅听得更生气了。金齿离开鹤、剑、邓、浪几百上千里，必须爬上三十三架山，渡过六十四道水，绕过九十九道弯，来去至少个把月。

李师傅认真地说："腊底岁尽，家家户户等着千针衣万针线。您是千家的师傅，不能开玩笑噢！"

"哪能！哪能！"段师傅穿起大鼻子蜈蚣脚草鞋，卷起裤管，披上了搭肩，拄起竹马棍，下金齿买布去了。

段师傅一走出大门，一阵风似的吹去了。

隔壁紧邻的几个老倌来陪李师傅聊闲天，不一会儿，辰时交巳时。这时万里晴天，忽然飞过一片云，落在家门口。段师傅气喘吁吁，下了白云，他身上挎着一个大包袱，左手里提着一个小罐子。他一面揩着汗，一面把包袱、罐子卸在裁缝桌案上。打开来一看，深蓝的、粉蓝的、青的、黑的，四色布都有。李师傅细细地检视着，一点不假，是道地的金齿布，还散发着一股股清幽的染色香呢。

段师傅轻轻地把罐子一推，说："喏！金齿糖糟汤，老朋友，请先尝尝吧！"

李师傅在金齿做过多年活，对金齿糖糟汤喝得多，他先自喝了一口，咂咂舌，烫烘烘的，到底不错，看瓶子，还是老赛家的老牌糖糟呢。

后来，李师傅记好日期，问过新由金齿回来的徒弟，此事一丝不假。

二

人们还传说，段师傅有六十四变。会变灯笼能照人行路，变牛给人犁田，变马能拉磨，变狗能帮娃儿看家，变龙能及时行雨，变老虎能给乡亲们壮胆量。

那是腊底的一天下午，乡亲子弟们在谷草场上练习耍龙舞狮子，纵猴子，吹太平箫，拍霸王鞭，唱龙灯曲，准备共乐春节。

过了一阵，大家要玩对穿黄布跳老虎，但没有人敢承担，理由是大家没见过真老虎，无处取法儿。

正在七嘴八舌你说我讲的时候，一个花白胡子老爷爷转过头去叫道："段育师傅回来了，真老虎也擒得到，何愁老虎跳不成？"大家一齐望过去，段师傅由大路上岔了过去，肩上还扛着长把锛。

段师傅走过来，就谷草上坐下。

乡亲子弟们正正经经地央求说："段师傅！你变一次老虎给我们下辈看看呀！黄老虎，镰刀花，让我们好学个样儿，穿黄布跳跳玩吧！"段师傅说："老虎是凶物，今天有老有小，还是不要变的好。"

一位白胡子老爷爷说："老虎是凶物，但是我们心里明白是段师傅变的，老小就没有什么可怕的了呀！"

段师傅脱不过情，卷卷袖子，把左手上戴的那只磨山玉镯子往上臂箍紧，要变老虎了。他请大家排成一个圈，并请一位胆壮的乡亲抱着一只公鸡，说："我在场子里跑三个圈，老虎跳出来了。老虎伸腰，前脚一按，一撑，大啸三声，立起尾巴，纵跳起来，请把公鸡丢给老虎。老虎抓着，我就变过来了。丢公鸡呀,最要紧,不然误了时辰,无法变还人了。"

大家说:"我们记住,抱公鸡的是个第一胆壮的,还是你的干亲家呢。"

段师傅变老虎了。他在场子中跑了三个圈,突然变成老虎跳出来了。这是只镰刀花的大老虎,张大着嘴,露着两排锋利的牙齿,一嘴胡须,肚皮一凸一凹地在呼吸,尾巴像财神钢鞭似的挥动着。它伸了一下腰,前脚一按,又一撑,大啸三声,立起尾巴,纵跳起来。

乡亲围成的圈子紧张起来,向后扩大了,有的惊叫起来,几个大娘和嫂子则挤出圈子外,摊开双掌扪住眼,只是张开中指缝偷看,几个娃娃却紧抱住大人的腿,号着要大人抱起。

老虎走了三个来回,又大啸了三声,见公鸡从空中抛下,一把抓住。哈,段师傅变还来了。大家紧张了一阵之后,都嘘了一口气,一致地拍掌、喝彩。有人问:"谁愿穿黄布学跳老虎?"

"我愿试试看。"

"我也愿。"

……

段师傅央求大家说:"这一次,可要守口呀!不要让我老母亲知道,老人家会怪责我的。"大家记住了。

谁知"好事端端无脚路,桂花十里香",段师傅的名声还是传开了。县官老爷听见风声了,便打发差役把段师傅唤进衙里去,破例地款待段师傅喝酒吃饭。金盘里摆的"鸡山笋",银盘里摆的邓川弓鱼和乳扇,鸡呀鸭呀肉呀不计其数。

段师傅总觉得"老爷们的人参燕窝,比不得老百姓的粑粑馍馍",执意不举杯,不下箸。

县官老爷说:"段师傅,我们结个干亲家吧!"段师傅说:"哎!我是平民老百姓,乡亲们够多的了。与大老爷结亲家,那可不敢。"

县官老爷翘起猫胡子,本想喊"来人呀,给我捆,给我打,给我丢监!"但是回头一想:硬的来不得。于是心生一个毒计,强笑说:"那,那,那请便吧!"

县官老爷怎能饶得过下民呢?他派了两个老衙役暗地里到段育家里去,临走时还咬住耳朵嘀咕了什么几句。

段师傅的老母亲,八十晋二寿了,头发全白,牙齿也掉光了,瘪着嘴,眼睛耳朵有点不济,骨棒还算硬朗。她自小就是种田、养乳牛,没出过远门。现在老了，儿子又成器，在家里过着清闲日子。

有一天，段师傅帮人家做活去了，老母亲在堂前晒太阳。忽然小狗汪汪地叫，进来了两个客人，穿的衣服，好在里，素在外，举动好斯文。两人操异地回腔，自称是段育的"莫逆"，是特意来给老伯母问安的。谈这样，说那样，最后说到段育身上来。

一个说："老伯母，你不知道吧！太极图有六十四卦，段育也有得六十四变呢，他还会变老虎呢。"

老人说："老虎！我活到八十多岁了，还没见过呢。"

"是呀！那为什么不叫段育变给你一回开开眼孔呢？"

"是呀，是呀！"……

过了六天，段育回来了。老母亲说："儿呀！你变一只老猫猫给我看看。我老了，还不曾开过这眼孔呢。"

"妈，妈！这……这不好，老眼何必看这凶物呢？我给妈变一只爱唱歌的黄鹂好吧？我给妈变一双乳燕绕梁吧？不，变一只乖巧的小白兔看吧？变一只老青牛，好性子的老青牛吧？……"

"不要，不要，都不要！我就要看老虎，黑老虎。你变，你变！要你马上变！"

"妈！您老人家要看，改天看吧。最好请舅舅、舅妈、二姨爹、三姨爹、二姨妈、三姨妈……一齐来，陪着妈一齐看吧？"

"不，你舅和两个姨爹都下夷方（傣族地区）找生活去了，明年开春才回来。就要今天看，明天也不行！日子久了，会被你哄过去了。"

段育很为难，变这种凶物，对老年人是不利的，但是不变又不行，最后决定只好再变一次了。他把老母亲背到楼上去，叫母亲两手抱着公鸡，打开了半扇窗格子，让母亲在窗格子中往下看。

"妈！儿在天井中变，跑三转，一阵风，猫猫跳出来了。它大啸三声，跑三转，你把手中的公鸡丢给它。鸡抓住了，儿就变回来了。不能误时辰啊，误了就糟了。"

"是！我记得。"

段师傅在天井中绕了三个圈，吹起一阵风，变成一只大黑虎。老母亲在楼上一看，"呀"的一声吓昏了，倒在楼上，手中的公鸡由后窗飞走了。老虎又跑了三个圈，咆哮起来，抓不到公鸡，误了时辰，没法子，变不还人了。

老虎变不还人了，只有那只磨山玉镯子仍然戴在老虎毛茸茸的左手上。老虎卷曲着尾巴坐下来，舔舔玉镯子，淌下了眼泪，最后慢慢地由后门走出，爬上后山去。

老虎在后山丛林里徘徊了很久，它想：家乡的老老小小、男男女女是要上山放牧、打柴、割草的，难免有相逢的时候，见我这个凶相，岂不吓坏？只好远走，到夷方深山野坳里去。从此段师傅离开了乡亲们。后来大家把段师傅屋后的那座山取名为"虎头山"，作为永久的纪念。

这只黑老虎出没在夷方，不伤人，不害牲畜，不害庄稼，有时它坐在山路旁，遇着家乡人打着白话下夷方，两只眼睛会淌下眼泪。

李师傅的徒弟阿长生来往夷方，曾遇过它三回呢。

地 名 故 事

剑川（白族）

讲述：尹相林 白族
记录：段继行 白族
1960年采录于剑川城

相传，孙悟空大闹天宫的时候，面临众多的对手，但毫不畏惧，英勇对敌。他拔了一根毫毛放到嘴里嚼碎，吹口仙气，就变成上千个孙悟空，挥舞着金箍棒，打得李天王、二郎神、巨灵神、哪吒、二十八宿和天兵天将节节败退。

当时，二十八宿中的奎木狼被一个孙悟空击中腰胯，把剑鞘纶带给打断了。剑鞘从高空掉下来，坠入凡间，把大地压得轰鸣不止，颤抖不歇，摇震不停。

这场惊天动地的打斗止息后，奎木狼悄悄地将剑鞘收了去，返回天庭复命。

然而，剑鞘乃天上仙物，非同一般，剑鞘落地时早已把平平坦坦的一块大地压变了形状，成为宝剑形。大地凸起的四面八方已成了山，凹下去的地方成了坝子，鞘上的两颗宝珠压陷下去的地方成了后来的剑湖——东湖和西湖，剑鞘上的几条金锁链成了金龙河、螳螂河、回龙河、海尾河等河流。于是，人们便称这块地方为剑川。

永丰河（白族）

讲述：沈吉诚　赵有坤　白族
记录：张定　白族
1984年采录于剑川城

很久以前，剑川城西边的深山老箐里头，有一条恶龙。它与旱魃结为老庚，互相勾结，专干坏事；箐里的永丰河是它们玩弄鬼把戏的好处所。这样一来，好端端的一条河流，清水变成浊水，甜流弄成苦流。用这条河的水灌溉庄稼，庄稼坏死；用来饮用，人就要生病。

那时，剑川城北门外，有个柳龙村。村里住着七八户人家。里面一家有个小伙子名叫永丰，忠厚老实，生就一副强健身体，正直、勇敢、不怕难，能吃苦。大家都说，这真是柳龙村的好小伙！

这家院子里，有一塘清水。旱季河里虽然干涸，这汪水却一年四季旺盛。塘水甘美，喝了使人神清气爽。村中的人都来这里挑水饮用。

这汪清水里有一只大得出奇的蛤蟆，经常到处出游，颇有神通。有一回，它在河边游玩，碰上了恶龙的虾兵蟹将。不知为了什么，两方起了冲突，难分难解，接连进行了几天的激烈争斗。蛤蟆终因寡不敌众，身上挨了一箭，狼狈蹿回水塘里来。不久它的伤口溃烂化脓，看样子是难好了。永丰是个好心的人，看到蛤蟆负伤，顿生怜惜之心。于是，他独自一人背着药囊，扛着锄头，上老君山寻找妙药灵丹，要替蛤蟆敷药治伤。他爬遍了老君山的九十九个山梁，终于找到一粒仙丹和一株灵芝草。

永丰回到家里，把采来的药捣烂拌和，轻轻敷在蛤蟆的伤口上，渐渐地，蛤蟆的伤口就痊愈了。

有一天半夜时分，突然有动静，把正睡得香甜的永丰惊醒。他看到屋里一片金光照耀，面前出现了一个美丽的姑娘。这位姑娘像是一朵红云飘到永丰面前，施了个礼后，说："恩人！我就是那汪清水中的蛤蟆，原是剑湖龙王的女儿。只因恨透了西山箐里的恶龙，我就变成个蛤蟆，暂住你家的水塘中。如今你找来仙丹治好了我的伤。我该如何感激你呢？这是我给你留下一把我家祖传的金钥匙。有了它，你可以获得无穷的智慧和力量。望你去战胜恶龙，为民除害。"说罢，姑娘就不见了。

第二天，永丰带上金钥匙，踏进深山。他走了许多路，越过几座山，太阳落山了，还是没有找到恶龙的踪迹。天黑了，金钥匙像火把照亮了他前面的路。他继续走了几里路，在一条溪边的丛林里，出现了一座神庙。他进了庙想歇口气，一侧身就睡着了。

蒙眬中，永丰见一位银须飘洒的老翁，手拄九节拐杖向他走来，说："小伙子，要想战胜恶龙，非得有三件法宝不行！"并交给永丰三件东西，说："一是倚天宝剑，它能砍断恶龙的铜头铁爪；二是火浣衣，穿上它，火不能烧，水不能溺；三是大唢呐，吹起来能发出震撼山岳的声响，可以压倒恶龙的气焰。"说完，老翁就不见了。永丰惊醒，却是一梦。身边却真的有了三件法宝。

天亮了，永丰带着宝物，继续赶路。他又走了好些路，越走树木越密，越走山峰越高。这时，他发现前面有个大山洞，洞里淌出一股又腥又臭的浊水。"哟！这回可找到恶龙的巢穴了！"永丰兴奋极了。

恶龙满以为自己的老窝极其隐蔽，万万没有想到却被一个小伙子发现。于是怒火中烧，大发雷霆。顿时，山里天昏地暗，飞沙走石。永丰急中生智，立刻把衣袋里的金钥匙投了过去，恶风即刻就停了。接着永丰吹起大唢呐，唢呐发出巨响，震得地动山摇。恶龙一动不动，好像是服服帖帖的样子。其实，这条恶龙是养气哩！忽然它喷出一口火，烈焰冲天，浓烟滚滚。永丰早已穿好火浣衣。尽管周围一片火海，永丰并未伤着半根毫毛。恶龙又口吐一股脏水，永丰并未淹着！于是恶龙恼羞成怒，蹿出老窝，向永丰扑来。永丰手挥倚天宝剑，一剑斩断了龙爪，一剑砍断了龙骨，再一剑砍断了龙脖子。

永丰斩了恶龙，为民除了大害。人们为了纪念他，就把这条大河取名永丰河。

金场（白族）

讲述：施迁松　白族
记录：段继行　白族
1960年采录于剑川城

传说，诸葛孔明南征时，由于长途跋涉，缺粮草，少兵卒，刀剑更是短缺。后来，诸葛孔明发现剑川城北一个村子的附近有铜矿，就吩咐手下造炉冶炼，打铸刀枪剑戟。但当时炼铜的人，谁也想不到铜渣里有金子。

有一天，来了一位不知姓名的外地人，他一见铜渣，竟高兴地手舞足蹈。他断定这里可以炼出很多金子来。于是，就在此定居下来。渐渐地，他学会了白语，成了本地人民的好朋友，取姓为"师"。后来又改为"施"，成为剑川一带"施"姓的始祖，也成为这里的场主。由于这里是炼金的场地，故人们称其为金场村。一个隆冬的深夜，施场主起来小便，只见金光四射，他被吸引住了，仔细一看，一道耀眼的大金门出现在山上。一会儿，从金门里跑出一只金骡子。金骡竟说起人话来："嘿，差点儿挖到我屁股上啦，得赶快搬家了！"说完，又钻进金大门，不见了。施场主正感到诧异时，又连蹦带跳地跳出一只大金公鸡来，竟也讲起人话："喔——喔——喔，差点被人挖去了；喔——喔——喔，赶快挪个地方喽！喔——喔——喔……"金公鸡叫了三遍后，钻进大金门又不见了。随即，大金门也不见了。金公鸡的啼叫声引得全村所有的公鸡都啼鸣起来，施场主看毕，知道金矿已经没有了，加上隆冬深夜，早已冻得牙齿打战，赶快回到房间。

　　第二天，场主病倒了，全村人民都来看望他。他感激地对大家说："多谢大家的关心，我炼了一辈子的金子，也从来没有见过这么好、这么多的金子。"于是，他断断续续地把夜里看到的奇事告诉给大家，最后摸着两个儿子的头，叹了口气说："我们命不好，金矿已经不在了，我也好不了啦，希望你们认真做人……"不等说完，就断了气。

　　从此，金场不再炼金了，但"金场"村的村名至今依然流传下来。

墨斗山　金龙河　化龙村（白族）

讲述：张宗李　白族
记录：陆家瑞　白族
1984 年采录于剑川甸南

　　很久以前，在剑川坝子北部山麓，有一个龙潭，人称白龙潭。潭中住着一条小白龙，小白龙十分勤恳，日日夜夜供应螳螂场、东凤、西凤、登凤、王家、邑头等十几个村子上千亩田地的水。小白龙又十分温和善良，它吐出的水凉荫荫的、清幽幽的，又好喝、又好看。

　　后来，不知从哪里来了一条鲤鱼精，赶走了小白龙，霸占了白龙潭。

　　这鱼精不仅有三千年的道行，而且嫉妒心强，见不得红，看不得绿，听不得笑声、歌声，常常兴起一阵阵恶风暴雨，摧桃折柳，毁坏庄稼，弄得龙潭四周的村寨很不安宁，怨声载道。

白龙潭四周的白子白女对鱼精恨之入骨，多次请和尚念经，道士画符，想驱逐这鱼精。不想和尚刚刚设坛，来不及行法事；道士刚刚打点斋醮，来不及画符布道，鱼精就刮起一阵阵恶风暴雨。狂风吹得天昏地暗，暴雨淋得平地水淹。

后来有人说："'辰戊相克，龙虎争斗'，丢些死狗死猫到龙潭里，或许鱼精就会搬家。"大家就找来很多死狗死猫丢到龙潭里，还是不行，鱼精非但没有离去，又刮起一阵阵恶风暴雨，把那些死狗死猫抛到百姓们的房顶上。

螳螂场村有个叫阿十斤的木匠山神，刚好从外地出门回来。阿十斤拜过名师，得鲁班祖师真传，他雕的龙、画的凤，就像活的一样；他开光点血非常灵验。只要一经开光点血，那龙就会腾空而舞，那凤就会展翅飞翔；他用的墨斗更是神奇，能大能小，随意变化，是专门镇邪除魔的法宝。

大山神阿十斤回到家乡，见乡亲们个个愁眉苦脸，往昔的龙潭衰败不堪，恨从心头起，怒从胆边生，决心要除掉鱼精。

阿十斤带着乡亲们到莲花山砍来了十棵两人合抱的鸭掌木，一棵四人合抱的紫金杉，费了七七四十九天的工夫，悄悄地雕成十条小白龙、一条大金龙。他先给十条小白龙开了光，点了血，把它们放进白龙潭里和鱼精相斗。只见那鱼精十分了得，不一会就把十条小白龙打得败下阵来。

阿十斤见鱼精十分厉害，特别是它的眼睛，旋转如电，寒光闪闪射向四方，令人发怵。心里便有了主意，回去连夜给大金龙安了一身铜爪金甲，并在大金龙的头顶上加了一只碗口粗、三尺长的铁角，角尖直直地朝正前方。

第二天，阿十斤正给大金龙点血开光时，鱼精也驾着一朵黑云飘到螳螂场村上空来探听虚实，见阿十斤正给大金龙开光点血，就刮起一阵黑风直扑下来，想趁大金龙未被开光前毁了它。当黑风刚刮到屋面，鱼精还来不及扑到地面上时，大金龙已开完了光，点完了血，正摇首昂头，腾空而起，和鱼精在螳螂场村上空大战起来。一边是黑风暴雨夹裹着脊壳灰黑的鱼精，上翻下蹿，伺机用脊触人；一边是白衣护卫着金光闪闪的巨龙，左右翻滚，时时用铜爪铁角步步进攻。

鱼精渐渐地支持不住了，向南边退去。乡亲们敲锣打鼓，举刀扬矛跟着追来为大金龙助威，阿十斤抓起墨斗跑在乡亲们的最前面。

鱼精逃到白龙潭上空，正想翻身钻进白龙潭躲避，大金龙一声怒吼，直扑过来，鱼精躲闪不及，左眼被大金龙铁角戳瞎了。它忍住剧痛，身腰一弓一弹，两扇簸箕大的尾鳍向大金龙掮来。大金龙躲闪不及，龙腰被重重地捆了一下，摇摆着落到了白龙潭的平川上，鱼精趁机钻进了白龙潭。阿十斤见了又气又急，也顾不得什么，举着手中的墨斗，重重地压在白龙潭上。从此白龙潭上耸立起一座小山，人们就称这座山为墨斗山。

大金龙见鱼精被墨斗镇住，就顺着河道游到剑湖里，人们就把大金龙摇摆着游过的这条河称为金龙河。

为了纪念阿十斤，人们又改螳螂场村为化龙村。

落财洞

讲述：阿根爹 白族
记录：杨安发 白族
1980 年采录于剑川沙溪

黑潓江下游有个落水洞，人们叫它落财洞。为什么呢？

从前有个叫阿财波的人，从小生长在江边，练得一身好水性，最会"闷水"，一次能闷大半天。江里有几条大鱼，几尾小鱼，他都认得，人们就叫他"鱼鹰"。

阿财波在一次捉鱼的时候，发现有个落水洞。他想：这个落水洞的水，不知流到哪里？为了弄个水落石出，就背了一背稻糠，倒进落水洞里，然后到处去看。三天后，就发现下三村的龙潭里漂出稻糠。下三村的几百亩田，就靠这个龙潭的水栽种。阿财波非常高兴，心想：这回我发财啦！等到芒种节令，他买了一口锅，悄悄地把落水洞盖起来。不出三天，果然下三村的龙潭水干了。正是农忙季节，没有水怎么栽插呢？下三村的人心急如焚，请了和尚念经、神婆跳神，还扎了一条柳龙，叫年轻人耍龙求雨，都毫无结果。这时，阿财波才大摇大摆地到下三村，对下三村的人说："我常在江边捉鱼，有一天捉了一条逗人爱的小花鱼，我想煮吃它，它却对我淌眼泪，我就把它放回江里。昨夜我梦见龙王对我讲，'大恩人，你放回江里的那条鱼是我的三公主，你不煮吃它，饶了它的性命，我很感谢你。下三村的人既做斋事，又耍龙，求了我好几天了，但我不想供应他们水了。恩人，到底供不供应他们水，在你一句话。'下三村的众位父老百姓，你们说怎么办？"

下三村的人听了，有的信，有的不信，有的就问阿财波："你要什么条件？"

阿财波说："我的要求不高，每年给我三石六斗米、一头大肥猪、三吊酒钱、三吊零花钱、三吊盐巴辣子钱，把我养老送终就行了。"

下三村的人半信半疑，不答应阿财波的条件吧，眼见龙潭见底，秧栽不下去，一年的收成就完了；信吗，又怕阿财波白白骗了他们的东西。经过再三考虑后，就答应先给他一半，三天后龙潭真的出水，就如数给他送去。阿财波想：放不放水在于我，就答应了。救急如救火，当天，下三村的人就凑了一半东西送给阿财波。

　　晚上，阿财波就悄悄地潜到江里，掀开了落水洞上的锅。三天后，下三村龙潭真的出水了，大家非常高兴，他们又把另一半东西也给阿财波送去。从此，阿财波就过着吃穿不愁的日子。

　　俗话说："越吃越馋，越闲越懒"。阿财波白白地得了下三村送的好多东西，他心里还不满足。到了第二年芒种，他又悄悄地把锅盖上了。下三村的人来找他，他说："龙王说了，我要的东西太少，应当翻一倍，要七石二斗米、两头大肥猪、六吊酒钱、六吊零花钱、六吊盐巴辣子钱才成。不然，它就不供应你们水。你们说怎么办？"

　　下三村的人听了，想想也没有办法，就又答应了阿财波的苛求。到了第三年，阿财波又要翻一倍，下三村的人咬了咬牙也答应了。这样搞了五年，大米就翻到一百一十五石二斗，肥猪十头，酒钱零花钱盐巴辣子钱翻到四十八吊。第五年，刚好碰到发大洪水。这几年阿财波吃得又肥又胖，久不下水，水性也不如以前，他刚掀开锅就被洪水卷进落水洞里，再也出不来了。三天后，他的汗衣从下三村的龙潭里漂出来一块。巫婆们说："阿财波已到龙宫里，做龙王的姑爷了。"等到洪水过后，黑潓江水干了一大半，落水洞现出来了。人们发现阿财波的尸首夹在石缝里，而他盖落水洞的铁锅也在洞旁。人们才明白阿财波是贪心不足为财死的。

　　从此之后，人们就把这个落水洞叫作落财洞。

备马场和格子箐（白族）

讲述：丙吉　白族
记录：张笑　白族
1984年采录于剑川庆华
流传地区：剑川东岭

　　剑川县东部与鹤庆县接壤。以分水岭为界，东边属鹤庆，西边属剑川。

在群峰之间，三里五里便有一小坪坝。这些小坪坝以种当归而出名，人称，"马场十三坝"。

古时候，十三坝中独有一处因无水源，无人居住。相传有一次白王来到这里。时逢盛夏，烈日当空，炎热无比。经过长途跋涉的马队早已人困马乏，再加上坪坝中无止渴的凉水，将士们和马匹更加口干舌燥，难以再向前行。白王有气无力地下令："队伍暂歇，寻水饮马。"人们四处奔走，但一无所获。正在恼怒之际，突然白王坐骑后腿直立，前腿悬空，不断嘶鸣。白王警惕地拔刀四望，却又不见任何动静。只见坐骑狂躁不已，一边闻嗅脚下，一边用蹄拼命刨地。白王想："莫非地下有水！"随即跳下马来，抽出宝刀，朝马刨过的地方用力戳去。说也奇怪，干坝子中竟然涌出一股碗口大的清泉来。

闲了片刻之后，人马精神抖擞。白王乐不可支，用白语高呼一声："摆满（意为备马）！"随军史官，奋笔疾书，记下此事，并称这一坝为"备马场"。

此后，"备马场"清泉长流，干涸的土地变作了水富土肥的坪坝，成了种植当归的好地方。

经过一天的折腾，马队来到一个山箐。落日西沉，已是傍晚时分，白王降旨在山箐中歇营。

第二天清晨，马队捆好行装，待命出发。只听值星官用白语传旨："估止（意为上驮）！"马队立即将军用之物驮上马背。这时，随军上前奏道："白王！昨日在此宿营，请问此地当作何名？"白王问左右："可知此箐地名？"左右都答不出来。白王不由四下望去，只见众将士正纷纷给马匹上驮，便信口用白语说道："估止巩（即上驮箐之意）！"史官含笑，就此记下了"估止巩"这一地名。

后因以讹传讹，将"估止巩"称作"格子巩"，相传至今。

砍叉山（白族）

讲述：杨汉成 白族
记录：张笑 白族
1984年采录于剑川东岭

在东岭区水古楼村北面，有一座险峻挺拔的山峰，这座山白语称为"砍叉奎",其意为谋划失误的山。

相传在很久以前,剑川州的农民起义。当时,剑川属鹤庆府管辖,府官从鹤庆派来一个姓辛的将军带领官兵杀气腾腾前来镇压。

为了迷惑官军,起义军在东厢一带布下疑阵,致使官军到了东山山神庙附近之后就不敢再向前。辛将军派出探子四处侦察,回报水古楼、东营、江口一带村村旗帜飘扬,户户门前有岗,搞不清起义军究竟有多少人马。辛将军大吃一惊,立即将人马从山神庙迁往山顶扎营。有一参谋禀道:"居于孤山之上,不利于守,不利于攻,请将军三思。"辛将军哈哈大笑:"知己知彼,方能百战百胜。彼方人众,我方兵寡,只有居高临下,方能以一当十,成破竹之势。"仍坚持扎营于孤山之上。

星夜,起义军调集全部人马,截断官兵粮草水道,将孤山团团围住。义军天天摇旗呐喊,辱骂官军。待官军冲下山来,义军又四散离去。如此半月,山上官兵缺水断粮,军心大乱。

一天夜晚,起义军将孤山烧起来。只见山顶上火光冲天,烟雾中官兵人喊马叫,乱作一团。起义军一鼓作气,乘势冲上山顶,杀死辛将军,全歼了官兵人马,打了个漂亮仗。

辛将军计谋差错,策划失算而败于此地,当地群众就把此山称为"砍叉奎",以此讽刺草包无能的辛将军。

三棵桩(白族)

讲述:赵树华 白族
记录:张笑 白族
1984年采录于剑川沙溪

沙溪华龙山上,有一片地称"三棵桩"。这里海拔较高,人烟稀少,偏僻荒凉。

相传很久以前,这里古木参天,花草繁盛,有不少珍禽异兽。

那时,白王常带领武将文臣前来狩猎。每次都大有收获,满载而归。一次,白王率众围猎,射伤了一只猛虎。猛虎带箭拼死逃命,白王率众穷追不舍。正追得起劲,突然狂风大作,天昏地暗,人们分不清左右,各自奔逃。白王坐骑也惊得乱跑。折腾了半日,白王身边已无一人,他又惊又累,倒在马下昏睡过去。一觉醒来，只见身旁大树下坐着一个头缠包头、身着羊皮褂的老人。他用三块石头支成三脚火塘，石头上安放着一口土锅，土锅内不知煮的什么东西。白王上前施礼道："老人家，你煮的是什么？"老人笑道："白王，你昨晚饿到现在，想来腹内早已空虚？"一句话提醒了白王，这时他才感到饥肠辘辘，四肢酸疼。白王急忙向土锅边走去。只见土锅里热气腾腾，一股山药的清香味直冲鼻子。他顾不上谦让，把锅内的山药抓出来。不知是山药好吃，还是饥饿口馋，白王只觉得一生中就是这山药好吃，比起宫中的珍肴美味要甜美几百倍。不知不觉白王就将山药吃得一干二净。这时他才想起应向老人致谢，谁知转身一望，身边除了坐骑在打盹外，别无他人。白王好生奇怪，不由大声呼唤："老人家！老人家！"然而除去山鸣谷应之声外，没有其他回音。白王急忙下跪祷告："多谢苍天保佑，我定要精心治国，造福于白子白女。"拜毕，只听一声巨响，火塘边的三小块石头已变作三块又高又大的石头，如三根顶天立地的石桩。这时，又听坐骑一声啸，震荡着整座山林，山林发出了一阵清亮的回音。

不一会儿，逃散的人马又都陆续集中到白王身边来。白王将刚才的奇遇告诉了将官们，众人无不惊叹。

为此，白王将这地方命名为"三棵桩"。

水古楼（白族）

讲述：李树藩 白族
记录：羊雪芳 白族
1984年采录于剑川东岭

剑川东山脚下，有一个白族聚居的村寨叫"须古鲁"，汉语称"水古楼"。

相传很久以前，东山脚下涌出一股很大的泉水来。说也奇怪，雨多遭涝的年份，其他地方的泉水浑得像泥浆一样，但这里的泉水照样是清悠悠的；遇到旱灾时，别处河沟都干得见了底，但这股泉水依然哗哗流淌。只因水位低，灌不到田里，人们没有办法。

有一年，剑川遇到了百年未有的特大旱灾，火辣辣的太阳像被钉在天上，又没有一丝风儿，人们像坐在蒸笼里，热不可当。水古楼村西边的大片农田，被毒日烤得龟裂，庄稼都枯黄了。人们眼睁睁看着村旁的泉水白白向南流去。大家都想：如能将这股泉水引到东凤村一带，用来灌溉农田，那该有多好啊！人们苦苦思索，但一直想不出提高水位的好法子来。

村中有一位很有名望的老人，想出了一个好办法：他叫人们到东山上砍来大批木料，还把村里的木匠都召集来，日夜赶做木工活。锯的锯，刨的刨，干得热火朝天！他们做出一架架粗大的方水框，一框一框往上加，直堆到有三丈多高，把泉水团团框住，真像一座拔地而起的"古楼"。为防渗水，又将大麻砍成寸把长的一段段，和石灰、香油拌拢，把"古楼"的缝隙堵死，做到滴水不漏。"古楼"能蓄水，大大地提高了水位。这样，清清的泉水就沿着接在"古楼"上的渡槽流到了东凤村一带，灌溉了那儿的大片土地。旱情解除了！

后来人们为了纪念这位聪明的老人，就将这个村子称为"水古楼"。

羊子头坡（白族）

讲述：段泮庸
记录：乐夫 白族　瑞林　瑞鸿 白族
1980年采录于剑川沙溪

剑川县的沙溪坝子中央，隆起一个山包，方圆一里多些。登高望去，真像个跪着吃奶的羊子。有的人说："因为羔羊跪乳报恩，所以，把这山包称为羊子头坡。"其实，这里另有来历。

古时候，这个山包中央有一块大石头。石头肚子里有一只玉羔羊。有时，耳朵贴近石头一听，还能听到小羊"咩咩"的叫声，"嚓嚓"的吃草声。

因为有了这只玉羔保佑着，所以，那时沙溪的羊群十分兴旺。山上山下到处是羊子，好像天上的朵朵白云，飘落在地下。

这件事被一个外地前来取宝的"夏路子"知道了，他悄悄剖开石头，取出了玉羔。不料玉羔不是那么驯服，它激烈反抗，乱踢乱咬那个"夏路子"。结果被"夏路子"用铁锤把它打死，丢在那里，变成了石羔。

过了几天，羊瘟疫流行开来，死了很多羊子。从此，沙溪的羊群就很不兴旺了。但人们永远不忘这头玉羊羔，所以，一直称这里为"羊子头坡"。

姜家登（白族）

采录：李瑞龙
1980年采录于剑川羊岑

人们一到羊岑姜家登，总以为村里姓姜的很多，其实一问，没有一家是姓姜的。这是什么原因呢？

很久以前，有两兄弟，哥哥叫姜龙子，弟弟叫姜科子。他们从甸南江长渡迁来羊岑。刚来时，他们在二以场的上头落脚，在那里开荒种粮，还烧砖窑，安居乐业，日子还过得不错。

过了不久，又从外地迁来姓李的一家，也是两兄弟。他们仗着身强力壮，常以势压人，逼着姓姜的往外搬迁，还胡说什么这块地盘是他们老辈子人买下的。姓姜的两兄弟心里很不服气，弟弟要和他们拼命。哥哥说："凡事以忍者为高，让他一地又何妨。"弟弟强压怒火，依了哥哥。

姓姜的两兄弟搬到二以场下面，重新在那里开荒，另建起瓦窑。事隔不久，姓李的人又来到二以场下面，威逼他们。还是说什么这块地也是他们姓李的祖宗买置的。不许外人居住。哥哥对弟弟说："火烟冒处有饭吃，天下之大总有你我住的地方。"于是兄弟俩再一次搬迁到现在姜家登村的南园子居住。

几个月后，姓李的又追到他们后面来了，还是逼他们搬迁。弟弟对哥哥说："鸡死也要伸一下腿，我们绝不能再忍让啦！和他们拼命你害怕，那就去告官吧！"哥哥叹口气说："八字衙门大大开，有理无钱莫进来。我们苦打苦吃的人，哪有闲钱打官司，最好和他们好好商量解决。"弟弟想了想，也觉得有一些道理，于是又依了哥哥。

第二天，哥哥办了一桌酒席，把姓李的请来商议。哥哥说："我们祖宗也姓李，后来到姜家上门才改姓姜。冤家宜解不宜结，我们就结拜为兄弟，你们李家兄弟年岁比我们大，就尊为哥哥吧！"李家兄弟见姜家弟弟手握砍柴刀，在一旁怒目相视，看看势头有点不对，也就同意了。

最后议定：以姜为村名，以李为姓。从下一代子孙起，姜姓改李姓。村里分为大李小李两家，原李姓为大李，原姜姓为小李。所以现在姜家登村还有大李小李之分，两姓可以通婚。过去所存家谱虽已散失，但尚存三处瓦窑遗址。

观音老母山（白族）

采录：张德隆
1980年采录于剑川羊岑

老君山下的羊岑，分上羊、中羊、下羊三个地区。上羊、中羊靠石滩河灌溉，水源丰富；下羊缺水，大部分是雷响田，等老天下雨，才能耕种。

过去，下羊的老年人，常三五成群，跋山涉水到三四十里外的老君山上烧香磕头求雨。每年要去好几次，每去一次要两三天的时间。一次复一次，一年复一年，每年花不少钱，终不见效。

有一天，观音老母从老君山上背下一大背土，想背到邑邦村附近，倒入河中，把石滩河堵住，使河水改道，流入下羊岑。她的背篮底通了一洞，到邑邦村时，背篮里的土已漏去了一大半。此时只听村中公鸡叫，天将拂晓。观音老母怕天机泄露，就急急忙忙把篮子里剩下的半筐土倒下，悄悄离开了。她倒下的这堆土，变成了一座小山，被称为"观音老母山"；沿路漏下来的土则变成"文峰岭"。

后来人们无奈地说："年年烧香拜佛求雨，岁岁都听雷响栽秧。"

李家土锅塘（白族）

讲述：杨君合
记录：少峰 李荣 白族
1958年采录于剑川西乡

剑川坝子的西边，有一个村子。村里有一个六十多岁的老头，名叫李秀庭，是个老实的庄稼汉。他年纪虽大了，但老是闲不住，手头一有空，就拿一把锄头，把房前房后的空地都挖起来，种上各种各样的蔬菜。这个村子原来缺水，每逢冬春两季，浇园子的水都要到隔村五六里的海子里去挑。李老头每天天一亮就起来，到海子边挑水浇园子，路上看见哪家园子干裂了，就帮人家浇上几担。村里的人都非常感激他，说老人良心最好。

有一天，他老早就到海子边挑水，忽然有个渔夫气喘喘地向他跑来，问："大爹，可见三个穿白衣白裤白鞋子的小伙子跑过去？他们坐我的船，钱也不给就跑了。"

李老头说："大白天怎么会有这样的事！"

这时，渔夫突然看见三个小伙子一个跟一个正朝着村里跑，急忙转身就追了过去。追到村里，只见三个小伙子跑进李秀庭家里去了。渔夫跟了进去，看见一个老婆婆在台阶上编草鞋，就问道："老大妈！可见穿白衣白裤白鞋子的三个小伙子跑进来？"

老婆婆惊奇地回答："多阵呀，你怕看错了。"

渔夫想：她咋庇护这三个小伙子呢，一定是她家的人。但又不好意思说出来，再说自己也没有什么把柄，便想了想，又问："老大妈，你家有几人吃饭？"

老婆婆不高兴地回答道："我们一家三口人，老伴去挑水了，儿子不在家。"

渔夫没有办法，只得走了。刚到大门口，迎面碰见老头挑水回来，就说："大爹，我刚才追的那三个小伙子跑进你家来了。老大妈偏说没有，我是亲眼看见的呀！"

"好！我们再进去看看吧！"

老头一进屋就问老伴说："你见三个小伙子跑进我家没有？"

"没有看见哪！"老婆婆回答了一句。

老头放下水桶，就上楼去找。他一上楼就看见三个小伙子躲在墙角里，便去叫渔夫上楼看。等到老头和渔夫上楼来时，小伙子又不见了，只见三个土锅摆在那里。老头打开土锅一看，左右两个里是银子，中间一个里是金子。两人都很奇怪。

老头说："这是你的财帛。"

渔夫说："在你家，就是你的财帛。"

两人正在互相推让，霎时，三个土锅忽然又冒出了三颗明晃晃的银子。渔夫说："这三颗就算给我的船钱吧！"说完，就拿着银子出去了。老头捧着金子、银子走下楼来，把刚才的事告诉给老婆婆。两人都觉得很奇怪，商量了一阵，决定趁夜深人静时把金子银子埋到东山脚那棵梅子树下。

晚上，老头埋好金子、银子，回到家里，也和往常一样，没有把得到金银的事告诉儿子。

不知不觉过了五年，老头和老婆婆都得了病，病情十分危险。一天晚上，老头便把儿子叫到跟前，对他说："我们这一辈子，没有置下什么家产，只有两土锅的银子和一土锅的金子，埋在东山脚那棵梅子树下。日后你有困难，可以把它挖出来用。"老头说完就断气了，不几天老婆婆也死了。

为了办丧事，儿子便照着父亲指点的地方去挖金银。挖呀，挖呀，一连挖了好几天，一样都没有挖着，净是石头。儿子火了，他想："要是再挖不着，就不挖了。"正在发愁，眼前突然一亮，原来是一颗白晃晃的银子，再挖几锄又出了一个。他很高兴，便请了很多村里人来帮忙挖。说也怪，人多银子也挖得多，人少银子也挖得少。挖来挖去，挖到的银子只够开工钱，没有剩余的。挖了好几天，天天都是这样。儿子想没有什么希望了，当众说道："银子我不要了，谁挖着就算谁的。"这一来，村里来挖的人越发多了，大人小孩集了一大群。头几天每人挖到一点点，到后来连挖几天也挖不到了。银子没挖着，水倒聚了一大塘。塘水越聚越多，越聚越深，人们看到清悠悠的像大土锅一样的水塘子，高兴地说："这几天我们虽然没有挖到银子，但挖出了个水塘子，今后再不愁缺水，也不用再到海子边挑水去了。这塘水比金子、银子还贵重哪！"

从此以后，这个水塘就灌溉着全村的田地，世世代代永不枯竭。村里的人为了记住李家父子的功德，给它取了个名字叫"李家土锅塘"。

木匠故事

木神（白族）

讲述：赵鹤松 白族
记录：周天纵 李缵绪 白族
1961年7月28日采录于剑川西乡朱柳村

鲁班手艺高明得很，他做什么就像什么，人家想不到、做不出来的东西，他会想得到，做得出来。他做的东西不但好看，而且还是活的哩。有一年，田里的谷子遭了虫灾，害虫多得捉不完，灭不净，眼看黄澄澄的一片稻田就要给虫吃光了，乡亲们一个个都愁眉不展，可是谁也没有办法。这件事，鲁班知道了，就抬了许多木头来，刻了许多木鹰，一个个都是活的，一齐放到田里，一下子就把害虫捕捉得干干净净。

又有一次，鲁班去帮人建房子。要盖四合五天井一大院房子，可是木匠只有他一个人，这怎么办呢？鲁班就刻了许多木人，那木人一个个都是活的，样子跟鲁班一模一样，手艺也像鲁班一样高明。鲁班刻出了一个木人，就让木人又造十个木人，这样一造十，十造百地刻了许多木人。木匠有了，大家刨的刨，锯的锯，噼里啪啦地盖起房子来。

一天，鲁班的女儿给他送饭，一进院子，见这许多木人凿的凿，锛的锛，个个都像她爹。这饭该送给谁呢？小女孩只得提着饭篮，到处喊，到处问，可是木人都不说话，还是找不着她爹。小女孩找不到爹，把小屁股一扭，跑回家里来了。

回到家里，小女孩噘着嘴对妈妈说："你要我给爹爹送饭，可那里的木匠个个像我爹，叫我送给谁呀？"

鲁班的老婆听了此事，晓得是鲁班造的木人，就对女儿说："憨姑娘，那是你爹刻的木人！木人会做活，个个像你爹，可木人是木头做的，只会做活，不会出汗；你爹是人，做活就出汗，鼻梁上老是有三滴汗。"小女孩照着妈妈的指点，又提着饭篮给爹爹送饭去了。这回她一进院子就不喊也不问，一个个去认，终于找到鼻梁上有三滴汗的木匠。小女孩叫了一声"阿爹"，就把饭递给这位木匠。鲁班接住饭，不觉一怔，心里想：我的法道只有我才知道，到底又是谁教女儿的呢？就问女儿："你怎么知道我是你爹？是哪个教你的？"

女儿说："我妈教的，妈妈说帮你做活的是你造的木人，它们只会做活，不会出汗；爹爹是人，做活就会出汗。还说爹爹一做活，鼻梁上就有三滴汗，这样，我就把你找着了。"

鲁班听女儿说是妈妈教的，就想：我费了多少脑筋才想出来的办法，被一个女人家一下就识破了，这还有什么用！于是就把木人一个个拿来劈了，有些丢在火塘里，有些抛到江河里。眼看被烧的烧，被冲的冲，木人忍不住对鲁班说："用得着的时候，叫我帮你干活；用不着时候，就把我们烧的烧掉，冲的冲跑，这可不行！"鲁班觉得很难为情，就对木人说："以后凡是我的徒弟盖好一幢房子时，叫他们先敬你们，再敬我好了。"从此以后，木匠们每逢盖好了一幢房子，都要用三牲、酒礼祭木人，这就叫作"送木神"。

【附录】祭木神（白族）

讲述：杨金明　白族
记录：陈瑞鸿　白族
1980年采录于剑川沙溪

传说鲁班师傅来到剑川给白族木匠传艺，他看到了世间许多的不平事。平头百姓终日劳累，但吃的粗茶淡饭，穿的破衣烂衫。国王和大臣们，饱食终日，不劳而获，他们生活太富了。鲁班心里十分不快，决心要为穷苦百姓出一口气。

鲁班在暗暗地操办着一件事。他照自己的模样，精心刻下一百尊木人。等点血开光之后，这些木人就能把世间的恶人砍光杀尽，替穷人出一口气。

这天中午，鲁班媳妇叫女儿去给爹送午饭。可是不多一会儿，女儿回来了,噘着嘴说:"那么多的爹,叫我认哪个?"她妈说:"憨姑娘,哪个鼻子底下有热气的就是你爹,再去一趟吧!"

女儿找到鲁班后,鲁班想:一个女人还能识破我的奥妙,我这点本事算什么?一怒之下,就把木人毁了。

后来,白族人盖房子时,怕鲁班师傅发脾气,竖不好木架,所以都有在头天晚上祭木神的风俗。

张班去了鲁班来(白族)

讲述:杨玉树 白族
记录:段寿桃 白族　周天纵
1961年7月采录于剑川巩北石龙村

鲁班早先原本叫张班,他为什么要改称鲁班呢?这里面有一段故事。

原来,张班手艺高明,做东西,盖房子,又快又好。他的名声一传两传,连京城里的皇帝都知道了,便差人来把张班请去,叫他负责修建一座金銮宝殿。

张班带着木匠日夜不停地忙着,修了九十九个白天,又修了九十九个晚上。眼看快完工了,张班忽然发现自己做的橡子尺寸短了一截。原来画尺寸时搞错了。这一下可把张班急坏了。怎么办呢?金銮宝殿的工程可是误不得的;误了期,不杀头也得坐一辈子牢。他急得饭也吃不下,觉也睡不好。左想右想,想不出个办法来。后来只好骑着会飞的木马,丢下工程,悄悄逃回云南去了。

张班一路上很懊恼,怪自己真糊涂,怎么把尺寸搞错呢?唉!该死!该死!他手里拿着画签,不住地捶着自己的脑袋。不料,一不留心,把画签戳进了眼睛,把左眼也弄瞎了。张班一阵刺痛,把手一松,墨斗和画签就从空中掉了下来,恰好掉在剑川。这墨斗就变成了墨斗山,画签被剑川人拾得了。所以后来,剑川的木匠都很会画墨盖房,就是这个缘故。

张班回到家里,他老婆见他一脸是血,眼也瞎了一只,骇慌了,忙问他:"你怎么啦!出了什么事?"

张班连连叹气说:"祸事啦!祸事啦!"接着就把事情从头到尾说了一遍。

张班老婆一听，笑着说："我以为是什么了不得的大事呢。不怕！不怕！我教给你一个办法。"说完，就把自己做的伞拿出来给张班看。

张班看看想想，想想看看，忽然大声说："明白啦，明白啦，我有办法啦！"也顾不得眼痛，抓起伞，骑上木马，又飞往京城去了。

这时，京城里的工匠，因为张班悄悄地跑了，没有人领头，监工的在骂，做工的在吵，正闹得不可开交。

张班来了，他便对监工官说："这殿房我能继续修。"

监官一听："什么？你能修？连张班长两只眼的都没办法跑了，你一只眼的，还敢说这种大话？你是什么人？"

张班不敢说自己是张班，便说："我是鲁班。我说能修，自然就有办法。"

监官说："好，那你就修吧！误了期限是要杀头的喔！"

张班说："你放心好了，绝不误期。"

金銮宝殿又动工了，张班照着伞骨的原理，教匠人做了不少的"飞爪"，用飞爪斜撑出来，接在短了一截的橡子上。这样，不但橡子长短刚刚合适，而且比原来的好看得多了。

金銮宝殿修好了，又富丽又堂皇。匠人们对张班都十分佩服，跷起大拇指夸奖说："鲁班，你真行呵，连张班没法办的事，你却办好了，真比张班强多啦！"

这时，张班才笑着说："我就是张班呵！"可是，从此人们都叫他鲁班，不再叫他张班了。"张班去了鲁班来"的故事也越传越远了。

因为鲁班不小心自己戳瞎了一只眼，所以后来木匠吊线画墨时，只用一只眼睛，不然就看不准，看不清。又因为这次是鲁班老婆救了鲁班，所以，后来塑鲁班像时，总让他带着一把伞，那就是为了纪念鲁班老婆的。

杨木匠出门（白族）

采录：沈葆青 白族
1984年采录于剑川东岭

剑川北乡有个大木匠，名叫杨骏才。有一年冬天，杨木匠带着两个徒弟在公郎给一家头人做个神龛。这份活路真不简单：要在后檐墙上设计一个丈把多长、两几尺厚的宫殿式神龛，龛顶要出角架斗拱，正面窗户要能开能关，龛柱上还要雕龙画凤。不是巧手，拿不下那份活儿。自然，工价也是相当的，双方商定是一百两银子，一个月完工。那位头人还说："按期完成定加赏；过期不完要照扣。"开工后，两个徒弟真为师傅捏了把汗，可杨木匠却照样有说有笑喝茶抽烟。十天过去了，神龛的架子完成了；又一个十天过去了，该雕该画的活路也快完了。眼看再一个十天，一百两银子的工价就要到手了。谁想，就在这节骨眼上，一场大祸临头了。

　　清晨，太阳刚刚照到头人家的屋顶，杨木匠正喝着早茶，头人的使女急匆匆地跑来向杨木匠讨茶罐。杨木匠问："你找茶罐做什么？"使女说："昨晚，老爷的孙孙惊风，发高烧。少奶奶拿了只金戒指在茶罐里熬点金汁给他退烧，后来忘了收回戒指。老爷说一定是杨师傅收着了。因此，叫我来拿那只戒指。老爷还说，那只戒指是我家的传家之宝，能辟邪哩！"杨木匠一听，知道自己被讹了，便顺口说："既然这样，只好让我细细搜寻一下喽。"使女去后，杨木匠对徒弟说："青蛙叫，想喝水；豺狗叫，要吃肉。"说着就拿了把凿子把神龛上的龙眼珠抠掉。嘴里说："瞎你狗眼！"又把龙嘴巴里含的珠子也抠了出来。又说："叫你也上不了天！"随后就收拾起家什，带着两个徒弟闯出"虎口"，一口气赶了三站路。逃出了公郎境，杨木匠才松了口气说："这回可放心拉，豺狗可咬不着人喽。"

　　大灾难过去了，小困难一路是。到了南涧，杨木匠清理了一下荷包，只够三天盘缠。怎么办？杨木匠眉头一皱，计上心来：他们出门时，曾在南涧一家客店住宿，店主人敲诈去五十文钱，现在只好去……于是就嘱咐两个徒弟一路收拾烂草鞋，不多时就捡了一二十只。杨木匠把它扎成捆，外面再裹些稻草、松毛之类，然后摊开旧布单，打了一个包袱，挎在肩上。他嘱咐两个徒弟直往北走，就在岔路口相等。他独自进城去那家客店，一进店子就向主人要了个小房间和一把锁，然后把包袱放在床铺上，出来把门锁好。对店主人说："老板，我们师傅病了，小徒弟陪着师傅，隔会就到。我来打前站，由于来时匆匆忙忙，没带上钱。现只好向您借五十文钱、一个提兜，出去办点伙食。师傅一来，加倍奉还，绝不失言。"本来开店人是厉害的，但眼看着包袱已放在房间里，也就深信不疑，照数借给了他。杨木匠一出门就加快步伐，赶上了那两个徒弟……

　　后来，走到牛街那天，师徒三人无一文刮痧钱，肚子饿得咕咕叫，只得在村子边休息。杨木匠支使小徒弟进村讨点吃的，结果一家都不肯施舍。怎么办呢？这时只见一只老母猪带着一窝小猪走进村里。杨木匠心生一计，叫小徒弟把锣锅盖拿出来，跟着老母猪进村。一路上当当地敲着，果然有个老大妈出来请他们骟猪。进门后，杨木匠向老大妈要了一杯茶喝。茶刚喝过，老大妈饭熟了，邀他们吃饭。师徒三人正求之不得，嘴里说"请！请"屁股已移到饭桌边了。吃过早饭，老大妈把那窝猪吆进天井里。杨木匠偷偷地对徒弟眨了眨眼，说："昨天骟死掉的比这些大一点吧？"徒弟说："差不多！"老大妈的耳朵也真灵，一听就说："啊？那么再等上半把个月再骟吧！""也好，也好，那就谢谢大妈啦！"杨木匠连连道谢，忙告辞上路。

　　翻过拉渣坡，剑川坝子就像摆在手掌心里了。杨木匠长长地嘘了口气对两个徒弟说："阿弥陀佛！今天可以到家啦！几天来，我们干了一些不应该干的事，但有什么办法，那是头人逼着干的呀，今后可不能再这样了！"

木匠不做升斗（白族）

讲述：张长生　白族
记录：瑞鸿　乐夫　白族　瑞林　白族
1980年采录于剑川沙溪

　　"木匠不做升斗。"这是流传在剑川民间的一句口头话。

　　相传沙溪坝子有个张木匠，他的手艺做得好，四乡八寨都传名。盖房子的人都请他当画墨师傅，老百姓都尊称他张山神。

　　一天，隔壁张二婶请他做一口斗，张木匠就给她做了一个。第二天，邻居王大嫂又来请他做一个升。这个也来求，那个又来找，实在麻烦，本想一推了事，但张木匠想道：既然已给张二婶做了一口斗，那王大嫂的事，也不好推脱了。不然，人家说我看人说话。再说，大家都是隔壁邻居，总有相求互助的时候。这样，张木匠就给王大嫂也做了一个升。

　　隔了半个多月，就在一个街子天的晚上，张二婶来到张木匠家，皱着眉头说："你给我做的斗做小了，今天我上街买米，上当了，少量着好几升。"

　　张二婶话还未说完，王大嫂也跑到张木匠家，气冲冲地说："你给我做的升做大了，今天我上街卖米，折了好几升。"

张木匠吃力不讨好，又辛苦又受气，心里不是滋味。他右手托着腮帮仔细想了一阵，对她俩说："今后我一辈子不做升斗了。做大了不行，做小了也不行，买的人上也得罪，卖的人上也得罪，更要得罪那些千千万万种庄稼的老百姓。"

所以直到现在，木匠都不愿意给人做升斗。

巧取白银五十两（白族）

讲述：杨汉明 白族
记录：小鹏 白族
1984年采录于剑川弥沙
流传地区：剑川弥沙、羊岑

相传清朝乾隆年间，滇西一带的银矿刚开采兴盛。当时，丽江府境内的富龙厂、回龙厂和楚雄府境内的马龙厂都办得很热火。一天，朝廷派到丽江府来督办银课的使官老爷视察了兰州境内的富龙厂后，忽然雅兴大发，出一联曰："富龙厂回龙厂马龙厂三厂炉火三厂匠"，声称有对上者，情愿奉送白银五十两。过了一个月，无人应对。

年届春节，有一剑川羊岑的木匠路过兰州回家过节，闻悉使官老爷悬银征对的事，便去作应对，不过要求使官老爷摆出银子，请中人当众裁决才行。使官看木匠语不惊人，貌不出众，不过一个村夫，谅也无妨，便准木匠所求，但又诫约一条：须以地名对地名，如对不工，得倒赔出五十两银子。木匠应诺，坦然取过银锭，随口唱道："上羊岑中羊岑下羊岑一岑山水一岑人"。

使官听罢，惊服之余不由得暗自叫起苦来：眼看这五十两白花花的银子要被这野人掳走了，不行，待我唬他一唬。于是，便拍案而起，厉声吼道："大胆村夫，岂敢诳戏本官！本官学富五车，游历九州，从未闻有甚上、中、下羊岑之混账地名。还不快快与我将银锭放下，以免本官判你个诳骗钱财罪。"木匠嘿嘿一笑，不慌不忙地道："大人差矣，昊昊神州，皇天后土，一区一地，岂敢玩忽。上、中、下三羊岑乃堂堂剑川州所辖之地，为西通兰州之咽喉要冲，大人身为朝廷命官，岂能污大清疆土为混账而抛弃呢？"说罢，怀揣银锭，大摇大摆离去。

吾展务标（白族）

讲述：杨汉明　白族
记录：小鹏　白族
1984年采录于剑川弥沙

传说民国初年，剑川有个姓杨的木匠师傅出门卖工，在滇南一带帮一位姓王的民团司令盖了一座家祠。祠堂落成那天，王司令为了中堂上那一块匾额的题词，邀集乡里大大小小的文人学士到他家做客。

王司令满以为题几个字实在不需费什么周折，只要他一开口，客人们一定会竞相献才。谁知事情偏偏不遂王司令的心愿，他的求贤令发布完后，众文人竟一个两个推让起来。这个说才疏学浅，不敢造次；那个说久荒笔砚，怕贻笑大方。有的是真谦让，因肚里没多少墨水，怕出丑；有的则是假谦让，自恃才学高深，想叫别人把自己捧出来。结果，乱哄哄地折腾了几个时辰，研好的墨添了两次水，宴会的菜早已出锅等着，题匾的人却还定不下来。

一直坐在一边咂草烟的杨师傅实在有点看不下去了，他把烟锅杆往腰带里一插，站起来高声喊道："哎呀，我看诸位先生都是谦谦君子，我杨某倒不怕献丑，我来题怎么样？"

一看这布衣麻鞋的大木匠竟口出狂言，众人一下子都呆了。座中有位想露一手的前清举人，一看半路里杀出个程咬金，心里好生气。他绝不相信这苦力木匠会有什么才学，但转而又想，待他把事情弄糟了，自己再来收拾，岂不更妙。于是便高声说道："妙哉！妙哉！杨师傅毛遂自荐，必是高才，吾等当退避三舍，恭仰大笔。杨师傅，来，这边请！"说着便上前把杨师傅拉到案桌边，给他递过一支锄把般粗细的毛笔。杨师傅摆了摆手说："不用那玩意儿。"说着便脱下自己右脚上的草鞋，往墨砚里一蘸，在白生生的匾额上刷刷刷几家伙，涂出四个大字——吾展务标。

杨师傅的几下子把全院子的人都弄得傻了眼。围在案桌旁的众文人鸦雀无声，半天才有个人冒出这么几句话："哦，不简单！不简单！真是人不可貌相，海不可斗量，想不到杨师傅还来得这么一手好字。""那可不是，你们看这字刚柔相济，骨肉丰盈，真是入木三分。""不单书法好，这意思更精到，这是《四书》上的句子。""非也，此乃《易经》上的句子。"

众文人又叽叽喳喳地争吵起来，有的说语出《四书》，有的说语出《五经》，有的说《左传》，有的说出自《朱子格言》……

这时，管家又到王司令耳边催了一遍，说再不开宴，菜都要凉了。只见王司令腾地站了起来，大吼一声："别吵了，你们这群脓包！没听说过吗，剑川木匠有状元之才，什么牛经马经，左转右转，咱们杨师傅都读过，要不怎能写得出这么好的匾题。"

坐在一旁的杨师傅狠狠地咬住烟锅杆，差点笑出声来。他望望司令官和那群哼哼哈哈的文人学士，不由得暗自好笑："真是吾展务标！"

"吾展务标"是什么意思？它根本就不出在世界上任何一本书上，那是一句白族话，意思是"不伦不类的家伙"。

锯子的来历（白族）

讲述：赵志登 白族
记录：段寿桃 白族　郭思九
1961年7月29日采录于剑川西中下村

传说，鲁班是最早的木匠。后来剑川木匠出了名，也都是他教出来的。木匠用的工具，墨斗啦，角尺啦，等等，都是鲁班发明的。

那么，锯子是怎样发明出来的呢？

开初，做木匠活没有锯子，用斧头把木头砍断，再拿一把很薄很薄的刀子来把它削齐。那个时候，就是鲁班来削，也要花上好些时候，才能削好一根木头。

有一回，鲁班削一棵大木头，今天削，明天削，削了不知多少天，也没有削好，削来削去，换了好几片薄刀子，也没有把它削齐。鲁班削得实在不耐烦，冒火了，拿起斧头往薄刀子上砍了几斧子，把薄刀子顺手一丢，一屁股坐了下来。他好像是怪薄刀子不中用，恨不得把它砍烂，才消得掉心头的火气哩！话说回来，薄刀子削久了，容易钝，要磨，也实在太费时间了，怎能叫人不生气呢？

一个剑川徒弟看见师傅发了火，连忙捡起师傅丢掉的缺口刀子，说："师傅！你歇歇吧，我再削削看！"

刀子砍缺了，有缺口的地方就削不成，把木头削得凸凸凹凹的；一个人拿着缺刀,更不好削。这个徒弟就又喊来另一个徒弟,两个人各捏一头,一齐使力削。两个人用力有大有小,刀子忽上忽下,削下的木片有大有小,甚至碎不成片,倒飞出一些细末末来了。说来也巧,两个徒弟一看,一上一下,倒把凸起来的地方一下就削进了一个槽槽。他们干脆一拉一送,不太费力,很快就把木头削得比较整齐了。

鲁班坐在旁边看见了,可高兴啦!他叫徒弟停下来,拿起薄刀子,对两个徒弟说:"你们看,才砍了几个缺口,两个人一拉一送,比原先削得还齐。如果砍更多的缺口,不更省事、更削得齐了吗?"

这样,最早的锯子就制造出来了。

弯木头　直木匠（白族）

采录:陆家瑞 白族
1980年采录于剑川东岭

俗话说:弯木头,直木匠。话虽这么一句,得来可难啦。

从前,木匠没有墨斗,不会弹墨线,盖房子只得以直就直,随弯就弯。盖出的房子很不好看,也不牢实。到了鲁班师傅手上,凭他眼水好,心灵手巧,替人家盖房子专门选伐标直的树。这样,他盖的房子好看多了,也牢实多了,鲁班的名气就渐渐地大起来了。

鲁班师傅有了名气,很多人来向他学手艺,拜他做师傅,鲁班师傅收了六六三十六个弟子。

鲁班带着三十六个弟子替人家盖房子,弟子们的眼水就不如鲁班,不会选标直的树,常常把歪木头也砍了下来,出了很多废料。鲁班师傅很苦恼,可是一时也想不出办法来。

有一天,鲁班到料场上选料,翻翻这根是弯的,翻翻那根也是弯的。心里很气,就懒心懒意地从料场上回到家里。

鲁师娘正在家里理麻,准备纺线,见鲁班闷闷不乐,就问他遇到了什么不顺心的事?鲁班就把徒弟砍来一堆弯木头的事告诉她。鲁师娘想了一想,说:"我能把乱麻理齐,纺成粗细均匀的线,你就不会把弯木头削成直木头吗?"

鲁班师傅一听，觉得很有道理，就高高兴兴地转回料场去了。他的眼水好，心灵手巧，弯木头到他手里，一下子就削成直木头啦。他把徒弟们喊来，叫他们照着样子削。徒弟们的眼水没有他好，也不如他巧。不是削多了，就是削少了。怎么也削不直，还是出了很多废料。

鲁班师傅很生气，又闷闷不乐地回到家里来。鲁师娘正在纺线，问他又碰上什么不顺心的事，鲁班又把徒弟们不会整治弯木头、出了很多废料的事告诉她，鲁师娘想了想，说："我把麻线织成布，你就不会在木头上划一根线，叫徒弟们照着削吗？"

鲁班觉得很有道理，用食指敲了几下自己的额头，怪自己没有想到这一层，就回到料场给徒弟们画线去了。

徒弟们照着鲁班画的线削，削得又直又快。这下子，鲁班忙得不可开交啦，自己连活计也做不成，又闷闷不乐地回到家里。鲁师娘正在裁布，听鲁班说，为了给徒弟们画线，忙得活计也做不成，便抓起裁布时弹线用的"粉包"，递给鲁班："我把粉包借给你用吧！"

鲁班师傅觉得非常有道理，心想：回回照妻子的办法做，妻子不就成了自己的师傅啦？这回得反她一窍，她用灰弹线，我用水弹线。于是，就做了一个墨斗。

从此，木匠师傅有了墨斗，世间有了"弯木头，直木匠"这句话。

公榫母榫（白族）

采录：陆家瑞　白族
1980年采录于剑川东岭

从前没有公榫母榫，盖房子很费事：小木头用钉子钉，大木头用绳子绑。木匠去帮人家盖房子，木匠的妻子就得跟着去搓绳子，搓得手板心起水泡。

鲁师娘也一样，鲁班师傅去盖房子，她就得跟着去搓绳子。后来，鲁班想出了榫头榫眼，省事多了。可是没有想到公榫母榫，榫头是直直的，榫眼也是直直的，怎么也拉不紧，还是费绳子。

有一天，鲁班师傅想着榫头榫眼的事，想得忘了吃饭，喊他也听不见。

鲁师娘拉着他的手，叫他吃饭，他不想吃，想把手缩回来。由于他想事情的时候，把手捏成一个拳头，拳头被鲁师娘拉着，怎么也拉不脱。鲁师娘见了，灵机一动，笑着说："莫憨想啦，这样不就成了么？"

鲁班师傅知道妻子聪明，听她一说，忙问："你说什么？"

鲁师娘用另一只手指着他的拳头说："这不是明摆着么？"

鲁班一看，恍然大悟，连声说："好好好！妙妙妙！"

鲁班师傅和鲁师娘一起做了个头宽腰窄的榫头、内宽外窄的榫眼，有的往上扣，有的往下扣，一扣就扣紧了。

后人把这种榫头和榫眼称作公榫和母榫，在扣这种榫的时候，常常止不住地夸三声好，叫三声妙。

有了公榫和母榫，盖房子的时候，木匠师傅们的妻子就不消再跟着去搓绳子了。

门拐子拐出磨心轴（白族）

采录：陆家瑞 白族
1980年采录于剑川甸南

自从有了公榫母榫，鲁班师傅出门盖房子，鲁师娘不消跟着去搓绳子，就在家中料理家务。

那时候，磨还没有造出来，饭食很粗糙，五谷都是整颗整颗地煮吃。鲁师娘就对鲁班说："老倌呀，你能造这样造那样，怎么不造一个能把五谷整碎的东西，我好给你煮饭。"

鲁班师傅把这件事记在心里，过了不久，就背回两块圆石板，放在簸箕里，抓一把五谷放在石板中间，上下一磨，五谷就磨成了粉粉。

有了这两块石板，饭食煮起来省柴省事，吃起来也好吃。做起来却费事了。磨五谷，不但费劲，又费时间。鲁师娘忙得不可开交，不像以前煮上一锅五谷，只消在灶门前添柴加火，可以坐下来歇口气，补补衣服。

鲁师娘整天忙出忙进，开门关门，忽然想起以前没有门拐子的时候，开门关门十分费力。后来鲁班想出了门拐子和门臼，开门关门就方便多了。她心里骂道：死老倌呀死老倌，你怎么就没想出在两块石板间也安一个门拐子，凿一个臼洞，害得我好苦！

鲁师娘是巧木匠的妻子，斧斧凿凿也搬弄得来，她想得到做得到，哗哗啪啪几下子，就在上面的那块石板上安上一根轴，下面那块石板上凿了个小圆臼，再安上一根扶手棒。试推了几下，上面的石板很轻易地就转起来。怎么放五谷呢？鲁师娘就在上面那块石板上凿了个洞洞。磨了一会儿，开头很好磨，后来就磨不动了。鲁师娘翻开石板一看，原来五谷掉进臼洞里，卡着磨心轴。她想了想，就把磨心轴改安在下面的石板上，把臼洞洞改凿在上边石板上。这样，好磨多了。

鲁班师傅回来，见鲁师娘不煮饭，又砍又凿，就问："老婆子，你在做什么？"

鲁班背回石板后，还来不及给这个磨五谷的东西取名字，鲁师娘也一时喊不出名来，想说是磨五谷的石板，"磨"字才刚出口，鲁班师傅见石板在妻子手下飞转，高兴地说："好啊，你取了个好名字：磨。对，就把这东西叫作磨。"

"磨"就是这样来的。因为鲁师娘从门拐子想出在两块石板中间安根轴，所以就有"门拐子拐出磨心轴"这句话。人们把上下磨盘叫上扇下扇，也是从"一扇门"这个词得来的。

"巴掌"的来历（白族）

采录：陆家瑞 白族
1980年采录于剑川甸南

木匠师傅刨木料时，在木料的顶端钉上两块像手巴掌一样的木头，把木料夹着。这样，木料稳稳当当，任你怎么刨也行。这两块木头叫作"巴掌"。说起它，还有一段鲁师娘的故事哩。

自从有了鲁班尺（木匠尺）、墨斗、推刨、锯子、凿、锛、钻等木匠工具，鲁班就在家里做桌椅板凳家具什物。那时还没有"巴掌"，鲁班刨木头的时候，就叫鲁师娘双手握着木料，在前面用力顶着。这样刨，头很难刨平。出手轻了，刨不着凸凸凹凹的地方；出手重了，一不小心，推刨就顶着人。

有一次，鲁班的推刨出手时用力过重，刨头撞着鲁师娘胸口，刨片划着她的手掌，把鲁师娘撞倒在地上，两手血淋淋的。鲁班慌了神，丢下推刨，赶忙来拉鲁师娘。

鲁师娘坐在地上，望着双手发呆，就是不起来，鲁班搓着两手，不知怎么办好。

鲁师娘呆呆地想了一会，突然笑着站起来，抓起锯子，锯了两块手巴掌样的木头，钉在刨木料的架架上，让鲁班把木料夹在这两块木头中间来刨。这样就不需要人在前面扶着，不会撞着人了。

鲁班师傅很钦佩鲁师娘的这个办法，把这两块木头称作"巴掌"。后来，木匠们把木"巴掌"换成一块带齿的铁片，但还是一直叫"巴掌"。

木马三只脚（白族）

采录：陆家瑞　白族
1980年采录于剑川甸南

鲁班出门做手艺，雕了一匹会走的木马回来，雕得和真马一样，胸阔背圆。只要把马耳朵扭朝前，木马就会行走如飞；把马耳朵扭朝后，木马就停脚站住。鲁班骑在马上，非常高兴，心想：以后做活，让木马驮着木料，不消再费事搭架子了。过去用架子，几个人一起做活，碰碰撞撞，碍手碍脚，很不方便；要是让木马驮着，各到各的一方去做，就好得多了。

鲁班到了家里，把自己的想法告诉鲁师娘。鲁师娘也认为这个办法巧，两人动手把木头架在木马上试一试。哎呀呀，不行哪，木马一走，木料就滚了下来；叫木马站着不动，方木还好，圆木在马背上滚来滚去，试了几次都整不成。鲁班一时冒火，抓起一根木棒，把木马的一只脚打断了。木马成了三只脚的跛马，斜倒在地上。

鲁师娘不生气，她望着木马，思量着木头滚动的原因。她走到木马前，仔细打量，见木马三只脚反而很稳。她没有鲁班那样高的手艺，就拿来三根木头，锯成六节，做了一对三脚木马。啊咿咿、啧啧①，把木头架在这两只

---

① 啊咿咿、啧啧：白族人的感叹语。

木马上，要砍要削，十分稳当，还可以随心翻动木头，要砍哪点，要削哪面，一翻就行。鲁师娘高兴地叫起来："老倌呀，你快来看！"

鲁班师傅走出屋来，一见妻子只用三根木头就做了一对三脚木马，虽然粗糙，倒比自己精雕细刻的木马实用。就说："好呀，老婆子，你这三脚木马比我那四脚木马还顶用呢！以后盖房子祭木神，先祭你的三脚木马。"

从此以后，盖房子祭木神，要做一对小小的三脚木马，供在祭坛上先祭它，以纪念鲁师娘。

将错就错一尺三

采录：陆家瑞 白族
1980年采录于剑川甸南

"木匠怕短"这句话不是没有道理的。绳子短了可以接，钉子短了可以再打长一点，木头短了一寸两寸，你怎么接呀？盖房子竖柱上梁，特别忌讳一个"短"字。梁头短了，就说"天宽"；柱子短了，就说"下欠"。这"下欠"二字中，还有一段鲁师娘的故事。

相传，有个皇帝要盖金銮宝殿，听说鲁班是天下闻名的能工巧匠，就下了一道圣旨叫鲁班来主持建盖。鲁班师傅带着鲁师娘来到京城，传话叫他的三十六个大徒弟、七十二个小徒弟来帮忙。大家一口气干了九九八十一天，中柱、厦柱、京柱、承重、挂方、里方、大插、小插、京插、照面、地脚都做好了，定于八月初八黄道吉日竖柱上梁。

八月初七搭架，鲁班发现一个粗心的小徒弟把一棵厦柱做短了三寸。明天就要竖房子，重做已经来不及了，鲁班一时想不出办法来，愁得饭也吃不下。

鲁班师傅回来找鲁师娘，说："老婆子，你平时聪明伶俐，这件事能想想办法么？"

鲁师娘一时也想不出办法来，两个人你看看我，我看看你，愁得一夜睡不好。

五更的时候，皇宫里响了三通鼓，皇帝要临朝了。鲁师娘听到鼓声，推了一把身边的鲁班说："有了，有了！桌子不稳用小石头垫着；柱子短了，就不能拿大石头垫着么？何不将错就错一尺三，把整排厦柱都锯短一尺三，打几个一样大小的石鼓垫着，又好看，又牢实。"

鲁班听了，高兴地骨碌一下翻身下床，叫起徒弟，锯柱子，打石鼓。

金銮宝殿竖好后，皇帝跑来一看，见厦柱下的石鼓非常好看，很高兴地问鲁班：这些石鼓叫什么？鲁班顺口道："这叫'厦鼓'。"

后来盖大殿时，就是厦柱不短，也要故意锯短掉一尺三，下面放厦鼓，这就是"下欠"的来历。

鲁班传《木经》※（白族）

讲述：杨天诚 白族
记录：陆家瑞 白族
1980年采录于剑川甸南

滇西有一句俗话：丽江粑粑鹤庆酒，剑川木匠到处有。的确，剑川木匠很多，手艺也好：起房盖楼，建亭造阁，出角架斗拱，雕龙刻凤凰，无有不会，因此被称为"木匠之乡"。据传，"木匠之乡"四个字，是很久以前鲁班亲口封赠的。

剑川山高水冷，土地瘠薄。勤劳善良的白族人民，从年头苦到年尾，一年收获只够三四个月的口粮，很多人不得不学习手艺，出外谋生。

有一年，皇上要盖"揽月楼"，征召各地工匠应役。有个剑川木匠，和他的儿子阿生波一道被征到工地做手艺。

"揽月楼"依山傍水，工程非常艰巨。鲁班下凡显灵，打算点破木匠们，让他们早点完工，好回家去。就化成一个穿得破破烂烂的老倌，背着破旧的黄竹扁篮，里面放着一只破旧的墨斗和一把鲁班尺，到工地上来。木匠们见老倌破衣烂裳，很少有人理睬他。

有一天清早，鲁班来到阿生波父子做活的地方。阿生爹到大掌墨师那里商量活计去了，只有阿生波一人埋头做活。

※《木经》：相传是鲁班祖师传下的关于建筑学的经典，实际是口头相传的建筑经验。剑川白族木工，皆能建造房屋，雕刻佛像，兼能彩画墙壁，持有神咒，据说能趋吉避凶。《木经》是父子、师徒单传的，因此渐渐失传了。

阿生波见老人衣裳单薄，冷得发抖，心中过意不去，就抱了一抱木渣，把火塘里的火烧得旺旺的，对老人说："阿大爷，天这么冷，你家要到哪里去？快过来烤烤火，暖暖身子。"

　　鲁班一声不响地走上前，坐在火塘旁烤火。阿生波做了一阵活，心想：这老人真可怜，这么大年纪，还出来谋生做手艺，该给他烧一杯茶，就停下活计，翻出他爹的茶罐，烤了一罐香喷喷的酽茶，双手敬了老人家三杯。

　　鲁班接过茶喝了，默默地看着阿生波做活。阿生波埋头做了一会儿，又想：怎么忘了给老人递烟呢？又放下手中活计，翻出他爹的"兰花烟"，抓了一把，恭恭敬敬地递给老人。

　　鲁班不声不响地接过烟，在火塘旁吧嗒吧嗒地抽着。阿生波又埋头做活去了。

　　日头已有三竹竿高了，阿生波放下活计，去淘米煮饭。他见老人还没有走，就多淘了一碗米。鲁班见了问："阿侄子，你们父子俩顿顿吃三碗米么？"

　　"只吃两碗。"

　　"今早你怎么多淘了一碗？"

　　"阿大爷，你也吃呀。"

　　"这怎么行？喝了茶、吃了烟就得了。"

　　"都是出门谋生的，有了大伙吃。阿爹常常这样嘱咐我。"

　　鲁班听了，更喜欢阿生波，有心把《木经》传给他。便问："阿侄子，你是哪里人氏？"

　　"云南剑川。"

　　"你爹有你这个好儿子，老来有靠，不会像我老了也要出门谋生。"

　　阿生波见老人夸他，红着脸说："阿大爷，我们剑川人个个都是这样。我年轻不懂事，俗话说，早生三天，多知三台事①，你老人家要多开导开导我，特别是手艺上的功夫，看你家是在行（内行）人，要多点拨我哩。"

　　鲁班见阿生波为人忠厚，说话入情入理，就问："阿侄子，你这小铜锣锅能煮得下一万碗米么？"

　　"阿大爷，这么小的铜罗锅，再多两碗就煮不下啦！"

　　"我们鱼日村的小罗锅就煮得下。"

---

① 三台：方言，三件或很多之意。

鲁班从黄竹扁篮里拿出尺子,递给阿生波说:"我把这把尺子送你,你好好读读上面的字。"

阿生波接过尺子,见上面刻着"不依规矩不能成方圆"九个字。轻轻地读了两遍,似懂非懂地说:"我知道这是一句好话,可是识字不多,阿大爷,你能给我讲讲吗?"

鲁班见阿生波似懂非懂,知道他难以理解《木经》。好在鲁班走过很多地方,懂得入乡随乡、入土随土的道理,也会唱白族调子。就把《木经》编成白族调,对阿生波说:"阿侄子,我再教你一段民家①调,只要你唱熟了,领悟了,再教别人,你的小铜锣锅就煮得下一万碗米啦!"

"有这么神?阿大爷请快教吧!"

鲁班一面比画,一面唱起来:

方五斜七不用量,
见尺收分两山扬;
九五方墨出六角,
鱼抬紫金梁。
四柱不齐为下欠,
上七下八短就长;
圆是过心三倍一,
飞角架龙马。②
……

鲁班教一句,阿生波跟着学一句;鲁班比画一下,阿生波也跟着比画一

---

① 民家:白族旧称。
② 这段白族调是民间流传的《木经》之一,是木工匠艺的基本口诀。
方五斜七:正方形边长为五,则对角线约等于七。
见尺收分:是建筑物每高一尺,顶端往里收一分。如房高一丈八尺,则房顶收缩一寸八分。
九五方墨出六角:做方六形建筑或木质器皿时,先画一个长九宽五的长方形,再做两条对角线,在对角线交叉处再作一条与长边成直角的线,这三条线相交成六个相等的对顶角。以交点作圆心,以相等的长度在六条线上各取一点,把这六点连接起来,便成了一个标准的六角形。
鱼抬紫金梁:又叫鱼抬梁。在大梁下放两节鱼形垫木,起保护和承受大梁榫头的作用。
四柱不齐为下欠:柱子短了,不够部分或垫木或垫石,叫下欠。
上七下八:一般居家住房,楼板到过梁处为七尺,地面到楼板处为八尺。
圆是过心三倍一:过心即直径,圆等于直径的三点一倍。
飞角架龙马:出角时,角下垫的垫木叫龙马。

下。从起房盖屋唱到造木人木马，阿生波学着学着，心里顿时开了窍。平时他爹讲木匠口诀，他怎么也弄不通，这个老大爷教的白族调却很容易懂。他学得入神，忘了罗锅饭。鲁班见阿生波心窍通了，就叫起来："阿唠唠，饭糊喽！"

阿生波赶紧转身提小罗锅，等他转回来，鲁班已走了。阿生波不知道，以为老人家去解手，就赶紧炒菜煮汤。

阿生波煮好了菜和汤，还不见那老人回来，就大叫："阿大爷！阿大爷！"

刚巧这时，阿生爹回来了。阿生波把老人家给的尺子拿给他爹看。他爹一看这把磨损了的尺子，就知道这老人是一位能工巧匠。阿生波把老人教他的白族调唱给他爹听，他爹十分惊奇，忙问："这位阿爷在哪里？"

"刚才还在这里，才不见一会儿，他的竹篮还在这里，我以为他是去解手……"

"他是何方人氏？"

"他自己说是鱼日村人。阿爹，我去找他吧……"

阿生爹终究是个老木匠，开头还以为阿生波见着的是一位非常内行的落难木匠山神①，后来听到"鱼日村"三个字，就猜想一定是鲁班下凡，连忙摆摆手说："阿生哪！你有眼不识宝，你怕是遇着鲁班啦！鱼日二字合起来，不是鲁字么？"

阿生爹话还没说完，半空中响起了鲁班的声音："你们父子俩修好揽月楼后，就赶快回乡传艺，我已把《木经》传授给你们了；你们要教给剑川人，我封你们剑川为'木匠之乡'，黄竹篮中的墨斗也送给你们父子俩用。"

阿生爹忙拉着阿生跪下："谢谢老宗师。"

"揽月楼"修好后，阿生波和他爹回到剑川，把遇到鲁班的事讲给乡亲们，大家很高兴，都来向他们父子俩学《木经》。一传十，十传百，剑川木匠越来越多，代代相传，真的成了"木匠之乡"。千千万万的木匠出门谋生，都带着小铜锣锅煮饭吃，真的应了鲁班那句小罗锅煮得下一万碗米的话。

由于当时的匠人很忠厚，缺少心眼，没有把《木经》写下来，只是口耳相传。传到后来，只剩下几句啦，至今人们都很惋惜哩。

---

① 山神：是对木匠中能主持建筑设计、掌握尺寸、画墨的大师傅的尊称。

篾圈圈和小木槌（白族）

讲述：尹应清　赵鹤松　白族
记录：李缵绪　白族　周天纵
1961年7月采录于剑川朱柳

从前，有个叫阿松的孩子，家里很穷，年纪小小的就去学手艺。

学手艺可苦啦！师傅心肠好的，还稍稍好一点；碰上师傅狠心，那日子可难过啦，只要稍有一点点不合，不是挨打，就是挨骂。

阿松的师傅是一个狠心肠的人，投师三年，阿松常常眼泪泡饭过日子。

有一回，阿松跟着师傅去修怒江桥。师傅把煮饭烧茶的事都归给阿松，还规定他每天刨十棵大柱子。刨柱子活计简单，却很费力，阿松从早到晚地忙，也免不了挨打受骂。有时师傅还叫他烧起木渣赶夜工。

有一天，工地上来了一个穿得破破烂烂的老头，手里拄着一根竹棍。修桥的木匠们都把他认作是讨饭的，谁也不理他。阿松见老人又冷又饿，怪可怜的，每天总是热情招呼他："老爷爷，来来来，天气冷，到这里来烤火。"

做饭的时候，阿松悄悄地留下一个饭团，等大师傅和其他木匠都走了，就把饭团塞到老人手里，叫他吃。老人吃了饭团，就不声不响地走了。这样过了一个来月。

有一天，老人吃饭后没有走，坐在火塘旁问阿松："小兄弟，你是烧饭呢？还是做活路呢？"

"活路也做饭也做。"阿松回答。

"做什么活路？"

"刨大柱子。"

"柱子好刨吗？你一天刨几棵？"老人关心地问。

"柱子可难刨啦。师傅叫我每天做饭，还要刨十棵柱子。刨得不光溜，师傅要骂；刨不够一棵，师傅要打。"阿松说着，不由掉下泪来。

老人安慰阿松说："小兄弟，不要哭。我送你一个篾圈圈，以后你刨柱子时，只要把这个篾圈圈套在柱子上，从头拉到尾就成了。但是你要记住，每天只能拉十根，不要多拉。"

说罢，老人从怀里摸出一个篾圈圈，递给阿松，就走了。

老人走后，阿松半信半疑地拿着篾圈圈去试了试。果然，只要把篾圈圈套在柱子上，从头到尾一拉，柱子又光又滑，刨得白花花的，吃一锅烟工夫，就拉了十根。阿松想再拉几根，但想起老人的话，就不拉了。

晚上，师傅回来了，见阿松的饭菜已经煮好，十根柱子也刨得又光又圆，脸上第一次露出了笑容。

有了篾圈圈，阿松省力多啦，师傅不打不骂，日子比以前松心多喽。他非常感激老人，可是老人给了他篾圈圈后，一直没有再来。

过了十多天，还不见老人的面。这一天，阿松一边想念老人，一边用篾圈圈套柱子，心神不定，一套就套了二十多根。阿松非常懊悔，可是来不及了。

晚上，师傅见阿松一天刨了这么多的柱子，感到很奇怪，就问："阿松，这些柱子都是你今天刨的吗？"

阿松说了声"是"，师傅火冒三丈，抽起一根棍子就打，边打边骂："今天你怎么刨了这么多，这不说明往日你偷懒了吗？叫你每天刨十根，你还叫苦不迭，今天为什么刨出二十多根？从明天起，你每天得刨三十根。"

阿松打不过，只得把老人送篾圈圈的事说了出来。师傅拿篾圈圈去套柱子，左套右套怎么也不灵，一气就把它丢到火里烧了。

第二天早上，阿松一边煮饭，一边伤心地抹泪。老人来了，阿松扑上去呜呜地哭着，把昨晚的事情告诉老人。老人叹了口气说："唉，谁叫你不记住我的话呢！不要紧，我给你一个小木槌。现在大山神正在江边打铜桩，打不下去。你藏着小木槌去，只要敲三下，就能把铜桩打下去。你事先得跟他们讲好价钱，一百两银子一槌，少了不要打。打完后，把木槌丢到怒江里，带上银子回家，孝养你的父母。这里的饭我帮你煮，我会和你师傅说。"

说罢，就把小木槌递给阿松。

阿松来到江边，真的见大山神领着一伙人打铜桩。这铜桩又粗又长，几个身强力壮的汉子，抢着百十斤重的大石锤，轮流着乒乒乓乓地打，想把铜桩从桥墩上打下去。可是，打了半天，累得筋疲力尽，一分也没有打下去。

阿松上前说："大山神，这铜桩我能打下去。"

大山神看了阿松一眼说："不要瞎说，你一个小娃娃哪里会有这样的本事。"

阿松装着大人的口气说："没有金刚钻，不揽瓷器活。你不信，让我试给你看看。"

说完，阿松爬到架上，举起木槌轻轻一敲，铜桩就被打下半尺。

打桩的人大吃一惊，齐声叫好，说："好，小兄弟，你再打几下，把铜桩打下去吧！"

阿松举着小木槌，不慌不忙地说："打是可以打，但是得先讲好价钱，一百两银子一槌，打几槌就几百两，一点也不能少。"

大山神心里想：怎么会有这么怪的事！信吗，太稀奇了；不信吗，亲眼看见。只好答应说："好吧，就给你一百两银子一槌。"

"不许反悔！"阿松说。

"当然不反悔，我把银子摆在这儿，打好铜桩，你就拿去。"大山神爽爽快快地，吩咐身边的人去拿银子。

阿松站在木架上，叉开两腿，举起木槌重重地打了一槌，只听见"通"的一声，铜桩就下去了一大截。第二槌下去，"通"的一声，铜桩又下去了一大截。在场的人都看傻了。当阿松举起木槌正要打第三下的时候，大山神一看，忙叫道："轻点，轻点，只要轻轻地半槌就够了。不然就打多了。"

结果只打了两槌半，铜桩就打好了。阿松想起老人的话，顺手把小木槌丢进怒江里。

阿松拿了二百五十两银子回到家里，把事情告诉了爹妈。他妈高兴得笑出了泪花，他爹连声说："阿松，你怕是碰到鲁班爷爷啦，是鲁班爷爷有意搭救你哪！"

木马浸水一分三（白族）

讲述：赵文昭 白族
记录：李缵绪 白族　郭思九　周天纵
1961年9月采录于兰坪县黄梅村
流传地区：剑川 兰坪

不知什么年代，剑川有个木匠师傅到鹤庆去做手艺，交了一个鹤庆师傅做朋友。天长日久，两老友之间的友情越来越深厚。包工做活，总是邀邀约约，合伙去做；平时吃饭睡觉，也总互相关照。人们都说："木匠心肠好，朋友两家亲。"

有一年，鹤庆县要盖一幢钟鼓楼，到处寻访手艺高明的木匠师傅来掌墨。两老友听说，就邀约着去见鹤庆的绅士，说："听说县里要盖钟鼓楼，这活儿就让我们两老友包下吧？"

绅士问："谁做掌墨山神？"

鹤庆师傅说："他，我的老友。"

绅士又问："你们能包得下这个活计？光'辣子钱①'就有一百两银子！"

鹤庆师傅又说："没有金刚钻，不揽瓷器活。我的朋友是剑川有名的大师傅。"

绅士们听这么说，就把钟鼓楼的活计包给他们。

"鹤庆要盖钟鼓楼，光'辣子钱'就给一百两银子。"这话很快就传到各县，四面八方的木匠都赶到鹤庆来包揽这门活计。可是到鹤庆一打听，钟鼓楼已经给两老友包下了。有的人心里很不服气，就跑到绅士们面前挑唆说："盖钟鼓楼是百年大计，钱多少是小事，盖得好不好是大事，看他们两老友呆头呆脑，不要说盖得好，能不能盖起来还说不定呢。还是请多斟酌斟酌，以免后悔。"

绅士们听了这番话，主意就有些变了，对两老友说："两位师傅，趁现在还没有动工，你们再考虑考虑吧，要是你们包不下这项工程，我们好趁早包给别人，不要占着台子唱不成戏，那我们可不答应呵！"

两老友一听，知道有人捣鬼，就说："说话先给牙齿商量，牛皮再大也盖不成房子，还是请你们考虑考虑吧！"

木匠们这个说这个的手艺好，那个说那个的手艺精，这可把绅士们难坏了，只得报给县官老爷。县官说："这事好办，明天你们把木匠们都叫来，我自有办法。"

第二天，县衙门里挤满了木匠。县官升堂，见木匠们吵吵嚷嚷，便敲了三下惊堂木，大声问："你们到底是谁的手艺高？"

"我们的手艺最高明！"各地来的木匠们说。

"手艺不高明，哪敢包盖钟鼓楼！"两老友说。

大堂上又争吵起来，闹成一片，县官又敲了三下惊堂木，大声喝道："吵什么？本官自有办法！"说完，用眼睛瞟了瞟旁边的差役。

差役忙上前说："禀告老爷，他们各人说各人的手艺高，依小人之见，不如叫他们各自做一个三脚木马，把木马放在池塘里泡上一夜，再拿出来，看哪个的木马榫口里浸水最少，哪个的手艺就最高明，这钟鼓楼就包给他。"

---

① 辣子钱：包工时算各种费用，辣子钱就有一百两银子，说明工程比较浩大。

县官觉得这个办法很好，就叫木匠们回去做木马，写上名字交来，木匠们也觉得这是个办法，就各自回去了。

木匠们做好木马，写上各人的名字，交到县衙门里，县官当着木匠们的面，把木马统统泡到池塘里，派兵丁把池塘看守起来。

第二天，池塘旁边聚集了不少人，有的还从百里以外赶来，想看看这"木马浸水"的案子。木匠和绅士们都到齐了，县官叫人把木马从池塘里捞出来拆开。一个一个用尺子量榫口的浸水深浅。结果，各县木匠做的木马的榫口，浸水最少的也有三分三；剑川木匠做的木马的榫口，浸水只有一分三。县官看罢高声判决说："此案经当众验明，剑川木匠的木马浸水一分三，数剑川木匠手艺最高明，钟鼓楼还是包给他两老友做。"

两老友受众人称赞，别的木匠哑口无言地走了。从此，剑川木匠"木马浸水一分三"的名声传遍了滇西。

二七一两三（白族）

讲述：杨玉树 白族
记录：段寿桃 白族 周天纵
1961年7月采录于剑川北乡石龙村

从前，剑川有一个木匠，去给一家财主干活，讲好工价是七厘银子一天。做了二十天，活计完了。结账的时候，财主见木匠规矩老实，觉得好欺负，便对他说："大师傅，你一共做了二十天工，每天七厘，二十天嘛，二七一两三。"说完，就称了一两三银子递给木匠。

木匠明知自己吃了亏，但还是不声不响地接过了银子。过一会，他笑嘻嘻地来对财主说："东家！我在这里做了二十天工，承蒙你殷勤招待，现在我要回家去了。今天赶街，我想去买点东西，看个月份日子，再起身上路；东家有新衣裳借我件穿穿，也体面体面。要是小少爷没事，我想带他到街上玩玩，我的家什背箩放在家里，回来时再拿。"

东家心想：这个人平时怪老实的，大概不会有坏主意，而且他木匠家什还在这里，也跑不了。至于娃娃么，让他带去买些吃的也好，家里还可以省顿饭。这样，财主也就满口答应了。

木匠穿上新衣裳，带着小东家，把一个盖严了的背箩放在门背后，另背了一个箩上街去了。临走时,他对财主家的一个丫头说:"阿大姐,假使晚上东家找我,就叫他到门背后那里找好了。"丫头毫不在意地点了点头。

木匠到了街子上,带着娃娃到饭馆里去,叫上几个好菜,吃了个一醉二饱;然后,他对馆子铺的主人说:"大老板,我把钱带忘了,先把小少爷押在这里,我马上回家拿钱来还你,可以吗?"

大老板晓得是财主家小少爷,也就答应了,木匠提起背箩,走出饭馆,快步走掉了。

天都黑尽了,财主还不见木匠和娃娃回来,心里扎实着急,赶忙派人到处去找木匠。这时,丫头忽然想起木匠临走时说下的话,就对财主说:"老爷,师傅走的时候说,要是晚上东家找他,就到门背后找吧。"

财主听了,急忙跑到门背后去看,可是门背后没有人,只见木匠写下的一首诗:二七一两三,莫把剑川人当憨,拿你儿子换饭吃,还赚得一件新衣衫。财主看了,气得话也说不出来,连忙把木匠的背箩拉过来,揭开一看,里面只有几截烂木头。原来木匠家什早被木匠背走了。财主没法,只好自认晦气,拿了钱去到饭馆,把那个哭哑了喉咙的小儿子赎回来。

"拉木经"和"压木经"(白族)

采录:陆家瑞 白族
1980年采录于剑川甸南

传说古辈子有位杨山神,他为人精明能干,做事认真细致,本事十分高强,泥木、漆木①,门门在行。木匠当中,算得数一数二的山神。

有一年,杨山神带着徒弟杨二、杨三去闯姚安。姚安府有个姓赵的大财主,为人刻薄,诡计多端。替他干活,他往往带些刁钻古怪的条件,各行匠人,常常受苦。

杨山神师徒三人初到姚安府,不知究里②,说好给赵财主竖一方房子。讲好工价后,赵财主干笑一声说:"哈!杨山神,我喜欢图个吉利,可不能出一长二短。"

---

① 泥木、漆木:指以做木工为主,兼做泥瓦工或油漆工。
② 究里:里面的内情。

杨山神应了一声:"这个当然。"

赵财主眨眨眼又说:"好,咱们先小人后君子,竖柱上梁,立地交钱。若有一长二短,工钱分文不给,那时休怪我赵某先不说明。"

杨山神淡淡地说:"一言为定。"

赵财主又扎整①了一句:"莫后悔喽!"

杨山神头也不回地干活去了。

一天,来了两个叫陈四、李五的手艺人,要求搭活儿。杨山神看他们也是鲁班弟子②,就收容了他们。陈四、李五两人倒也专心做活,手脚勤快。

俗话说:艺高人胆大。可是,杨山神手艺高强却从不马虎,非常仔细。每天收工,他总是口含玉石嘴烟锅,吧嗒吧嗒地抽着兰花烟,检查徒弟们的活路,看看有没有纰漏。

离竖柱架梁只有两天了,杨山神把柱呀梁呀、挂方、照面、承重、里方、大插、京插、横梁、过梁都查了一遍,见陈四、李五的活计,光滑圆溜,榫眼正,特别是那根中梁,粗刨了细刨,标直得像一根线,没有一点可包弹③的地方。杨山神粗看入眼,正想走开,回头又细瞄了一眼,心里暗暗说了两声:"好险!好险!"

转眼就是竖柱上梁的黄道吉日。这一天,陈四、李五非常麻利,爬上爬下,左喝右唤,不多一会房子就竖起了。大家正待午时三刻上中梁,赵财主穿绸着缎来了。两个家人,一个用黑漆方盘端着工钱,一个用红绸大彩拴着麻花公鸡,走在他的后面。

来到竖柱上梁处,赵财主捉过公鸡请杨山神祭梁:"杨山神,请祭梁。整方房子,一根不短,一根不长,真是能工巧匠!上好这最后一根中梁,这盘雪花银子你可稳拿了,请发吉利话。"

杨山神接过鸡,念起吉利话来:

鸡鸡鸡,
你是什么鸡?
麻花凤凰鸡。
头戴紫金盔,

---

① 扎整:一再嘱咐或说明。
② 鲁班弟子:一般称木匠为鲁班弟子。
③ 包弹:白语,贬责之意。

> 身披五色衣。
> 今天黄道日,
> 用你点根基。
> 一点点玉柱,
> 东家笑嘻嘻。
> 一点点中梁……

杨山神刚祭完中梁,赵财主瞄了屋架上的陈四、李五一眼。陈四、李五就抛下一对麻绳来,高声念道:

> 一对青龙下凡来,
> 下凡接中梁。
> 中梁摆摆上天来,
> 上天显短长。

陈四、李五把中梁放到房架上,随便一比,就大叫起来:"啊呀呀,中梁长处不够呀,短了两三寸。"

赵财主心头一笑,两眼一翻,说:"杨山神,中梁短了两三寸,这工钱……"

"慢!"杨山神不慌不忙,叫陈四、李五把中梁放下来,又叫两个徒弟抬来一对木马,把中梁横架在木马上,然后亲自抽起五尺杆一量,只有一丈一尺七寸,真的少三寸。杨二、杨三慌了起来。赵财主两眼翻到天上,对陈四、李五偷笑。陈四、李五也对赵财主得意地暗笑。杨山神装着没看见,提起木槌轻轻地敲了梁头三下,又轻轻地敲了梁尾三下,高声念道:

> 紫金梁,紫金梁,
> 鲁班封你做树王;
> 今天正逢黄道日,
> 选你做中梁。
> 大墨定你一丈二,
> 为何不够三寸长;
> 杨二杨三上前来,
> 看你长不长。

杨二、杨三听到山神呼唤，硬着头皮上前来。杨山神吩咐杨二、杨三各抱中梁一头，使劲往外拉。杨二、杨三跟着杨山神多年了，从来没见过师傅装鬼弄神，如今觉得很新鲜，加上中梁短了一截，他们也很着急，就真的使劲拉了一拉。随后，杨山神叫他们把中梁架在木马上，抽出五尺杆一量，咦！中梁真的被拉长了，足有一丈二尺五寸，还长出了五寸。

杨山神说："杨二、杨三你们太用力啦。"

杨二口快，忙说："师傅，木匠怕短，长了好办，拿锯子一锯就成。"

杨山神笑了笑说："用锯子锯算得什么本事，看我的！"说着又念道：

紫金梁，紫金梁，
你在山中做树王，
今天遇着黄道日，
选你做中梁。
大墨定下一丈二，
为何多出五寸长？
杨二、杨三上前来，
压压就不长。

杨二、杨三照着山神的吩咐，一人抱一头，往中间使劲压了一压。杨山神又抽起五尺杆一量，不多不少，刚刚一丈二尺，再认真地量了一遍，也是一丈二尺，不差一分一厘。陈四、李五吓得胆战心惊，两腿发软，差点从房架上跌下来。赵财主吓得目瞪口呆，连眼珠子也不会转了。

杨山神叫陈四、李五上中梁。陈四、李五赶忙动手，连"一敲敲龙头，金银万万有；二敲敲龙尾，金银如流水"的吉利话也忘了念。

赵财主眼睁睁地看着白花花的工钱被拿走，心疼得要命，活活地气死了。陈四、李五连告辞一声也不敢，连夜逃走了。

杨山神会"拉木经"和"压木经"的事传遍了整个姚安坝，震动了姚安府。

杨二、杨三手艺学成满师的时候，要求杨山神说："师傅啊，我们就要出师了，你把'拉木经'和'压木经'传授给我们吧。"

杨山神摇摇头，说没有这种经。两个徒弟硬是不信。杨山神就把"拉木""压木"的事说破了：原来杨山神在检查活计时，发现陈四、李五故意把中梁锯短了三寸，就连夜重做了一根外表一模一样的中梁，把他俩做的那一根暗换下来。第二天上梁的时候，杨山神见赵财主和陈四、李五挤眉弄眼,心里更明白这是赵财主使的诡计。就故意把五尺杆一会往前抽抽,短了三寸,一会往后缩缩,长了五寸,耍弄他们。

说破这事后,杨山神对徒弟们说:"为人做匠艺,功夫在于认真细致,千万马虎不得。传你们四个字叫:勤学、认真。"

杨二、杨三这时才恍然大悟。杨山神给杨二取名杨勤,杨三取名杨慎,就让他们出师了。

唱曲传艺(白族)

讲述:杨玉树 白族
记录:段寿桃 白族　周天纵
1961年7月采录于剑川太和村
流传地区:剑川巩北

剑川巩北有个王师傅,带着徒弟到腾越做手艺,帮一家财主做活。做了几天,财主心尖,开条减工钱,狗眼一瞄说:"王师傅,你徒弟和你拿一样的工钱,有点不合,得降一点。"

王师傅摆摆手说:"不得不得,我们同吃一锅饭,同做一样活,有什么要降工钱的道理?"

财主说:"若要不降工钱,得让你徒弟独自上楼隔板壁,隔好了就不降,隔不好就要降工钱。"

"可以嘛!"王师傅答应了。徒弟在旁边听着,心里难免有些着急,师傅向他笑了笑,说:"去吧,我们师徒俩边做活路边对调子,有什么难处,你就在调子里问我吧!"

"好!"徒弟鼓起勇气,拿起家什,噔噔噔地登上楼,把木料摆开,毕毕剥剥,又削又刨又锯,干了起来,边干边唱:

　　　　　小刨一推刨花飞,
　　　　　料子刨好摆成堆;
　　　　　问声师傅怎么办,
　　　　　先做哪一边?

王师傅在楼下听到徒弟唱,就一边做活一边答道:

> 料子刨好心莫慌，
> 先粘板子后做方；
> 站方两边三分槽，
> 隔成几大框。
> 五尺板壁三分榫，
> 三分凸波刨四方；
> 板壁隔好才装门，
> 门宽二尺三。

叮叮咚咚响了一阵，板壁隔好了，徒弟又唱：

> 大河水深小河浅，
> 可恨财主三只眼；
> 板壁隔好要做门，
> 请师傅指点。

师傅又唱道：

> 小门一扇两面光，
> 门板一块二尺三；
> 门拐一寸二分五，
> 门白三寸三。
> 上钉榫来下钉榫，
> 门销安在正中央；
> 一寸二的压水板，
> 刨成牙齿花。

徒弟照着师傅的话，做了半天，板壁隔好了，门也装好了。财主来验工，一看刨得又光又滑，榫头严丝合缝，无话可说，只得给徒弟和师傅一样的工钱。

杨山神的飞角※（白族）

采录：杨松泉 白族
1980年采录于剑川甸南

从前，桃源村有个姓杨的小伙子，出门投师学木匠。他聪明伶俐，提头知尾，舍得下苦，见一样学会一样。师傅很喜欢他，把平生本事全教给他。投师三年，谢师一年，学得一手好手艺，成了一个很有名气的木匠山神。

杨山神的名气渐渐大了，他也渐渐地骄傲起来，好吹壳子拉白话。白话无根，越拉越深，就什么也不管啦！有几个徒弟在跟前，抬手动脚都叫人侍候，慢慢地成了一个动嘴不动手、连画签和墨斗都不愿动一下的懒山神。

杨山神在外边做了几十年手艺，六十岁上才回到家乡。村里人正准备盖一座魁星阁，见杨山神回来，知道他是出角抢水架斗拱的名匠，便公推几位父老去请杨山神掌墨。

杨山神满口答应，天南地北地拉起白话来：一忽儿说这村魁星阁的飞角不好看，一忽儿说那村魁星阁的斗拱尺寸不对头，眨个眼道出各类飞角的式样，吸口烟讲出各种斗拱的花纹，说要为本村盖一座四方六面、八角尖尖的三层魁星阁。众父老见他讲得头头是道，连连点头。

过了三个月，桃源村魁星阁的木料备好了，父老们来请杨山神画墨。杨山神懒得动手，说："让他们先把料出齐了，我就来画墨。"

又过了三个月，料出齐了，父老们来请杨山神画墨。杨山神还是懒得动手，说："让他们先做屋架吧，我来架斗拱出飞角好啦！"

又过了三个月，屋架做好了，众父老去请杨山神画墨、做斗拱和飞角的龙马，杨山神还是懒得动手，说："先把屋架竖起来再说吧！"

这样三个月又三个月，桃源村魁星阁的屋架竖好了，围墙打好了，门窗安好了，就等杨山神架斗拱、出飞角。可是直到雨水天了，杨山神始终没有动手，大家只得草草地盖上了屋顶。

第二年、第三年……直到杨山神死了，桃源村的魁星阁，斗拱没架成，

※ 飞角：楼亭琼阁的角，一般都翘起来，称为飞角。

飞角没出成,一直是草草盖起的屋顶。从此,桃源村流传着这样一句话:"杨山神的飞角,空说在嘴上。"后来,人们把这话的后半句省了,用"杨山神的飞角"来形容那些光说不做的人。

木匠翰林(白族)

讲述:陈锡鸿 白族
记录:李缵绪 白族 周天纵
1961年7月采录于剑川朱柳村

明朝年间,剑川三坛神村有个姓马的木匠师傅,中年丧妻,留下一个儿子,叫马汝为。

那几年,不是旱灾就是涝灾,田里没有一点收成,无人起房盖屋。马木匠虽有一身好手艺,但孤儿寡汉,雪上加霜,没法在家乡生活下去,便找了一根扁担,一头挑着三岁的马汝为,一头挑着木匠家什,到夷方①去做手艺谋生。

马木匠挑着孩子,做活计糊口,紧走慢走,经大理、蒙化、景东,到了元江。

有些民家(白族)人在元江地方安家,马木匠到那里找到一些乡亲,也在那里落了脚。

马木匠在元江住了四五年,马汝为七八岁了,马木匠就叫孩子拉墨线、刨木板,跟着做些零碎活计。

马汝为天资聪明,很喜欢读书,看见主人家的孩子上学,就要他爹也送他进学堂。马木匠虽然心疼孩子,但父子俩顾得了吃,顾不了穿,哪有钱供孩子读书?被孩子逼不过,只好白天让孩子跟着学手艺,晚上就在火塘边把自己年轻时学的几个粗字教给孩子。

有天,碰着空闲。马汝为跟着主人家的孩子到学堂里玩,老师见他聪明伶俐,提头知尾,就问他姓甚名谁,家住何处,才知他是剑川马木匠的儿子。

放学后,老师来找马木匠:"马师傅,你的孩子很聪明,让他来上学吧,这孩子将来一定有出息。"

---

① 夷方:指滇西南一带。

马木匠苦愁着脸回答道:"杨老师,不怕你笑话,我是个穷木匠,连吃穿也顾不上,哪里有钱供孩子读书?感谢你的一片好意,我想让他学木匠,长大了做手艺。"

杨老师是个好心人,肯帮助别人,又见马汝为很有才气,不读书很可惜,就对马木匠说:"马师傅,这样吧,我不要你的学费,让这孩子半天读书,半天做工,如果他肯学,晚上我再教他一两个时辰。这孩子不读书太可惜了。"

马木匠感动地不知如何是好,忙说:"承杨老师这样费心。好,明天就让孩子到学校来。"又叫马汝为给老师磕了一个响头。

谁知穷人命苦,马汝为还没读到五年,马木匠死了,马汝为只得整天整天去做活计,养活自己。

杨老师见马汝为的学业正需造就,不忍心让他失学,半途而废,索性把他招为小女婿,叫他搬到自己家住,继续读书。

马汝为见杨老师苦心成全他,心里非常感动,发愤读书,不几年工夫,学了一肚子学问,练就了一笔好字画。

杨老师见马汝为学问已经到家,就筹集了一点费用,叫他去应考。马汝为一连三考,县里中了秀才,省里中了举人,到了京城,就高中了翰林。

马汝为虽中了翰林,但无钱去贿赂吏部官员,所以没有委派着官职。他住在客店中,每月只领到一点点俸银,连维持生活也很困难。

马汝为陷在京城里,见官场黑暗,无心仕途,想回乡又无盘费,只得帮人写对联啦、匾啦、字帖啦。他想筹集一点银钱,以便回乡,无奈马汝为是个穷翰林,请他的人并不多,收入微薄,积攒了几年也回不起家。

马汝为在京日久,思念岳父和未婚妻,恰好在这时,杨老师托人给他带来信,信中说,自己已年迈力衰,常常卧病不起,风烛残年,难守弱女,如仕途实在无望,就快点赶回来完婚。

马汝为接到岳父的信,心中焦急万分,归心似箭,又无盘费,连店家的店钱也无着落,想来想去,就写了几副对联、几卷字画送给店主婆:"婆婆,我不远万里,由云南来到京城,虽说中了翰林,但仕途无望,家中来信催归,无钱交付店费,只好写了几卷字画送你。如有人买,你就卖了,如无人买,就留作凭据,日后有了钱,再赔你老人家。"

店主婆也是有良心的人,见马汝为这么说,也有恻隐之心,说:"钱又不是命,不要紧,既是这样,你快回去吧。"

马汝为离开京师，收起翰林服，一路或卖字画，或做木匠活计。回到元江，草草完婚，仍以木匠为生。家中生活虽然清苦，小两口你亲我爱，孝敬岳丈，日子倒还和和顺顺，比在京城里做穷翰林强多了。

后来，杨老师不幸病故，养老送终，总算尽到了半子之情。

马汝为离京后一两年，他住过的那家客店隔壁失火，火苗朝店家房子卷来。救火的人帮店主婆抢家具，手忙脚乱，把马汝为送给老婆婆的字画掉到火里。好稀奇，字画掉到火里，火就全熄了。救火的人觉得很奇怪，忙问老太婆，才知是马翰林写的字画。

马翰林字画灭火的事在京城里传开了，传到皇帝那里。皇帝坐在龙椅上问左右文武大臣："这样的翰林学士，为什么不早奏与孤家知道？"

"嗯……那个马翰林两年前已回……云南去了。"大臣们结结巴巴地回答。

"快给孤家把马翰林召回京城！"

大臣们拿着诏书，到处去找马翰林。马翰林原籍剑川，到元江长大，受杨老师千重恩惠，就改籍元江。大臣们不知，跑到剑川找马汝为，咋个也找不到。后来听说马汝为改籍元江，又赶到元江去找他。

大臣们跑到元江，找到马汝为的家，只见他的妻子背着娃娃，在做家务，便问："夫人，马翰林到哪里去了？"

马汝为的妻子知道这些当官的平时作威作福，有心奚落他们一番，就说："我家没有'马项领'，连'牛项领'也没得。娃娃他爹做木匠活，人称马木匠。你们估估我这点家产，能值几两银子？能买得起官做么？"

那些大臣只得老老实实说："请夫人息怒，皇上有旨，要请翰林公入朝，快告诉我们，翰林公在哪里？"

马汝为的妻子正色说："我家没受皇恩，不欠皇粮，与皇家没有来往，庄户人家不做活计吃什么？娃娃他爹到南村替人家盖房子去了。"

有皇帝的圣命在身，大臣们只得到南村找马汝为，只见他穿一件对襟汗褡，爬到屋架上，上梁扣挂方，就高叫："翰林公，请下来，快回家收拾行李进京。"

马汝为一听，心想与其去做穷翰林，不如在家做木匠。想到这些大臣平日白眼相看的情形，十分气愤，挥动手中的斧子，"啷"地敲了一下梁头，不耐烦地说："我只愿做木匠，不愿做翰林，你们回去吧！"

大臣们不依，说如不应召入京，就要治罪。马汝为十分冒火，"啷！啷！啷！"连敲了几下梁尾，气愤地说："我马汝为一不曾受什么皇恩，无恩可报；二不拖欠皇粮，无法可以治罪；三不受人贿赂；四不贪赃枉法；五不杀人越货；六不淫人妻女；七不抢窃偷盗；八不重利盘剥；九不囤积居奇；十不聚众谋反，自食其力，何罪之有？"

一席话骂得那些大臣无言可答，他们只好叹了口气，灰溜溜地走了。

从此以后，人们就说：木匠有状元之才，并称马汝为"木匠翰林"，不叫他的名姓了。

哑人告状（白族）

讲述：段三妹 白族
记录：张文 白族
1981年采录于剑川城南门街

听老一辈人讲，南乡有个李木匠，年轻时候，手艺就超群出众了。他雕龙似龙，画凤似凤。过去掌墨①不兴画图，全凭肚里算计，就连建盖飞檐出角、四合五天井的大建筑，他也是算得丝丝入扣、不差分毫。他不但手艺高超，而且心地善良，肯帮助人。因此，在出门谋生的剑川木匠中间，很有点名气，大家都尊称他为李山神。这样叫来叫去，原来的名字倒反没有人晓得了。

李木匠九岁时父母双亡，只得中途停学，跟着村里的一个老木匠学手艺，出门到耿马、金齿、腾冲一带做木匠活。谁料到"吃炒面遇着旋涡风"。他十二岁那年，师傅不幸打摆子②，病死异乡。当时，师徒俩在腾冲城里一家姓赵的玉石匠家里做活，多亏赵大爹慷慨资助，才安葬了师傅。他也只得寄居在赵大爹家。

赵大爹对他很好，经常嘘寒问暖，找不到活路时，就留他吃饭。过了不久，赵大爹的独儿子赵才讨了媳妇后，情况就变化了。小两口子风言风语，常讲些不三不四的话，还常跟父亲吵嘴，说他不该收留穷木匠。李木匠人小懂事，为了不给赵大爹为难，他决定单独出外谋生。临行那天，赵大爹带着八岁的女儿阿秀送他上路，走了一程又一程，实在难分难舍。

---

① 掌墨：白族木匠术语，即施工设计。
② 摆子：疟疾。

日子过得飞快，一晃就是十年。当年的小小李木匠，自从离开赵大爹后，四方奔走，广拜名师，成了出名的李山神。他时刻想念着在患难中关怀过他的玉石匠赵大爹，好不容易积攒了一点钱，决定看望老人家一转。

到了腾冲城，他买了一些上等的烟酒糖茶"四色礼"兴冲冲朝赵大爹家奔去。路上见到一位蓬头垢面、衣衫褴褛、白发苍苍的老头，一跤跌倒在街心。他连忙上前扶着，细心一认，不禁大吃一惊，原来就是赵大爹。

李山神问："大爹，你怎么啦？"

老人睁开双眼，死死地看着李山神，嘴里只是哇哇地说什么。旁边一个人愤愤不平地说道："哑子吃黄连，有口也难言啊！"

李山神急切地问："这到底是怎么回事？"围观的人七嘴八舌、你一言我一语，讲述了事情的根由：

原来赵大爹五年前进山采玉石，不幸摔伤，发高热，讲胡话。儿子和儿媳又不好好照料，结果成了又聋又哑的废人。事后，儿子、儿媳又把年幼的妹妹卖给有钱人家当丫头去了。对老人更是百般虐待，让老人吃残汤剩饭，穿破衣烂衫，动不动就指着鼻子破口大骂。隔壁邻居打抱不平，共同具名写了一张状子告进官府。赵才和媳妇听到风声，送了一包银子给县太爷，买通了关节。县太爷不但不惩办这不孝之徒，反而把赵大爹传进衙门，重责一顿，逐出了公堂，这才流落到了街头。

李山神听说此事，二话不说，把老人背到药铺里请老郎中治病，跑去买来新衣新帽新鞋子，给赵大爹穿上，又把老人领到饭馆，买了鱼、肉、酒、饭，饱餐了一顿。随后，他俩就找个旅店住下了。

赵大爹睡到第二天日高八丈时才醒过来。李山神请老人和他一同回家乡。赵大爹抓起地上一把土，紧紧攥在手心里，然后使劲按在心口上，不愿离开乡土。这样整整三天，任凭李山神怎么劝说开导，只要一提起离开腾冲的事，赵大爹就摇头叹气。这时，李山神却接到了伙伴的来信说，承包了一项大工程，等着他去画墨施工。这怎么办呢？

这天，李山神在旅店里安顿老人吃过早点，赶早上街采购了上好的紫檀木、纯土漆和颜料。他使出全副本领，关门闭户做了三天活路，赶制了一只百宝箱。箱子盖上刻着二龙抢珠的浮雕图，左右前后刻有丹凤朝阳、白鹤飞松、喜鹊登梅、孔雀开屏的镂空图案，真称得上是巧夺天工。

李山神又请来了一帮子人，吹喇叭的在前头开道，两个壮汉扛着披红挂彩的百宝箱随后，他扶着赵大爹居中，一路吹吹打打，前呼后拥朝老人家里走去。这一下可轰动了整个腾冲城。人们沸沸扬扬说：老人的百宝箱装的全是金银财宝。老人因儿子不孝顺，一直藏在山洞里。今天看到李山神待他这么好，决定招他做女婿，把百宝箱传给他。

　　他们走到半路，早有消息传到赵才和他媳妇耳里了。夫妻俩一听，一反常态，忙着腾让房间，摆出崭新的铺盖行李让父亲住。当天晚上，还办了一桌丰盛的酒席，老人被央在上八位①。于是，李山神请来了隔壁几位德高望重的老人来吃饭。酒过三巡，李山神从衣袋里摸出一把金光闪亮的钥匙，说："如今赵大爹百宝箱的钥匙在我手中，但我不存非分之想，赵才哥、嫂子才是真正继承人。不过我权且保管一下。明天，我要去做手艺了，一年以后回来。那时要是赵大哥、嫂子的确悔过了，我就当着众位父老的面，立即把金钥匙交给他们。"

　　赵才夫妇听了，心里十分高兴。等李山神一走，他媳妇马上去抱百宝箱，好沉；赵才低头观赏一会儿，禁不住说："光这箱子也是个宝贝呀！"两人心里乐乎乎的，待老人也好多了。

　　可是，李山神走后不到三个月，赵才夫妇再也熬不住了。一天晚上，趁父亲不在家，他媳妇嘀咕说："服侍哑老头的日子，我是一天也挨不住了。"

　　赵才说："是倒是，可是姓李的拿着钥匙，总不好砸箱取宝呀！"

　　媳妇说："亏你还是男子汉呢，钥匙我已经出了高价，请人打好一把了。"

　　两人于是闩上大门，蹑手蹑脚摸到父亲床前，点起油灯，爬上床，从枕头后边抬出了百宝箱。只是赵才心虚，插了好久，钥匙也没插进锁孔里。他媳妇一把抢过钥匙，"啪"的一下开了锁，掀起箱盖。

　　"噫！是金砖！"赵才差点狂叫起来。

　　"呸！瞎了你的狗眼！"他媳妇一巴掌打来，把他打得晕头晕脑："什么金砖，我们上当了！"

　　赵才再一看："啊？原来是贴着金箔的铅砖。"

　　他媳妇很鬼，又捏了丈夫一把，说："这事不能声张出去，招呼②被倒打一耙。你要看我的眼色行事。"

　　第二天，他媳妇把街坊上那几个老人喊来，她哭丧着脸说："叫花子养不起鹦哥，我们服侍不了老爹。既然他不相信亲儿子、儿媳妇，把百宝箱的

---

① 上八位：指首席。
② 招呼：留神的意思。

钥匙交给外人，那就让李木匠去抚养他吧。"赵才看了看媳妇的脸色，就把赵大爹赶出了门外。

一年后，李山神回到了腾冲，明白了他走后的情况；又听说原来的贪官已经离任，新来了一个清官。于是就提笔写了一张状子，领着赵大爹，还有几位父老，在闹市街心等候。待县官坐着轿子经过，赵大爹不顾一切冲上前去，扑通跪下，把状子顶在头上，哇哇喊叫起来。县官叫差役取过状子一看，只见上面写道：

　　告状人，是哑人，
　　欲知状子告何人？
　　请大人，派差人，
　　跟着哑人捉犯人！

这位新县官到任后，曾微服私访民情，对哑老头惨遭虐待有冤难伸之事，早有所闻。如今看完状子，马上派捕快跟哑人去缉拿罪犯到案。

在公堂上，众父老纷纷作证，请求惩办赵才夫妇。县官判道：

　　逆子刁妇赶出门，
　　家产不许沾分文；
　　赎回哑人女，
　　招赘李山神！

赵大爹连连点头，拜谢恩官，赎回了女儿阿秀。第二天，赵大爹又请人吹吹打打，把李山神迎进赵家去了。

李四维告御状（白族）

讲述：王杰　杨宗岱等　白族
记录：陈家瑞　陈瑞鸿　张文渤　白族
1980年采录于剑川甸南

清朝乾隆年间，剑川西乡西中北村有个木匠李四维，为民申冤，敢到北京告御状。事情是这样的：

有一年，大臣嵇璜的儿子嵇承豫，到剑川来当州官。那时恰好缅王造反，皇帝派大将傅恒带兵征剿。嵇承豫仗着他爹是朝中大臣，和傅恒相互勾结，硬派剑川供应征讨军钱粮伕马，从中渔利。他们又到处设立关卡，搜刮金银，走路要上"路税"，吃水要上"水税"，杀年猪要上"牲税"，连嫁女子也要上"嫁女税"。动不动就出"火签"，抓人站铁笼子，整得人心惶惶，民怨沸腾。

那几年又逢大旱，栽下的秧子两天就干成枯草，种下的苞谷发不出芽芽，老百姓吃不成饭。木匠李四维和各村百姓商议，筹集资金，经柳营、朱卷场、旱登到西中，开一条大沟，引金龙河水灌溉西乡旱地。不想，款子被嵇承豫抢走了，民工也被抓走了。李四维虽是个木匠，但气愤难平，发誓要去告御状，为民申冤，只是无人敢替他写状本。

北门街有个举人王相吉，是个有识之士，对嵇承豫的所作所为看不下去，对官绅勾结欺压小民十分愤恨，只是朝廷规定文人不得干涉地方政事，敢怒而不敢言。后来听说李四维要去告御状，有心助他一臂之力，但不知李四维为人如何，想试试他有没有胆量去闯龙廷。

有一天正逢街期，李四维进城赶街，王举人叫家人去请李四维来府上一趟。

李四维最恨官绅大员，听说王举人喊他，把手一甩说："王举人和我素不相识，从无往来，有什么话叫他来大街上说。"

家人再三说王举人是个好人，只是请他到府上叙谈叙谈，并无恶意。李四维心想：若不去，会被王举人看成软骨头，去就去，难道怕他吃了我不成！就跟着家人向王府走来。

王举人正在吃茶，看见家人领进一个身材高大、脸膛紫黑、头戴羊毛毡帽、身穿山羊皮褂、脚登麻索草鞋、腰插竹节烟锅的汉子，知道就是李四维。心想：此人看上去是个刚强的汉子，但不知胆量和口才怎样？于是就想试他一试。王举人"砰"的一声把茶杯砸到地上，当头喝道："大胆刁民李四维，你想诬告父母官，今天我就把你送到衙门判罪！"

李四维面不改色，抽出腰间的烟杆，摸出一把"兰花烟"，边装边说："王举人，你喊我到府上来就为这台事么？莫忘了你也是剑川人，剑川也是你的衣胞之地①……"

王举人一跺脚厉声喝道："你枉告清官，无法无天，该当何罪？"

---

① 衣胞之地：生身之地。

李四维冷笑了几声说:"哼,清官?王举人你不瞎,睁眼看看,贪官如蛆,百姓熬煎;你不聋,到大街上听听,民怨沸腾,怨声载道。"

王举人叫家人拿出一根铁链子,甩在李四维脚跟前,说:"你知道嵇承豫是什么人?他爹嵇璜是朝廷大员,你虎口捋须想找死么?"

李四维说:"有理问得君王倒,为了黎民百姓,就是一死我也不怕。"

王举人见李四维威武不屈,心里十分高兴,才拱手对李四维说明,他愿替李四维写状本,刚才是故意试李四维一下,叫他不要在心。

王举人替李四维写好状本,又给他讲了到京城该注意的事。李四维把状本藏在羊毛毡帽里,回家收拾一下,准备第二天上京去告御状。

听说李四维去告御状,乡亲们都跑来送行,勉励他,嘱咐他快去快回。他的妻子张氏不放他走,哭着说道:"如今官官相护,白去自讨苦吃。人家过得去,我们也过得去。你丢下我们老的小的,怎么生活下去?"

李四维见妻子说得如此伤心,就把身上的盘费留下一半,拿起木匠家什对妻子说:"你知道我的脾气,汉子一言为定,不能翻口;为了百姓,这御状我一定要去告。你在家赡老养小,日后我一定好好感谢你。"

李四维一路走,一路做活谋生,走了一年多才到北京。

北京是帝王之乡,紫禁城哪能轻易进去?李四维到京城三个多月了,告状之事没有一点眉目,心中十分焦急。

有一天,宰相府中的人请李四维去装修房子。李四维技艺很好,雕龙刻凤,无有不会,什么美女窗、象眼窗、梅花窗、龟纹窗,安排得非常得体,宰相一家都很高兴。

李四维在工余时候,常常掏出状本诵读,背得滚瓜烂熟,思量哪天见了皇上,可以对答如流。

一天,宰相下朝回来,见李四维正在诵读,便问他是什么文告?何方人氏?因何事来京?李四维就照实讲了。宰相见他做活卖力,为人刚直,为民谋福,动了怜悯之心;加上他和嵇璜原有芥蒂,想借此搞倒嵇璜,就对李四维说:"九月九日,皇上到天坛烧香,你可到天坛外石狮子下躲着,等皇帝一到,你头顶状本跪下,拦驾喊冤,我便替你呈上状本。"

九月九日,李四维来到天坛,见乾隆皇帝来烧香,就跪在路心,头顶状本,高喊:"皇青天,请为万民申冤……"

宰相把状本呈给皇上,皇上一看,言辞凄切,龙心大动,便问李四维道:"你不远万里,由云南来到京都,吃尽苦头,不灰心么?"

李四维叩了一个头说:"皇上,为了黎民百姓,我李四维死也甘心。我想皇上是圣明天子,一定会为万民申冤。"

皇帝又问:"一路上,就没有人劝你不要告御状么?"

李四维说:"桑梓父老,人人勉慰。只有我的妻子说,'官官相护,白去自讨苦吃,人家过得去,我们也过得去,丢下一堆老的小的,我们怎么生活下去!'还哭得很伤心。"

这几句话把皇帝也说笑了。宰相一见,急忙进言:"皇上,李四维忠贞可嘉,请恩准他的状本,以示皇上爱民之心。"

皇帝见李四维忠诚老实,能舍己为群,就准了状,免了剑川的皇粮和牲税,把嵇璜父子削职为民;并御赐李四维黄马褂一领,白银五百两。李四维叩头谢恩,一路飞跑回云南去了。

鸿雁带书(白族)

采录:陆家瑞 白族
1980年采录于剑川甸南
流传地区:剑川、洱源

从前,剑川东乡有一户人家。夫妻两个,上有年老的双亲,下有一双乳臭未干的儿女。丈夫会点木匠手艺,平日和妻子盘田种地;秋天收种完了,就挑起木匠家什走夷方,找些银钱帮补家庭,到第二年立夏后,才回来和妻子一起收豆麦,栽小秧。

这家人生活虽然清贫,但妻子贤惠,孝敬公婆,丈夫勤劳朴实,本分持家。夫妻俩成家多年,互相体贴,从没吵过一次嘴,红过一次脸,小日子还算过得舒心惬意。

这年秋收后,丈夫照例打点出门。妻子费了几天时间,把丈夫的衣服拆洗了,补得牢牢实实;又找些破布,打了几双草鞋;铰了做媳妇时娘家给的围腰,给丈夫缝了双两层布袜子;又向隔壁家借了两升麦面,到街上买了一扇红糖,拌上薄荷叶子和核桃米,烤了一锅粑粑。把丈夫出门所需的东西,收拾得整整齐齐。

十月初八,男人到本主庙烧一回香,求本主保佑。十月初十是黄道吉日,妻子背着木匠家什和包袱,送丈夫出门。两人依依不舍,一直送到南乡罗城桥边。妻子说:"他爹,听说夷方瘴气大,到了那里,你要自己小心。吃不得的莫吃,喝不得的莫喝,做活不要贪心,免得累坏身子。"

说着,眼泪止不住掉下来。丈夫也抹了一把眼泪,对妻子说:"只为我家境贫寒,本事平常,害得你和我一道受苦。你到我家这多年,没有让你过上一天舒心日子……"

"这些,你就莫说啦,你还有什么嘱咐的?"

丈夫想了想说:"再说也就是那几句,千斤重担交托给你,你也要注意身子,累了就歇几天,对爹妈不要违拗,对娃娃少打少骂……"

"这些我记下了,你早些回来,莫使爹妈挂念,儿女焦心……"

"明年清明,最迟立夏,我一定赶回来,赶上栽小秧。"

夫妻俩就这样难分难舍地分别了。

第二年春天,布谷鸟一叫,走夷方的木匠纷纷回来了,回来不成的就带信来或带钱来。妻子盼着丈夫回来,今天等,明天等,总不见丈夫的影子,也不见丈夫的书信。从清明等到立夏,从立夏等到小满,又等到芒种、夏至,丈夫也没有回来,连信也没有一封。公婆心里不安生,娃娃们天天念着爹,妻子心里非常焦急,便去向回来的木匠打听。

她去问东村的木匠,东村的木匠说他们走的是迤东,她丈夫怕是到迤南去了,叫她去西村问问。

她去问西村的木匠,西村的木匠说他们走的是思茅、普洱,那地方大,岔路多,叫她去南村问问。

她去问南村的木匠,南村的木匠说他们走的是景东、景谷,也许她丈夫去龙陵、镇康,叫她去北村问问。

她去问北村的木匠,北村的木匠也不见她的丈夫。他们安慰她说:"也许是包下的工程一时做不完,大嫂你莫焦急,出门人无论谁都挂念着家小,你丈夫会回来的。"

妻子没有问着丈夫的音信,哭了一场。回到家门口,心想:自己这样掉着泪进去,公婆会更难过,便拉起小衣襟,揩干眼泪,才走进家门。公婆问她:"孙孙他妈,问着什么音信?"

她强作笑颜,宽慰公婆说:"阿爹阿妈,问着啦,北村的木匠师傅见他替白衣人(傣族)盖大缅寺,寺还没盖好,账还没有算,说是收种时节才能回来。"

公婆听了媳妇的话,心稍放下了些。可是一直等到收完种完,还不见木匠回来，不免又焦急起来。妻子更是焦急万分，常常呆望着路口，见到出门走夷方的人，就上前带口信："师傅哥哥，家中你兄弟去年出门一直没有音信，你到夷方若见到他，烦你给他带个口信，就说家中老小都很平安，不知他在外头情况怎样，一家人都很焦急。得信后不管手中有钱无钱，也快回来……"

　　托了一个又一个，凡是见到出门走夷方的人，她都托了。

　　就这样，一年又一年，五年过去了，丈夫一直没有回音。妻子在家侍奉公婆，拉扯儿女，出佚出役，应门应户。一面强作笑颜宽慰公婆，一面思念丈夫暗自悲伤啼哭。哭了不知多少回，小衣襟上浸了不知多少伤心泪。

　　这年入秋，公公得了重病，求医无效，临死前，望着大门骂了三声不孝逆子，含恨闭了眼。妻子抱着婆婆哭了一场，向村里人借了几吊钱，把公公葬到坟地。

　　公公坟头上的水汽未干，婆婆又一命归阴，临死前把儿媳妇叫到床前，断断续续地说："苦命的媳妇，我本想等那黑了良心的人回来，把你的苦情说给他听听。唉……可是等不着了。我死后……把我草草埋了就行，不要再借钱了，你……你们母子以后的日子艰难……苦命的媳妇，那黑良心的人对不起你……"

　　妻子想：丈夫真的黑了良心么？不会的，他平日忠厚老实，不是那种人。一定是出门后碰到什么意外的事了，不然，他不会丢下这个家不管。就是不说夫妻之情，还有他的亲骨肉在呀！

　　两个老人死了，家里空了。装米的坛子、装面的柜子、装油的瓶子都空了，还欠下一屁股账。

　　有时，妻子心里也骂丈夫几句，但更多的是为丈夫担忧，生怕他在夷方有个三长两短。她想起丈夫走时留下的话，相信丈夫总有一天会回来，不能把丈夫的家败了，要挑起丈夫留下的重担。妻子为着母子三个活下去，为着培植一双儿女，起五更，睡半夜，苦做苦盘。有时累得吐血，拉起小衣襟揩揩；有时暗哭一场，也拉起小衣襟揩揩。她的小衣襟上染满了血，浸满了泪。

　　又过了五年。这五年中，妻子不知托了多少人，带了多少信，总没有得到丈夫的一点回音；望了多少回大路小路，眼见多少出门人去了又回来，回来又出去，总不见丈夫回来。夫妻分别了十年，相思了十年，苦熬了十年。生活的折磨，使妻子得了血痨病，瘦得皮包骨头，脸像菜叶子一样黄，满头的青丝成了稀疏的白发。

夫妻分别第十个年头的九月，妻子挣扎着去点蚕豆。这天，天气暖和，但见一排排南飞的大雁，有时排成"人"字，有时排成"一"字。人们说，大雁是知情的鸟。望着南飞的大雁，妻子伤心地哭了一场。唉，鸟儿也知时节，该去就去，该归就归；鸟儿也懂情意，比翼双飞，同飞同落。远方的丈夫啊，你怎么连飞禽也不如？

妻子哭了一回，拉起小衣襟揩了把泪。见衣襟上染满了斑斑血泪，就把小襟脱下洗了洗，晒在田埂上。一群大雁落下来啄吃田里的蚕豆，妻子一边吆大雁一边说："大雁啊，我丈夫出门多年不归，可怜我一家三口，就靠这块田度日，你把蚕豆啄吃了，叫我们母子靠什么过日子！……"

大雁好像听懂了，纷纷起飞。一只雄壮的公雁，叼起她的那件衣裳，在她头顶上飞了三圈，飞入雁群中，朝着南方飞去了。

大雁飞呀飞，飞到千里外的夷方，找到了被土司抓去盖衙门的木匠，在他头顶上飞了三圈，把叼着的衣裳丢在他的面前。木匠认出是妻子的衣裳，看着衣襟上斑斑的血痕泪迹，心如刀绞，哭得像泪人一样。与他一起被抓来的苦工，都很同情他的遭遇，都来宽慰他，并帮助他逃出火坑。

木匠逃出来，带着妻子那血泪斑斑的衣裳，克服了重重困难，终于回到了家乡。可是迟了，妻子已经死了。他到妻子坟前，一边痛哭，一边诉说别离后的苦情，哭得死去活来。过路的人听了，没有一个不伤心掉泪。有人把这事编成白族本子曲，这就是剑川最有名的《鸿雁带书》。

文 人 故 事

杨升庵的故事（白族）

粉笔题诗玉署郎

采录：杨延福
1980 年采录于剑川沙溪

传说沙溪寺登街兴教寺有两株海棠花，种了好多年了，却很少开花，有时开也只是零零落落的几小朵。

说也奇怪，杨状元、李中溪①来游石宝山那一年，兴教寺的海棠花却开了，而且开得很多。

杨状元和李中溪寄宿兴教寺，见两树繁花似锦，光彩照人，来不及洗尘，就围着海棠花观赏不停，左看右看，总觉得看不够。从人几次来催吃饭，他们都舍不得走开，满口啧啧赞叹不已。

吃过饭，杨状元又约李中溪观赏海棠花。寺院住持见杨、李二人对这两棵海棠花有如此兴致，便把这两棵海棠花往年很少开而今年却大开特开的事对他们说了，并说："此花今年盛开，恰逢二公来游，想必这海棠花也是有情有义之物，特为有情有义之士而开……"

---

① 杨状元，即杨升庵；李中溪，即李元阳。杨和李于明嘉靖十一年（1531）同游石宝山，民间流传着他们许多故事。

杨状元听罢心想：如此多姿的海棠花，不开在帝都京师，也不开在高人大户的花园中，却偏偏开在南天荒村古寺中，不正和自己一样吗？不觉吟道：

　　两树繁花占上春，多情谁是惜芳人。
　　京华一朵千金价，肯信空山委路尘。

李中溪对杨状元的才学与为人都十分钦佩，对杨状元的遭遇更是十分同情。见他以海棠花自喻，不因遭遇坎坷而消沉，决心像这海棠花一样，不去追求"京华一朵千金价"，愿把自己的才学奉献给多情的边疆百姓。便和了两首诗慰藉他：

　　国色名花萎路旁，今年花比去年芳。
　　莫言空谷知音少，也有题诗玉署郎。

　　意浓姿淡浣心红，山馆相逢二月中。
　　区别要君重着眼，野桃篱杏烂成丛。

兴教寺的两棵海棠，自经杨状元和李中溪题诗后，每年都开很多花，一直开到杨状元死那一年，真是人有意花有情。人们就把杨状元和李中溪题咏这海棠花的诗，刊刻成诗匾，悬挂在兴教寺大殿上。

如今，这块诗匾被移置到石钟寺的大殿上，成为石钟寺最吸引游客的古匾联之一。

狮子关

采录：董国贤　白族
1980 年采录于剑川甸南

隔一条箐和石钟寺遥遥相对，有一座山岩挺拔，悬崖陡峭的石峰。峰头如笋直插天际，峰腰有一石洞，一条奇险的羊肠小道，沿着悬崖石壁的隙缝，弯弯曲曲，通向石洞。出了石洞，便到岩峰顶端。人们称这里为狮子过悬关，简称狮子关。

这里为什么叫"狮子过悬关"呢？

传说杨状元和李中溪游石宝山时到此一看，似乎有条奇险的小路弯弯曲曲直通峰顶，便想攀上去看个究竟。爬了几步，脚有蹬处，手无攀处；手有攀处，脚又无踩处。越往上爬，越是困难。

两人爬到岩壁半腰，山风乍起，石洞"呼呼"作响，如狮吼虎啸一般。碎石破落，山崖呼啸，令人心惊胆战。

李中溪虽是白家人，也没有见过这种阵势，不免吓出一身冷汗。他想叫杨状元下来。抬头一看，见杨状元毫不畏缩，任山风吹拂他的须发，吹拂他的衣衫，手足并用，攀援而上。恰如一头威猛的雄狮，便壮着胆也跟了上去。

两人穿过石洞，登上峰顶。这时风渐渐小了。四面望去，见山间松老如龙，石立如虎，便找了一块平坦的山石坐下休息。

李中溪想起刚才风中杨状元攀援崖壁的神态，便感叹地说："先生，您刚才攀崖而上的神态，如真狮子过悬关一般。"

杨状元回答说："逆风登险关，的确须有狮子般的毅力和雄心才成，做学问也是一样呵。"

这事一传出去。人们就把这座岩峰称为狮子过悬关，简称狮子关。过了三十一年，李中溪第二次来游石宝山，请石匠刻下了某年某月杨升庵等人过狮子关，并在峰腰岩洞口刻下了"狮子关"三个大字。

不明不白来　糊里糊涂去（白族）

讲述：杨延福
记录：海星　白族
1980年采录于剑川沙溪

松间九里踏坡平，油壁双车掩映行。
烟火牛羊村错落，路人云是野鸡坪。

这首诗是杨升庵《过易堤坪三首》中的一首。易堤坪俗称野鸡坪。谷底有条野鸡坪河。人们在河上安起了几座水碓水磨，供附近的老百姓舂米磨面。

有一年二三月间，杨升庵来游剑川石宝山，正游得高兴，突然大明天子下了一道圣旨，召被充军云南的杨状元急速回京。杨状元不得不走，便告别同游的李中溪等人，闷闷不乐地跟着差役下石宝山。

差役们贪着赶路，走到野鸡坪的时候，天已傍黑，便和杨状元在一座水碓房中过夜。

只听水声哗啦哗啦，碓声哗砰哗砰，很难入睡。杨状元躺在火塘旁的木板上，翻来覆去睡不着。想起自己的一生，苦读寒窗，刚中状元，正想办些事，却被朱家天子充军云南，流落三迤，如今却召自己回去，前程不知凶吉。犹如这水碓一般，被无情的流水冲得忽上忽下，半点也身不由己。

在碓上舂米的一位白族大妈，虽不知杨状元是什么人，见他体弱年迈，一夜不曾入睡，这么早又被差役们催着赶路，很可怜他，便煮了一碗面汤送给他吃，同情地问：

"阿大大（伯伯），你从哪里来？要到哪里去？"

这叫杨状元怎么回答呢，他只得顺口答应道：

"唉，不明不白来，糊里糊涂去……"

杨状元望着这位好心的老妈妈，心里扎实感动，便掏出纸笔，迅速地写了一首诗，笑着对老妈妈说，"阿姐姐，这张字送你拿到街上卖，买一件新衣裳穿穿，再买两包糖哄哄孙孙……"

转眼三月二十八赶地藏寺会，大妈半信半疑地把杨状元送给他的那张字拿到会上卖。一下子整个地藏寺会都轰动起来，只见那张字上笔墨飞舞地写着一首诗："哗呖砰咙碓，迷离朦胧睡；不明不白来，糊里糊涂去"，落款是"天子门生杨慎"六字。

赶会的人见是杨状元亲笔墨宝，大家都争相购买，互相争出高价，出价一个比一个高，最后竟有人出到三百两银子。

后来这首诗就在剑川传开了。

茶花寺对句（白族）

讲述：张宗李 白族
记录：海星 白族
1980年采录于剑川沙溪

从前，石宝山宝相寺后山的半山腰有一座茶花寺。

李中溪陪同杨升庵来游茶花寺，见一位"和尚"挑水进寺。挑水上山，十分吃力，那"和尚"光着两膀，浑身是汗。杨升庵灵机一动，用手拐子拐了拐李中溪，随口出句：和尚挑水，两膀汗淋进寺。

李中溪曾拜杨升庵门下，是"杨门七子"之一。见老师出了上联，要他对句，而且这上联后半句"两膀汗淋进寺"，是"两榜翰林进士"的谐音，语意双关，一时想不出恰当的下联来。走进寺中，见一个"尼姑"在纺线，想了想，应声道：尼姑织锦，一手转圆探花。

李中溪的这下联后半句，是"一首状元探花"的谐音，也语意双全。

和尚挑水，两膀（榜）汗淋（翰林）进寺（士）；
尼姑织锦，一手（首）转圆（状元）探花（花）。

这副对联对仗工整，谐音奇巧有趣，明写与暗指都比较贴切。茶花寺虽然不知何时已被淹埋在荒野之中了，但这副对联却至今还流传在石宝山下的白族人民中。

邋遢道士（白族）

讲述：施石宝 白族
记录：乐夫 白族　瑞鸿　瑞林 白族
1980年采录于剑川沙溪

大理府里有个老人，家里一不愁吃，二不愁穿，只愁两个儿子太笨，读不好书。他请过九位先生，没一个能把他们教好。

一天晚上，他梦见一个衣衫破烂的道士来到家里，只费几天工夫，就把儿子教得顶乖顶乖。醒来时，天大亮了。他觉得很奇异，便到门口坐着，辨认过往行人。他从早到晚看着、认着，连三顿饭也在门口吃，头抬酸了，眼看花了，直到打了九个呵欠，天将黄昏时节，才见邋遢道士过来。道士昂着头，也不看老人一眼，就想往北边走去。老人认实在了，看真切了，便追上前去一把将道士拉住。任随道士咋个推托，老人就是不放，好话说了几箩筐，才把道士拖回家来。

道士的模样太脏、太邋遢了。可是，老人请他洗脸、洗脚、洗澡、换新衣，他都不要。睡觉时也就这样钻进被窝里。老人想，只要能教好儿子就行。管他脏不脏，只要好文章。道士教了他两个儿子三七二十一天，就成了。诗词歌赋，样样都会，文章也写得很好。

老人十分喜欢，一家人也十分得意。决定请提台、府官、学官等地方官来家赴宴，同时也谢恩师。

宴会时，老人把几样好茶留给道士，不让他到堂屋陪客。道士不高兴，硬是来到堂屋里。恰好提台肚子疼，半路上已经折了回去。道士就在留给提台的上席位上坐了下来。这时几个地方官正为给老人题诗的事伤脑筋。央①过来，让过去，谁也不敢先题。道士见这个情景，便毫不客气地走上前去，蘸饱毛笔，挥毫写道：

日出东方万树矮，

大船行在小桥底，

渔翁钓处无人问，

竖耳金鸡莫乱啼。

大家看了，无不佩服，都夸奖道士有才学。只见道士最后落款："升庵杨慎题"。几个官员连忙拱手作揖。都说有眼不识泰山。这时大家才知道，原来是杨状元装成道士来教"独馆"。题完字，杨升庵饭也不吃，告辞到石宝山游览去了。

后来，老人的两个儿子都成器，老大中了状元，老二中了解元。人们都说："是杨升庵教出来的好子弟。"

"捉半风"和"访双月"

采录：羊雪芳　白族
1984年采录于剑川羊岑

杨状元游石宝山的消息，不知咋个传了出去，大家议论纷纷。这个说，杨状元眉清目秀，一表人才；那个讲，杨状元出口成章，能写会画，其实，他们谁也没有见过杨状元。

那几天，恰逢石宝山的庙会，人山人海，专程来拜望杨状元的都认为，杨状元官那么大，一定衣着不凡。他们从海云居找到宝相寺，又从宝相寺找到石钟寺，都没有找到杨状元。

有几位文人学士，想以文会友，一定要找到杨状元，又从石钟寺爬回宝相寺。一口气爬了那么多的山，走了那么多的路，早已累得满头大汗，气喘吁吁，仍然连杨状元的影子都不见。一个个长吁短叹，感到十分遗憾。其

---

① 央：方言，让的意思。

中一位学问很深的才子，找和尚借了笔墨信手在寺内的照壁上写下了"前来山寺访双月"几个大字，便闷闷不乐地往外走，打算约大家再到金顶寺上找一找。走到宝相寺门口，只见一个破衣烂裳、穿草鞋的叫花子蹲在门前捉虱子。才子正为没有访到杨升庵而败兴，又遇到这个邋里邋遢的人，感到很恶心，便踢了他一脚。其他几个文人学士都连声骂道："扫兴！扫兴！"从那个叫花子旁掩鼻而过，有的还朝他吐口水。

这几位文人学士，访杨状元心切，不怕辛苦，继续爬九十九台，一直找到金顶寺。他们见一个问一个，找遍了各个角落，始终没有见到杨状元，只得顺原路下山。

他们走回宝相寺中，准备在那儿住宿。那位才子信步走到照壁前，突然发现刚才题写的那诗旁，已有人对上一句："正在门前捉半风"。几个草字写得非常老练，很像王羲之的笔法。一对照，才子写的字就像鸡爪鸭脚简直瞧不成。他连忙把伙伴们喊来观看，给大家解释说："双月"为"朋"，"半风"为"虱"。刚才在寺门前捉虱子的人，正是我们要访问的朋友杨状元。

大家后悔不赢，再仔细看看这副对联，都恍然大悟。原来在寺门前捉虱子而被"才子"踢了一脚的人，正是他们找遍石宝山而未遇的杨状元呀！大家赶忙继续四处寻找，但始终不见杨状元的踪影。他们非常后悔，都怪自己有眼不识泰山！

石牛诗

采录：吴崇仁　张锡禄　白族
1984年采录于剑川城
流传地区：大理、剑川

杨状元在大理，和当地名士李元阳、杨士云等结为好友。他们常在一起饮酒作诗、观山玩水，遍游了大理山川名胜。有天晚上，杨状元正伏案校订其编著《南诏野史》，李元阳突来造访，便急忙放下手中之笔，起身迎接。

"元阳兄，你来得正是时候呀！"杨状元施礼道，"我正为南诏的一些习俗伤透脑筋，正想登门请教呢。"

"那倒是凑巧喽。"李元阳躬身还礼道，"我此来正是邀请状元公游剑川石宝山。石宝山石窟雕刻描述南诏历史风俗较为详尽，状元公前往再作一番考证，不就更明白了么！"

杨状元一听大喜，当下便和李元阳约定，第二天上石宝山。

石宝山位于剑川县城西南，深藏在老君山间。杨状元等人从剑南甸头村起身，翻过两座大山，便到了石宝山的北大山——狮子关。几个人你牵我扶，下了狮子关，又从谷底踏着石级爬到石钟寺。寺上方有石窟八处，除佛祖、观音、天王等造像外，还有南诏第五代王阁罗凤、第七代王异牟寻及当时的重臣清平官郑回、杜光庭等人的造像。

杨状元由李元阳等名士陪着，尽情地游览了一天，待回到石钟寺时，已是掌灯时分，便和李元阳由住持和尚陪着，开怀畅饮。他们边吃边聊，酒至半酣，老和尚道："石钟寺北面还有一块天然巨石，形状如牛，更值得一游。"当时，杨状元等游兴正浓，便请老和尚引路，前往游览。

石牛离石钟寺并不太远，大家说说笑笑一会儿就到了，只见一块黑黝黝的巨石横卧山间，有头、有角、有尾，像一头老水牛。

大家正看得高兴，剑川县的几个差役，打着灯笼火把，满头大汗跑来，向杨状元道："状元大人，钦差大臣到县府，请大人速回领旨。"众人都感到诧异，再一打听，原来嘉靖皇帝驾崩后，太子登位，大赦天下，广召有用之才。有人奏本，杨慎才高过人，人品正直，是国家栋梁之材，不可不用。皇帝准奏，即宣旨召杨状元进京。钦差正是奉旨来召杨状元的。

众人都为杨状元高兴，纷纷向他祝贺。杨状元却沉默不语。这消息他已知道，但钦差来得如此之快，却也出乎意料。他想：虽太子登基，但仍然奸臣当道，像他这种敢直言规谏的人，终究是要受排挤的，再去做官不是自寻烦恼吗？何况自己费了二十多年心血编撰的《南诏野史》和《滇载记》等书，也尚未定稿，更不能走。

杨状元绕着石牛走了一圈又一圈，他在考虑如何向皇帝复命。猛地，他心里一亮，立即取出笔墨纸张，趁着酒兴，挥笔写下一首"石牛诗"：

怪石生来恰似牛，
谁知经历几千秋？
风吹遍体无毛动，
雨打横身似汗流。
牧童吹笛难入耳，

耕夫任鞭不回头。
只因鼻上无绳系，
天地为牢夜不收。

写完，把诗交给差役，让钦差带回京城复命去了。

皇帝读了杨状元的诗，知道他以石牛自喻，愿老死云南，不愿回京做官，只好叹了口气说："罢、罢、罢，杨慎真是个怪牛，由他去吧！"

千古绝唱

采录：凤鸣 白族
1980年采录于剑川沙溪
流传地区：剑川、大理

剑川沙溪有个海棠寺，在剑川石宝山石窟不远的地方。

据说杨升庵被贬在云南的永昌（今保山）。那时永昌荒凉，虽然他在保山，也有一个傣族小老婆，但他住在永昌的时间很少，大都是住在大理，因为当时的大理是很繁华的，他在大理也有个白族小老婆。他生活在当时的上层社会里，与当时大理白族名士李元阳四处游山玩水。大理城背后中和峰的感通寺，还特地为他们这些文人学士，盖了一栋"写韵楼"呢，杨状元和李元阳就是常常住在这个"写韵楼"上，纵览洱海，写诗作赋。

但是，杨状元并没有忘记他在故乡的妻子黄娥，时常怀念她。一天，杨状元突然从大理城赶回感通寺，一上"写韵楼"就哭起来。这时他的好友李元阳正在"写韵楼"上读他的《点苍山游记》，一见这情景，很吃惊，就问道：

"状元郎，去一趟城里，又是什么事使你这样伤心呀？"

杨升庵只是哭，什么话也不肯说。

李元阳见了很着急，一再追问，杨升庵才从怀里拿出一封信，李元阳一看，那是一首诗：

雁飞曾不到衡阳，绵字何由寄永昌，
三春花柳妾薄命，六诏风烟君断肠，
日归日归愁岁暮，其雨其雨怨朝阳，
相逢空有刀环约，何日金鸡下夜郎。

李元阳读了这首诗,明白了,原来杨升庵到城里,收到他那远在故乡四川新都的妻子黄娥写的一首诗,使他心里难过起来了,就伸手拍拍他的肩膀,然后就高声朗读他的《点苍山游记》:

　　"……山则苍茏叠翠,海则半腰拖兰,城郭奠山海之间,楼阁出烟云之上,香风满道,芳气袭人。余时如醉而醒,如梦而觉,如久卧而起作。"

　　杨升庵一听,这是他自己写的《点苍山游记》里的一段文字,就说道:"李兄,我心里正在难过,你怎么读起这样的文字来?"

　　李元阳说:"状元郎,难过有什么用?古人言:'青山处处埋白骨',大理这儿的山水你把她描绘得这样好,很多人都羡慕这里呢!今天天气这么好,一起出去散散心?"

　　杨升庵立刻答应了。但他却走到写韵台前,提笔写了一首"黄莺儿":

　　　　丝雨湿流光,
　　　　爱青台绣粉墙,
　　　　鸳鸯涌处清波涨,
　　　　新篁送凉,
　　　　幽芳弄香,
　　　　倒金觞,
　　　　形骸放浪到处是家乡。

　　于是,他就同李元阳一起,到剑川的兴教寺里去看海棠。红艳艳的海棠花,触动了杨升庵的心思,于是,他援笔写道:

　　　　两树繁花占上春,多情谁是惜芳人,
　　　　京华一朵千金价,肯信空山委路尘。

　　李元阳见了,大受感动,对他说:"这是你的千古绝唱。"说罢,李元阳也援笔和了一首:

　　　　国色名花萎路旁,今年花比去年芳,
　　　　莫言空谷知音少,也有题诗玉署郎。

　　杨升庵听后连声称赞:"李兄这首才是千古绝唱。"
　　这两首诗原在海棠寺里,现在已被搬到石宝山石钟寺里去了。

杨栋朝的故事（白族）

讲述：曹松涛 白族
记录：陆家瑞 白族
1980年采录于剑川城

明朝有个天子，迷于酒色，昏庸无能，不理朝政，大权落入宦官魏忠贤手中。

魏忠贤为人奸诈，心狠手毒，专横跋扈，不少大臣都依附于他，称他为"九千岁"。有个讨好他的知州在自己做官的地方盖了一座"九千岁生祠"，一时间，各州各府都学起来。不到一年，"九千岁生祠"遍于天下。

当时有两个剑川人在明廷为臣。一个叫杨栋朝，另一个叫何可及。二人都是进士出身。杨栋朝刚直不阿，对宦官把持朝政十分不满，写了一本"白简"奏折，历数魏忠贤罪状，带在身上，寻找机会面奏天子，参劾魏忠贤等一班奸臣。

何可及饱读圣贤之书，但骨头软，巴结依附魏忠贤，当了殿前大学士，专门开读各部大臣奏折和各地来的奏章。

有一天，皇帝叫魏忠贤代他临朝听政。杨栋朝听到午门炮响，不知魏忠贤代皇帝临朝，以为天子设朝了，排班就位三呼万岁后，头也不抬就闪出班来，冒死呈上白简奏折。

魏忠贤身穿皇袍，坐在龙椅上接受群臣朝拜，心中十分得意，见杨栋朝有奏折，就叫何可及开读。

何可及打开杨栋朝的奏折，一看，是弹劾魏忠贤的参本，历数魏忠贤欺君罔上、阴谋篡位等十八条罪状，吓得胆战心惊。心想这个直杆子，眼看就要闯下满门抄斩的大祸，念在同乡情谊，不肯加害于他，急中生智，马上把杨栋朝的奏折改成魏忠贤功劳十八条诵读。

杨栋朝跪在地上听何可及把奏折读反了意思，肺都要气炸了。只是在朝廷之上，一时不好发作，等何可及念完，就唱了一首民家调骂何可及：

可怜何家小白脸，
白声白气读"白简"；

> 吃白饭来读白字，
> 怕瞎你狗眼。

何可及怕他闹起来，惹得大祸临头，也随口回了他一首民家调：

> 寺虽还是那个寺，
> 神已不是那尊神；①
> 看在金华山面上，
> 抬脚出东门。

杨栋朝听了，才知道坐在龙椅上的已不是朱家天子，何可及是在搭救他。"抬脚出东门"是剑川人说"快逃跑"的代用语，杨栋朝正暗思忖如何是好，只听见魏忠贤问何可及："你们在唱什么呀？"

何可及说："我们唱九千岁功昭日月，恩泽荡荡。"

"为什么杨大臣的奏折不用黄纸而用'白简'，我朝规矩，'白简'乃弹劾奸臣之参本。"魏忠贤又问。

"杨大臣说，九千岁功昭日月，理当用白纸黑字记载下来，如入正史一般。"何可及随机应变地回答。

"唔！念杨大臣一片苦心，赐白银五十两，退朝。"

散朝回来，杨栋朝跟夫人密议，佯称杨栋朝暴病身亡，马上举哀，买了一口棺材，装上财物，做成假灵柩停在堂中。杨夫人假意哭啼，因棺材里装的是银子，就用白族话哭："言候波，言候波！"意思是银子做的丈夫。直到现在，女人哭丈夫都哭成"言候波"。

隔了七天，灵柩发回剑川，杨栋朝化装成佣人，混在送灵的杂役中逃出京城，去联络各地的忠臣议事，决心诛灭魏忠贤的宦党。何可及也借机逃出了京城。

后来，魏忠贤手下的心腹翻见杨栋朝的"白简"，报告给魏忠贤，魏忠贤气得咬牙切齿，但杨栋朝、何可及都逃走了，魏忠贤像泄了气的猪尿泡一样，耷拉着头，瘫倒在太师椅上。

---

① 这两句的意思是：皇位是原皇位，坐在上面的不是真皇帝了。

段九章散京墨（白族）

讲述：杨金明　白族
记录：陈瑞鸿　白族
1980年采录于剑川沙溪

　　剑川沙溪江尾村人段九章，于明朝万历年间赴乡试。他辛辛苦苦一连走了十七八天路程才到昆明。到昆明那天，已是掌灯时分，客店都已经关门。他无处投宿，只得在南城街一户居家的大门口过夜。这家的男主人半夜三更做了一个梦：梦见大门口睡着一只老虎。段九章当晚也做了一个梦：梦见这家门口那棵棕树上缠着一条巨龙。

　　天刚蒙蒙亮，男主人急于圆梦，便急急忙忙去开大门，一看门口躺着一个四十来岁的书生。男主人想，昨晚梦见一只老虎，莫非就是此人？便把段九章迎到家中热情款待。段九章把自己的身世给主人作了介绍。宾主寒暄一阵后，男主人对段九章说："段先生，昨晚我傅家添了个小孩，一定拜寄你，请取个名字吧！"段九章心想：我梦见巨龙缠棕树，这小孩往后肯定前程无量。便对男主人说："那就取名傅棕龙吧！"主人大喜，鸡鸭鱼肉大宴段九章。他在傅家住了一天，第二天才去贡院报考。

　　段九章连续五次赴乡试未中，但他不灰心，第六次又起程赶考。村里几个老人劝他："你考了五次都没考上，现在年过半百，在家开个学馆教教家乡子弟算啦！"段九章回答说："世上无难事，只怕有心人！眼看黎民百姓面朝黄土背朝天，长年劳累不得温饱，我出去求个功名，好为大家办点好事。"

　　三年一考，转眼过了十八年。段九章走了十几天，又到省城参加考试。在贡院的号房里，他正在作文章，忽然听见隔壁房子里有个年轻人在轻轻地唱昆明调子。段九章对着板壁的小缝对那青年人小声地说："小伙子，你的文章作好了没有？听你唱的调子像是很得意！今年几岁？叫什么名字？家住哪里？"小伙子回答道："年方十八，姓傅名叫棕龙，家住昆明南城街。先生又是何方人氏？"段九章回答："我是剑川沙溪人，名叫段九章。"傅棕龙回想起父亲曾对他讲过，把他拜寄给剑川沙溪的段九章，名字还是段给他取的事，非常兴奋地对段九章说："你就是十八年前给我取名的干爹吧？真是有缘千里来相会啊！"段九章激动地说："棕龙，真想不到能在这里碰上你，听你高兴地唱起调子，莫非你的文章做好了？"傅回答："文章早做好了，觉得还满意，打搅你了。干爹，你的做好了没有？"段回答："还未作完。这次的考题还有点伤脑筋哩！"傅对段说："你把文章从这小壁缝里递过来让我看看。"段九章便把未作完的文章从壁缝中递过去给傅棕龙。傅棕龙看了段的文章说："干爹，你作的这篇文章有点离题，如此交卷，恐怕难以考中。让我给你重新写一篇，你抄一遍交上，才有考取的希望。"傅棕龙给段九章重新作了一篇文章，段急忙誊清。刚好交卷时间已到，监考人员开门收取了考卷。

这次考试，傅棕龙中了乡榜前十名，段九章中了四十七名。傅棕龙年轻有为，品学兼优，万历三十八年中进士，在朝中做官，便把段九章保荐为江苏海州知州。过了几年，傅见段年迈力衰，眼花耳聋，体弱多病。便对段说："干爹，看你身体欠佳，不如归里安度晚年，今后生活上我可接济。"段九章觉得傅讲得有理，便告老还乡。

段九章为官数年廉洁清正，从不贪赃枉法，为百姓办了不少好事，他离任时两袖清风。傅棕龙为了能让段九章安度晚年，打算送给他八包金条子。当时土匪经常抢劫过往行人，一路上很不安全。傅就在金条外涂黑漆，对段九章说："干爹，临别我无厚礼相赠，只备下京墨奉送，但够你十多年的生活费用了。"段九章暗想，几包京墨能值多少钱？又不是几包金子！本想回敬傅棕龙几句，但为了旅途吉利，把气话咽进肚里，只说了声"多谢"，就告辞傅棕龙，启程还乡。

一路上段九章遇到很多逃荒的百姓，他非常可怜这些灾民。心想当官数年没有为百姓做多大善事，深感内疚。有的伸手向他要钱，他都慷慨解囊相助，把身上的钱都给光了。这时，还有人向他伸手，怎么办呢？身上只剩八包京墨还值几文钱。文房四宝虽是读书人必需之物，但他看到逃荒百姓流离失所的惨景，如不赠予一点东西又实在过意不去。于是就打开小包袱，把京墨也给出了七包。

段九章回到家乡，正是快要过年的时候。隔壁邻居知道段九章举人回来了，都纷纷请他写春联。

段九章拿出那包仅有的京墨，取出一条，让孙子在砚台上磨。他孙子怎么也磨不出墨浆，只见那条墨的底面现出金黄色。旁边几个老人对段九章说："段先生，这恐怕是金条子吧？"段九章这才恍然大悟，心想傅棕龙说送我八包金墨，够我用一辈子。他仔细看那条墨后说："真的是金条子！在路上我送了那些逃荒的人七包墨，原来都是金子。"

杨作舟的戏台联（白族）

采录：杨元贞　白族
1980年采录于剑川沙溪

沙溪谷登村杨作舟，光绪元年生。是个饱学之士，在地方上颇有名声。他熟读四书五经，能诗善对，但因家境贫寒，又不善交往，结果屡试不第。

他不拘小节，放荡不羁。穿戴别出心裁，被富家子弟称为"迂老夫子"。每逢雨季，他都特制一双雨鞋——在布鞋底下钉上厚厚的木板，污泥粘不着，雨水浸不透。在雨中行走，嗒嗒作响，格外引人注目。由此在沙溪还传下一句歇后语：杨作舟的雨鞋——响震四街。他家徒四壁，买不起蚊帐。自己设计缝制了一顶睡帽，帽筒两尺多长。睡觉时，往下一拉，把脸和脖子全部盖住，可防蚊虫叮咬。杨作舟个人所用的碗筷，都做上特别记号，每逢做客都自带碗筷。也不许别人随便用。

杨作舟为生活所迫，本想开学馆教书，因被称为"迂老夫子"，无人来入学求读。只好到漾濞、洱源等地执教。长期客居异乡，几年也难得回来一转和家人团聚。

有一年春节，北龙村人唱乡戏。恰好杨作舟回来过年，也去看热闹。开场锣鼓响过三遍，还未见戏子登场，众人心里不免纳闷。忽见主事人出台言道："今日开台唱戏之前，先赛联。我们戏台四方门上还缺两副对联，恭请各方名流学士应征作联。但须自撰自书，有感而发，不得抄录俗旧对。"他话音刚落，只见杨作舟已走上台来。拿过笔墨纸张，一挥而就，写出两副对子：

　　赳赳武夫，弃甲曳兵，急急忙忙归去；
　　桓桓文士，垂身正笏，摇摇摆摆出来。
　　生美哉旦所愿矣；
　　丑极也净亦笑之。

主事人在台上高声宣读一遍，即令人贴在戏台四方门上。台下观众无不啧啧称赞。

王兆的故事（白族）

读书桥

采录：张文渤 白族
1980年采录于剑川城

王兆①幼时，家境贫穷。他非常刻苦，白天跟随父母劳动，晚上读书。天天都是这样。

王兆有个好习惯，每天晚饭后，拿起书本，在金龙河岸边散步，边读书。有一天晚上，王兆踏着月色在金龙河边默诵课文，迷入书中，一更、二更……边走边思索，一直沿金龙河岸往北走。从东乡走到北乡，一直走到甸头村前的甸头桥，已经是五更时分。甸头村的鸡叫了，村里去砍柴的人经过甸头桥，在朦胧的夜色中看到王兆，问他："这么早到这里做啥？"王兆从书中清醒过来，说："读书啊！"村里人后来就把这座桥称作"读书桥"。

一句话提醒梦中人

采录：沈葆清 白族
1980年采录于剑川城

大理府出了一张告示：不准杀耕牛，谁犯谁就得填命。

有个不识字的屠户，杀了一条耕牛。被府官知道，问成死罪。屠户老婆哭哭啼啼，到处求人申冤，但没人敢替他写状纸。事情也有点巧合，屠户婆娘的哭声惹得路过大理去应考的王兆不能入睡，就起身到他家询问情由。王兆听完屠户婆娘的哭诉之后，说："你不要哭啦！我给你写张状纸，你男人不会出什么事的，放心好了。"

屠户婆娘抹干眼泪看了看，见王兆是个秀才模样的先生，忙千恩万谢。

---

① 王兆：剑川县江尾村人，道光时庠生，累试不第。生卒年代已不可考。他为人正直，性情刚毅，很有学问，能文善对。晚年授徒乡里。每年应考前，他常给学生"提题"试考。因此，他的学生考取的很多。由于他教学有方，"提题"料事如神，因此又有人称他"王半仙"。

王兆转回店家，打开文房四宝，随手给他写了这么个状纸：

"大人戒杀，民夫犯杀。犯所当犯，杀所当杀。今恩足以及禽兽，而功不至于百姓者，独何欤？"

王兆把状纸折好交给屠户婆娘，说："明天一早，你去击鼓，把这状纸呈递进去，你丈夫就会回来。"

第二天，屠户婆娘把状纸呈递进去，府官打开状纸，看到状上"今恩足以及禽兽，而功不至于百姓者，独何欤？"这句《孟子》里的话，说："好才子，好才子，真是一句话提醒我——梦中人。"就把屠户放了。

屠户回到家里，知道这个情形后，赶忙和他婆娘到客店里寻找王兆，要重谢救命恩人，可是王兆已经走了。

夜过响水关

采录：张文渤　沈葆清　白族
1980年采录于剑川城

王兆去省城应试，因为贪赶路，来到禄丰县响水关时，已是二更时分。他去叫关，守关的说："有事明天再来，夜不行公事。"

王兆应声说："不是公事，是王兆去应试。"

那守关的官员说："应试事小，明天再过关吧。"

王兆说："开科取士乃国家大事，金榜题名乃终身大事，怎么说是小事？"

那守关的见王兆出口不凡，就说："你癞蛤蟆打呵欠——好大的口气。我平生只知和关口打交道，只知守关、把关才是大事。今夜我倒考考你，你能从古至今，讲出一百个'关'的事来，我就放你过关。"

王兆问："此话当真？"

那守关的官员说："裁缝的额头——当真（针）①，绝无戏言。"

王兆说："一言为定，你数着：黄飞虎一怒反五关、老子青牛出关、孟尝君夜过函谷关、伍子胥过昭关、三英与吕布大战虎牢关、关云长单骑过五关、赵子龙血战阳平关、孔明智取天水关、邓艾偷渡江油关……几个啦？"

那守关的说："看你还有点才学。七十三个喽，你讲下去。"

王兆从唐讲到宋，讲了一大串"关"，说："杨六郎镇守三关、韩世忠兵

---

① 此句为民间歇后语。缝衣的针不好使时，把针尖在鬓发上划一划，谓之"当"。

败两狼关……有几个啦？这回该满一百个了吧？"

那守关的说："九十八个啦，还差两个，你再讲两个。"

"吴三桂献山海关。"

"还差一个。"

王兆想了想，大声说："这第一百个嘛，王兆夜过响水关！"

"这王兆夜过响水关出在哪朝哪代？"

"出在当今眼皮下。"

"何人守关？"

"你。"

"何人过关？"

"我。"

"不算不算。"

"你不是说从古到今么？"

"好才子！打开关门，请王先生过关！"

就这样，王兆连夜过了响水关。

作对联

采录：张文渤　白族
1980 年采录于剑川城

王兆很善于作对联，在剑川很有名气。

有一次，他替人家作祈雨联，全用"雨"和"云"字头的字写成上联，"氵"字旁的字写成下联：

　　　　　瑗瑧霭雲，震霹雳，霭霈霮霂；
　　　　　滂沱满沟浍，滋润泽，浩瀚汪洋。

在剑川城西北地藏寺旁，有个戏台。王兆在上面作了一副对联，揭露"孝子"，讽刺"阎王"：

　　　　　虽云罔极报深恩，只不过舜之慕，曾之养，不闻逐殿寻亲，孝子如斯真古怪；
　　　　　纵使开荤成大恶，哪见得吕于汉，武于唐，何尝十分受罪，阎王未免太糊涂。

在县城西门外财神殿前的戏台上，王兆也作了一副对联：

> 说什么文章算韩柳欧苏，会唱得几句乱弹，而今已矣；
> 夸哪样富贵属帝王将相，只凑得一本烂戏，由此观之。

这样，王兆名噪一时。

王兆的母亲过世时，乡里的规矩要在灵前作副挽联，王兆是位有名的乡里先生，别人不敢代写。而他对母亲之死痛彻肺腑，一直没有动笔。到了出殡前夕，灵前挽联还没有写。家里人急了，都来催他，给他铺纸磨墨。王兆拿起笔来，非常悲痛地写了这样一联：

> 就是这样完了；
> 还有什么说的。

新爷太子

采录：沈葆清 白族
1980年采录于剑川城

板洞河村北面一公里左右，有个"新爷太子庙"，庙子盖在古树和杂刺丛中，一年四季香火还旺，但谁也不曾想过新爷太子是什么神，究竟保佑什么，庙子是什么时候盖的，等等。有天，王兆打这儿路过，看见来烧香的人很多，也就随着一群老妈子钻进去欣赏了一番，只见神坛上供着的是很没谱的一尊泥菩萨，王兆顺手在火塘上拈了个冷炭，在菩萨两旁写了副对子：

> 是何国东官？名称太子；
> 中哪科乡试？号曰新爷。

写完后，带开玩笑似的跟那群老妈妈说："来这里磕头，不如回去祖宗牌位那里多磕几个。"说完走了。老妈妈们自然不懂他的意思，但回去后消息可传开了。好些人都好奇地去看王兆的那副对子，才领悟到：又是"新爷"，又是"太子"，这是讲不通的，因为"太子"是皇帝儿子的专称，"新爷"是中了举的人，才称新爷。显然，这是那些不识字的巫婆胡说八道，用来愚弄老妈子的。从那以后，这座庙的香火也就一天天冷落下去了。

城隍庙写匾

采录：沈葆清 白族
1980年采录于剑川城

过去，剑川白族对城隍是非常崇拜的。无论是灾荒疾病、婚丧瘟疫、出门、回乡，总得要到城隍庙里磕个头。据说有个木匠师傅出门游艺归来，因为那年出门比较顺利，弄了几个钱，同时还带回来几封金箔，有心要到城隍庙敬一块匾。但"城隍"两字笔画太多，金箔不够用。他到处请人写匾，因为要求四个字笔画要少，既要有城隍的威灵，又要表自己的敬意，因而好久请不到人。后来，有人告诉他："王兆先生是会写的，但你要晓得他的脾气：带上瓶酒，炒点蚕豆，包你顺利；如果你带别的礼物，非但请不着，还得碰一鼻子灰！"那木匠一一照办了，果然合了王兆先生的意，顺口跟他说了四个字："川中二天"（剑川的第二重天）。还笑着问木匠："怎么样？金箔够不够？"木匠笑眯眯地说："够得，够得。王先生肚子里的字，真比天上的星星还多哩！"

关帝庙对联

采录：沈葆清 白族
1980年采录于剑川城

有天，王兆先生去卖文，和几个赴省参加科考的秀才在一个小寨子里过夜。小寨子旁边有个关帝庙。寨子里有个泥水匠，发家后想请人写副对子送到关帝庙，要求对联里既写有关帝，又写有他自己——泥水匠。如写得满意，愿酬五两纹银。可是好久也没有人能写这副对子，得到的是一些风凉话："泥腿子要和关帝平起平坐，连八字都不算一算！"那群秀才知道了这件事，但肚子里挤不出这份墨水，只好在王兆先生头上打主意。王兆也为难了一阵子，但不到一袋烟工夫，只听他说："拿笔来"，写下了一对：

秉烛观书，毫不拖泥带水；
五关斩将，犹如切瓦砍砖。

"拿去，念给他听，不要他的银子。"
"怕什么，你不是去卖文吗？"

"我的文章是卖给读书人的!"

那群秀才只好拿着对子去念给泥水匠听。泥水匠咧嘴赞扬说:"真是好学问!真是好学问!先生是哪里人?请问高姓大名?"有个秀才说:"剑川,王兆。"泥水匠转身去拿酬金,出来时秀才们都不见了。

赵藩的故事(白族)

"滇中老猴"

采录:江锐 白族
1980 年采录于剑川城

赵藩①有一颗印章,刻着"滇中老猴"四字。关于这颗印章,还有一段故事。

传说,赵藩小时候读书很用功,整天伏在案上埋头读书,年深日久,脊背有点驼。光绪壬申年,他去应考举人。主考官见赵藩面貌清瘦,缩头驼背,就和监考官讥笑他,说:"猴年大比,滇中无人,老猴也来应考,哈……"

赵藩十分气愤,心想:考举人又不是选美女,怎么能以貌取人,真是欺人太甚!这年考试,赵藩没有考上。他虽然很伤心,却没有灰心,刻了一方"滇中老猴"的印章,决心为云南人争一口气。

赵藩回到家中,闭门苦读了三年,学问大有长进。光绪乙亥年,又逢开科,他满怀信心地去应考。苍天不负苦心人,赵藩考了个第四名举人。

后来,赵藩到四川做官,先做"盐茶道",再做到臬台。他善于作对联,又写得一笔好字,在四川名噪一时。当年讥笑赵藩的那个主考官恰好也在四川,很欣赏赵藩的对联,就来请赵藩写一副。赵藩记得他,他记不得赵藩了。两人见面,赵藩淡淡地说:"可记得'猴年大比,滇中无人,老猴也来应考'乎?"并在所写对联上,特意盖了"滇中老猴"的印章。那主考官想起往事,面红耳赤,连声说:"人不可貌相,海水不可斗量,此话古已有之,深恨有眼不识泰山。今后若遇滇南之士,当刮目相看。"

---

① 赵藩(1851—1927),字介庵,又字越邲,号石禅,剑川县向湖村人,光绪乙亥举人,任四川盐茶道、臬台等。辛亥革命后,曾任广州军政府交通部长,云南省图书馆长。著作有《小鸥波馆词抄》《介庵楹句正续辑合钞》《向湖村舍诗》等。

"章疯子"与"赵病翁"

采录：王明达 白族
1980年采录于剑川西中

辛亥革命后，赵藩被选为临时国会议员。当时袁世凯操纵国会，准备称帝。

在一次临时国会会议上，章太炎当面揭露袁世凯复辟帝制、想当皇帝的野心。袁世凯的心腹议员们骂章太炎是"章疯子"，群起围攻，赵藩却作了一首诗赠章太炎：

> 君是浙西章疯子，
> 我是南滇赵病翁。
> 先生岂狂我岂病，
> 补天浴日此心同。

章太炎退出国会，赵藩也跟着拂袖而走，称病回云南，极力赞助蔡锷、李烈钧发动的护国运动。

麻纸还比宣纸贵

采录：陆家瑞 白族
1980年采录于剑川城

剑川东乡有个桑岭村，村后有一大片梨树。每年梨花开时，满山满箐一片雪白，许多人便相邀到桑岭村来赏梨花。

有一年梨花盛开的时候，桑岭村的杨举人请赵藩来赏梨花。同村有个姓杨的老倌，仰慕赵藩的字写得好，对联做得好，就叫老妈妈背了一背柴到街上卖，买了一张麻纸，想请赵藩写一张中堂①。杨老倌来到举人家，赵藩正在楼上写字。杨举人家里的人见杨老倌穿着麻索草鞋，筋筋吊吊②的，就吆喝他出去。赵藩听到了，从楼上看下来，见举人家的人推挪着一个破衣烂裳的老汉，那老汉说："我要找赵大人，我要找赵大人哪！"

杨举人走下楼问："你找赵大人做什么？"

---

① 中堂：挂在堂屋中间的直条字画叫"中堂"。
② 筋筋吊吊：形容人衣服破破烂烂。

那老汉说:"赵大人的字写得好,我叫老妈妈卖了一背柴,买了一张纸,向赵大人要几个字。"

赵藩听了忙说:"老人家,上来,上来,我马上就给你写。"

杨举人碍着赵藩的面子,只得让老倌上了楼,但心里很不舒服。

赵藩很认真地给杨老倌写了一副对联、一帧中堂。杨老倌走后,举人说:"赵大人,这里有的是宣纸和绢帛任你写画,何必为一张麻纸费事。"

赵藩和颜悦色地说:"举人公,你这些宣纸绢帛虽金贵,但你得来容易;那老倌的虽是一张麻纸,得来却不容易,是从荆棘丛中砍来的,麻纸比宣纸贵哪!"几句话,说得杨举人面红耳赤。

黄昏过钓台

讲述:杨苏 白族
记录:江锐 白族
1980年采录于剑川城

辛亥革命后,赵藩从广州去北京。半路上他绕道富春江,去游览汉代名士严子陵隐居的地方——燕子矶。赵藩对严子陵十分敬仰,联想到眼下时局纷乱,袁世凯野心勃勃,国家前途未卜,叹自己虽是一代文杰,却无回天之力,还为功名利禄奔波,心情十分忧郁惆怅,便在燕子矶畔流连到黄昏才离去。

赵藩坐在轿子里,不觉咿咿哦哦地吟起诗来:"君为功名隐,我为功名来;羞见先生面,……"吟到第三句,第四句怎么也吟不出来,右手指敲着左手背,身子一摇一晃地反复揣摩,轿夫见了,以为赵藩不舒服,忙放下轿子问:"赵大人,哪里不舒服么?"

赵藩虽做了大官,为人却很平和,不耻下问,便把刚才作诗的事对轿夫说了,并把所作的三句念给轿夫听。轿夫中有一人也读过一些诗书,见赵藩很谦和,便大着胆子说:"赵大人,小人斗胆续一句如何?"

赵藩笑着说:"你念念看。"

那轿夫说道:"'君为功名隐,我为功名来;羞见先生面,黄昏过钓台。'怎么样?"

赵藩听了,连连称好,觉得轿夫的续句非常贴切,非常高明。回到驿馆中,他把这首诗写下来,并记下轿夫续句之事,教育后辈不可轻视下苦之人,说他们当中有很多有才有智之士,值得虚心学习。

一张年画

采录：江锐　白族
1980 年采录于剑川城

赵藩做了大官，人称赵大人。但他为官清正，常说"君子爱财，取之有道。"

赵藩有个弟弟，人称二大人，是个贪钱鬼。他有很多钱，可是一文也舍不得用，都拿去放高利贷，恨不得钱生钱，利生利，一年几个驴打滚，把天下的钱都刮到自己家里来。人们背后议论他，说他是"屙尿也要抬个笊篱头，生怕尿渣渣屙掉"的人。

有一年腊月间，赵藩从四川做官回来，带回来几十箱字画和书籍，银钱和绸缎布匹也有一些，但数目不很多。

二大人见哥哥驮回来那么多的箱子，以为带回来好多钱，就来要钱。赵藩给了他一些，二大人嫌少，第二天又来要。赵藩见兄弟"蚂蚁子下山——钱（前）心重"，但又不好说，只得又给了一些。

这样一而再，再而三，赵藩很生气，又不好发作。到大年三十，几户本家来请赵藩画门画，写春联。赵藩给他们画完画，写完春联，准备给自家大门画一张门画。一时想不出画什么，就画了一个圆圈。看着圆圈，赵藩想，何不画一张劝兄弟的画，就把圆圈画成一文铜钱，再画了一个人，两手掰着钱眼，头往钱眼里钻。由于他心里想着二大人，画上人的样子很像二大人。赵藩把这张门画贴在门上。

说也奇怪，从年三十晚上开始，二大人的头顶有一圈胀疼。开头，家里人都以为是头风疼，吃了很多药都不好，一直到第二年大年三十，把那张年画刮洗干净，贴上另外一张，才不疼了。从此，二大人不敢再要钱了。

震惊翰林院

采录：沈葆清　王明达　白族
1980 年采录于剑川西中

慈禧太后盖了座庙，塑了三尊像：文昌、关公和送子观音。庙子落成那天，慈禧把翰林院的文豪们传来，要他们为庙门题联，她规定：这副对联共十四个字，不许多也不许少，又必须把文昌、关公、送子观音的事都包括进去。翰林们面面相觑，谁也作不出来。慈禧见考倒了翰林院，非常得意。

正在这时，盖这庙子的剑川木匠上来启奏："我们剑川人赵藩最会作对联，请他来试试如何？"

翰林们齐声鄙薄道："你们南蛮只怕连尾巴都还未去掉，能作什么对联！"

慈禧也不信赵藩能作出这副对联，不过一时好奇，便问："此人现在哪里？"

木匠答："就在京城里坐馆。"

慈禧吩咐立刻传赵藩进宫。赵藩来到慈禧面前，还不知为何传他，但慈禧一出完题，他就提起笔来，一挥而就：

保我子孙登桂籍
愿他兄弟学桃园

众人上前一看，深为震惊。这副对联准确地概括了文昌、关公和送子观音的事，那一笔字又十分流畅、饱满，就像颜真卿的手书。于是，慈禧高兴地用了赵藩的对联，还叫他写了一块匾。

赵藩候"官"（白族）

讲述：刘福华 白族
记录：小鹏 白族
1980年采录于剑川城
流传地区：剑川金华、甸南

白族文人赵藩，剑川县向湖村人，清光绪乙亥年中举。一九〇八年，他在四川任臬台时，因援救同盟会志士谢奉琦等人不果，愤然辞官，回归故里。

回家后的第三天，赵藩在剑川城里的新居光禄第宴请亲朋，共叙阔别之情。时近午后未时，只见客人纷纷到来。上至州官，下至乡宦，一个个衣冠楚楚，列坐在堂里堂外的椿凳上。不久，家人问赵藩："客人都已到齐，是否开宴？"赵藩摆摆手说："且慢！有位达官尚未来到。"又等了两个时辰，那位"达官"还是不见来到。有位客人不禁问："赵翁，不知恭候的贵客是何许人也？"赵藩笑着答道："是位显赫的达官，在座诸公的生死祸福都在他的操掌之中。"客人一听，神色严肃起来，各自暗自猜想："赵大人等候的客人要不是道台老爷就是总督府的要员。"

又过了一会儿，客人还是不见到来，赵藩见天色不早，就亲自出门去探望。片刻，只见他笑盈盈地陪着一个人走来。一进门就高声喊道："有劳诸公久候，贵客业已驾到，请各位就席。"说着就把领进来的人请到贵宾席前就了座。这一下子，所有的客人都被弄糊涂了：只见那人身穿布衣，脚蹬草鞋，衣裳上有污泥的印渍，腰里系着一根芦苇条，身上散发出一阵阵鱼腥味。分明是个道地的渔夫，哪是达官？

开宴了，众客人一边饮酒拈菜，一边不时地低声议论着那位"贵客"。宴罢客人散去后，有位绅士不禁问："大人不是说久候的贵客是操掌吾等生死祸福的达官么？为何竟会是……"赵藩一笑说："岂不闻古人有言：'一农不耕，民或为之饥；一女不织，民或为之寒。'倘若没有天下的渔农樵牧、织造百工，吾辈兴许早成冻馁之鬼矣。"一番话说得周围的人面面相觑，不知如何回答。

那么，赵藩久候的贵客究竟是谁呢？那是剑湖边柳营村的一个渔民，名叫刘秀峰，小时候曾与赵藩同窗读书，与赵藩打老友，后因家贫而辍学，回家以打鱼为生。赵藩登科为官后，一直与刘秀峰保持着友好的关系，在外常致以书信，回乡必登门拜访。赵藩还给刘秀峰赠过一些对联和字帖，其中一副写道：

至老未离文字乐；所居恰在水云乡。

杀鸡献刀计（白族）

采录：李景晟　白族
1980 年采录于剑川城
流传地区：剑川金华

云贵总督岑毓英接夫人由家乡广西来到昆明，总督衙门里的官员都去迎驾。岑夫人是"天足"女人。在当时，不是"三寸金莲"是与"夫人"之称不相配的。岑夫人是乘轿而来的，她的一双"大脚板"全露在外。很多人见了，都暗自嗤笑和议论："岑太太原来是个'大脚板'！"岑三公子春煊也骑马去迎接，跟在母亲的大轿后边。他听见有人嗤笑他母亲，心里很不是滋味。

岑夫人驾到总督府，岑毓英亲自出来迎接。春煊把刚才的事告诉给父亲，并说："父亲怎么娶着我母亲这样一个'大脚板'，惹人嗤笑？"毓英听了大怒："儿不嫌母丑。我都不嫌，你反嫌你母亲丑！真是岂有此理！"一怒之下，便厉声吼叫："来人，把这不孝之子拉出去斩首！"差役闻声，不知如何是好，但又不得不从，只好把岑三公子绑出总督衙门……

这时，总督府的红笔司爷赵藩在旁。他看到势头不妙，就去追赶刀斧手。制止道："你们动手不得！总督刚才是在气头上。三公子年幼无知，真把他杀了，将来是会后悔的。"刀斧手们左右为难，说："不杀三公子，我们回去怎么交差？！"赵藩搔首沉思了一会儿，说："有了。你们捉只鸡把它斩了，然后把鸡血涂满钢刀，回去禀献总督。"大家依从赵藩"杀鸡献刀"之计，把总督瞒过了。总督事后也觉得自己太过于轻率鲁莽，但覆水难收，后悔莫及！赵藩从此将岑春煊暗藏在自己住处，不让露面。叫刀斧手们绝对保密。此后，赵藩早晚教春煊读书，从不间断；春煊深感赵藩救命之恩，加倍攻读，从不懈怠。

这样过了很长时间。一天，总督因公到赵藩住处，他无意间发现赵的桌子上放有作文本，问道："怎么，你还教着独馆么？"赵答："是的。"总督问："教着谁？"赵答："三公子！"岑毓英听了愣住惊诧不已："你在说瞎话！"赵说："我不是说瞎话，是说真话。"总督急翻了一下作文本，摇头说："不，不会的。如果春煊肚里是那样的通达，他也就不会把命断送了！"说完，长叹了一声。

"三公子真的没有死！"赵藩说。

"真的没有死？"总督追问。

"没有死！"

"那差役禀献的血刀到底是怎么回事？"

"那是杀鸡献刀！"

总督听了，急忙问："那三公子现在在哪儿？"赵藩说："现在你看不着他，等你做生日那天，我一定把他领来，祝'喜带寿'。"

岑毓英生日那一天，赵藩把岑春煊领到总督面前。三公子一见父亲，扑通一声，跪倒在地。总督忙扶："你应该拜红笔司爷！"春煊转拜赵藩。毓英父子悲喜交加，对赵藩感谢不已。

后来，岑春煊任四川总督，也常称赵藩为"救命恩师"。

赵青天审柜子（白族）

讲述：李景晟 白族
记录：张文渤 白族
1980 年采录于剑川城
流传地区：剑川金华

有个妇人，经常约姘头幽会。被妇人的七八岁独姑娘看到，把事说了出去。二人知道，怀恨入骨，同谋把女儿活活掐死。

此案被四川臬台赵藩探悉。一日，赵传讯妇人，妇人说："我女儿死得太冤枉，我只有这个女儿，凶手拿不到，报不了仇，雪不了恨，我也不愿活下去了。"说到这里，她"哎呀"一声，呼天抢地地大哭起来。接着，边抽泣，边哀求："万望臬台大人为妇做主，抓到凶手，好使我申冤除恨！"

当天，在传讯寡妇的同时，赵藩派人在妇人房内的柜子里藏进一个探子。入夜，姘头照例潜入妇人房里。寡妇惊惶地对姘头说："今天白天，臬台拿我去审问……"姘头为她打虚气说："不怕，这事只有我俩知道。只要你不承认，我不承认，臬台再高明也审不出女儿是我们整死的。"

第二天，赵藩正式审讯妇人。他令人将妇人房里的柜子也抬来，赵藩问："你女儿到底是怎么死的？！"妇人装出一副非常诚实和痛楚的嘴脸："昨天我就向大人禀告了，我确实不知道。要是我知道，就一定把他扭送来臬台这里问斩了。"

"你确实不知道？！"赵藩再问。

"不知道！"妇人答。

"你当真不晓得？！"

"不晓得！"

赵藩突然霹雳一声："来人！把妇人的柜子抬过来！"妇人看见柜子，百思不解。

赵藩把前面的问话，向妇人重问了一遍，妇人依然说："不知道！不晓得！"

赵藩从容地说："你既然不说，那就叫柜子替你说吧！"这时，柜子里发出了清楚的声音，把昨夜妇人和姘头的对话原原本本地复述了一遍。妇人听了，面如土色，慢慢地低下头来，不得不把谋害亲生女儿的经过直供不讳。赵藩便差人把姘头捉来，一并归案，依法处死。

赵式铭的故事

让他三尺又何妨（白族）

讲述：陈育生 白族
记录：陈瑞鸿 白族
1980 年采录于剑川城
流传地区：剑川金华

赵式铭[①]有一家姓李的亲戚，居住在剑川城西南角。其房屋东面是一块

---

① 赵式铭（1873—1942），字星海，白族，剑川金华人。云南通志馆馆长，白族著名学者，一生著述甚丰，有43卷存世。

空地。李家在自己天井与空地之间砌了一堵围墙。后来一家姓张的富户买了那块空地盖房子，在砌正房后檐墙的石脚时，偏偏要紧靠李家的东墙。这样一来，张家正房的滴檐水就要滴在李家的围墙上边。李家三番五次对张家讲，按传统习惯，他家的石脚应离围墙三尺。张家依仗权势，硬要侵占李家滴檐阴沟。

张家蛮不讲理。李家便写信到昆明，请赵式铭写个状子，帮他们与张家打官司。赵式铭接到亲戚家的信后，经过认真思索考虑，提笔写了一封回信。信中写道：

官司只为一堵墙，
让他三尺又何妨。
万里长城今犹在，
如今不见秦始皇！

李家素来很尊敬赵式铭，大小事都要请他拿主张。接到赵式铭的回信后，也就不再和张家争吵了。张家感到奇怪，前些日子与李家人相遇都招冷眼，如今却相安无事，这葫芦里还不知装的什么药！一打听，知道是赵式铭写信开导李家：生不带来，死不带去，邻里相处，以和为贵，区区小事，何须动气。还写了一首意味深长的诗。这首诗还在民间传开了呢。

张家十分惭愧，想赵式铭在外为官，能写会道，结交的官绅又多，要是他出面为李家打官司，我们肯定吃不了兜着走！但他却规劝李家让地三尺，像他这样的好人能有几个？于是便把石脚撤掉，后退四尺。这样一来，张家与李家之间的墙距比一般的还宽一尺。此后，两家相敬如宾，和睦相处。

巧题挽联（白族）

讲述：康灼南　白族
记录：康东福　白族
1980 年采录于剑川城
流传地区：剑川金华

赵式铭德高望重，才学超群。县城里有几个不学无术的绅士对他十分忌妒。

有一次，土匪占据剑川城。有一个土匪头子遭暗杀，其灵堂就设在南门报国寺。

县城里的几个绅士忙聚在一起商量：机不可失，时不再来，整垮赵式铭的机会来了。几个绅士到土匪头子灵前吊唁，然后对其他几个土匪头子说道："城里赵式铭的挽联作得最好，我们帮你们去请他。"几个土匪头子喝得半醉，声嘶力竭地乱吼："赵四鸣是什么东西，快把他喊来写个对子！"绅士们边向赵式铭家走去，边得意忘形地交谈着："嘿嘿，他如拒绝或写出讥讽骂人之词，就让匪头们收拾他，来个借刀杀人。他如去写歌功颂德的对联，只会讨得万民唾骂，一败涂地。这回就让他左也不行，右也不是；写也不得，不写也不得，活该。"

那几个绅士进了赵式铭家，假装站成一排，向他鞠躬道："赵先生，几个强人久闻你的尊姓大名，特让我们请你去写挽联。"赵式铭知道来者不善，略一想后，说：

"好啊，请吧！"

到了报国寺，赵式铭不慌不忙接过毛笔写道：

生死前生定；功过后人评。

几个绅士呆如木鸡，真对赵式铭无奈！

中国民间故事丛书

云南 大理

剑川卷

笑話

贾云唱乡戏（白族）

采录：罗煜鸢 白族
1980年采录于剑川羊岑

过去，每逢农历八月十五日本主会时，村里都要唱乡戏，常由本村本乡的青年人登台演出，热闹异常。

相传有一年，为了唱乡戏，本主会前一个多月，村里就请来了戏师傅。有一个名叫贾云的小伙子，因他从来没有上台演过戏，非常羡慕登台演出的那些人。决心今年一定登台唱上一角。于是他就去找戏师傅，接受了唱净的角色，还起早摸黑下苦功夫背台词。

贾云家境困难，衣无一件，鞋无一双。当时唱乡戏有个规矩，如租不到戏箱，要自己准备戏衣。他很苦恼，台词背熟了，戏路也顺了，但没有演出服装，怎么办呢？他把家中的一口旧锅卖掉，买了一顶帽子；一丘秧田卖了一半，买了一套衣裤；还缺靴子，就把仅有的一只公鸡也抱去卖了。还卖了三升荷包豆，特意买了一包上等烟，到时传给戏师傅和为自己喝彩的人。

一切准备停当，只等上台唱戏。会期那天，贾云兴冲冲地赶去唱戏，戏师傅认真地帮他化妆。轮到他出场了，他把上马门的门帘一掀开，只见台下几百双眼睛都盯来。把他吓得小腿像弹三弦，头上冒冷汗。出也不是，进也不得，他双目圆睁，呆呆地和台下的人对视着。戏师傅急了，催他快出，他依然木偶般地直立着。戏师傅无法，不管三七二十一，就把他推到台口，逗拢他的耳朵，低声道："搞什么名堂，快唱！"

贾云心里很痛苦，暗想：我为了唱这台戏，已经倾家荡产，把家中的铁锅、半丘秧田、公鸡、荷包豆都卖了，还叫我唱什么呢？这时，戏师傅又再次催逼："你不唱就滚下台，莫给我丢丑！"一句话把他闹火了，他把双手抱在头盔上唱道："……头戴八斤铁锅，"然后右手指着嘴巴唱："口……口含三升荷包豆，"继而双手拉住衣服唱："身……身穿半丘秧田，"最后把右脚跷起来唱道："脚……脚踏一只公鸡！"转了一个圆圈，就从下马门跑进去。直到卸装时，他的一颗心还怦怦不停地跳。

巧媳妇（白族）

讲述：杨育才
记录：杨德超 白族
1960年采录于剑川城

从前有个老人，他有四个儿子，老大、老二、老三都已完婚，只有老四还没有媳妇。

一年，腊月三十晚上，老公公要让三个儿媳回娘家团聚几天，便对三个儿媳说："明天就是新年了，你们都回娘家去过过新年，初二就走吧。"又说，"大媳妇回去三五天，二媳妇回去七八天，三媳妇回去半个月，齐去齐回，回来时都要带回个'纸裹火'来。"

正月初二这天，三个儿媳收拾了，一齐回娘家去拜年。一路上，大家都议论公公的吩咐。大媳妇说："三媳妇给闲半个月，二媳妇给闲七八天，我嘛只给闲三五天，太不公平了！"

二媳妇、三媳妇也有难处，因为公公说要一齐去一齐回，这又怎么办呢？于是三人叽叽喳喳地说起来。

这时，路旁放猪的一个姑娘，听见她们闹闹嚷嚷，笑着说："这有什么为难的？三媳妇回家闲半个月，就是十五天，二媳妇回家七八天，七加八一十五，还是十五天；大媳妇回去三五天，三五一十五，也是十五天。大家都是去十五天，正月十五一齐回去。"

三儿媳又问："那'纸裹火'是什么呢？"这姑娘又说："正月十五闹花灯，公公是叫你们每人拿个灯笼回去哩！"

三人听后，高兴地走了。

十五这天，三个儿媳妇都从娘家提着灯笼回来了。儿媳们一到，老公公就问："你们拿的'纸裹火'呢？"

三个儿媳妇都将灯笼提来给公公看。公公看了觉得奇怪，怎么这三个儿媳妇一时聪明起来，便问她们怎么知道要她们提个灯笼，又一起在十五这天回来。三个儿媳不好隐瞒，就将她们遇着那姑娘的事说了。老公公又高兴，又佩服，便托媒将那放猪姑娘讨来做四儿媳妇。

不料，这姑娘原被人讨过八字，许了人家，只是姑娘不愿意。如今见这一家来讨，心想，这家公公这样聪明，儿子一定能干，还是嫁给他们的四儿子好。于是就做了他四儿子的媳妇。前面讨她那家不服气，到官府告了状，老公公被提审。

县官也知道这放猪姑娘聪明,就故意刁难老公公说:"你如能喂个山一样大的猪,煮坛海一样多的酒,就让那姑娘做你的四儿媳妇。"

四儿媳知道这事,就说:"阿爹,这有什么难的,你就问他借称山样大的猪那杆秤,装海一样多的酒的那个坛子。"

老公公得了主意,到官府对县官说了。县官气得目瞪口呆,喝道:"谁教你说的!?"

老公公照实说了。县官怒道:"把她带来!"

衙役把四儿媳带了进来。县官拍了一下惊堂木,指着照壁问:"照壁画上的鱼有几斤?"

儿媳答:"画匠死了未曾称。"

县官听了,将戴的冬帽砸下,吓唬她:"我的冬帽有四两。"

四儿媳挺挺胸脯回答道:"我的奶头有半斤。"

县官想了想,问:"你的奶头有何用?"

四儿媳指着冬帽说:"养得儿子做先生。"

县官气得下不了台,只得慌忙退堂。

艾玉故事(白族)

采录:剑川县文化馆
1984年采录于剑川城
流传地区:剑川、洱源

打大白鸡

艾玉[①]是个聪明人,家里虽然很穷,但还是想方设法读了一点书。他家是财主李老爷的佃户。李老爷为人刻薄、吝啬,爱财如命。他常常把艾玉父子喊去任意使唤,只给他们两顿玉麦饭,不给一文工钱。有时做了半天活,要他们饿着肚子回家。艾玉从小就恨李老爷,常常故意装痴作呆捉弄他。

[①] 艾玉字自修,明朝时邓川人,出身贫苦,从小当长工。他很好学,又有才华,后来考中了进士,但不愿为官,长居乡里。他既是一个文人,又是一个白族机智人物,一生同封建统治阶级和形形色色的邪恶势力作斗争,给他们以无情的讽刺、嘲弄和抨击,为民出气。他的故事,在大理、洱源、剑川等地普遍流传,脍炙人口。

李老爷眼睛近视。有一次，吃了炒螺蛳，隔壁家的白鸡在桌子上屙了一堆屎，像螺蛳一样。艾玉故意说："桌子上那个螺蛳是谁的？怎么还没有吃？"李老财一听，走过去捡起来就吃，只觉得满口鸡屎臭，心里很愤恨，发誓要打死隔壁家的大白鸡。

隔了一会儿，艾玉悄悄地把一个江西大白瓷壶放在桌子上，走出去对老爷说："隔壁家大白鸡又跑到桌子上来屙屎了！"李老爷一听，拿起木棒，往桌子上就打，只听得乒里乓啦一阵响，大白瓷壶被打得个粉碎。李老爷气得脸上青一阵、白一阵，喘不过气来。

换马

艾玉的父亲买来一匹驮柴的马，毛色还好，青里藏白，就是眼力不好，干筋瘦骨。不久，李老爷也买来一匹又高又大的马，全身红色，鼻子上有一线白毛。艾玉想：父子俩一年到头替李老爷做工，可是拿他一文钱，比割他身上一块肉还难，这回得想个办法把马换过来。

艾玉故意慌慌张张跑去见李老爷说："不好了！我去放马，好多人见了都说：'马是长得好，可主人要遭凶了！'……"李老爷一听，忙问："为什么这样说？"艾玉说："他们说，红马白鼻子叫作'红漆棺材挂灵牌'，所以主人要遭凶。"李老爷急得直跺脚，忙叫："艾玉，叫你爹拉去卖了吧！"艾玉说："我爹也说，这马谁人敢买？除非和人家的马调换。"李老爷想了想说："你们砍柴那马生得怎样？"艾玉说："我家的马，毛发生得好，叫作'墨里藏银'。要是落在有福气的人家，可要大富贵哩！"李老爷说："那么我就同你们换马吧！"艾玉装着很不乐意的样子说："怕的是红马克了我爹！"李老爷说："你们穷人怕什么克不克的！快把红马拉过去，把你家青马拉过来！"就这样，李老爷心甘情愿和艾玉家换了马。

偷酒（白族）

讲述：李贵宝　白族
记录：李继昌　白族
1984 年采录于剑川马登

从前，马登坝南山脚下有一个老汉。有一次，他到鹤庆卖干竹笋。

老汉生意很好，第一天就卖了很多竹笋，心里非常高兴。久闻鹤庆干酒味道醇正，于是他特意买了一个土壶，倒了一壶酒放在身旁。第二天起床时一看，那壶酒不翼而飞，不知什么时候被人偷走了。他愤怒至极，心里暗自盘算着，要惩治一下"三只手"。老汉把土尿壶放在身旁。果不出所料，来了两个小偷，又把那壶偷走了。没离开老汉多远，拿着壶的小偷抢先喝了一口，只觉得又腥又臭，实在不是滋味。他明知是尿，但故意拿给另一个小偷，狡猾地说："好酒，你也喝一口吧！"另一个小偷迫不及待地喝了一大口，生气地把壶摔破在地。

那马登老汉把这一切看在眼里，高兴地手舞足蹈起来，自言自语道："昨天喝了老子的酒，今天让你们喝老子的尿，不干不净'三只手'，让你尝尝马登老汉的味道！"

该谁先吃（白族）

采录：李润奎　白族
1984年采录于剑川甸南

有一位六十来岁的老倌，嘴馋好吃，喜欢独开小灶。家里吃饭的时候，他常推头疼肚痛，吃不下饭。而家里人一下地干活，他就拿出腊肉鸡蛋，在小铜锅里自炒自吃，好不快活。

他的所作所为骗不过小孙子。那个不懂事的小孙子，常把好吃的东西都抢先吃掉。老倌心里十分不快，却不好开口。两次三次还可作罢，长此下去，这可得了！

有一天，老倌就不客气地对孙子说："爷爷老了，吃几年就要死，你年纪还小，等以后慢慢再吃。"从此，不准孙子动筷。

过了几天，老倌让孙子去放牛。孙子就把母牛赶出去放牧，却把小牛关在牛圈里。老倌看见后，心里十分纳闷儿，问小孙子："为什么不放牧小牛？"

小孙子笑着答道："母牛老了，吃几年就要死。小牛岁口还轻，等以后慢慢再吃！"

老倌听了之后，大发脾气骂道："你这个傻子，不让小牛吃青草，你要饿死它吗？"

小孙子心平气和地答道:"前几天,你不就是这样对我说过嘛!"一句话,说得爷爷哑口无言。

欧阳鹦哥(白族)

讲述:张用修 白族
记录:张文渤 白族
1984年采录于剑川城

古时候,剑川有一个姓欧阳的人。有一次,他去应试考画画,画题是"万绿丛中一点红",他画了一只"满身绿羽毛,一个红嘴巴"的鹦哥交上去。因为他的画独具一格,从此,人家就叫他为"欧阳鹦哥"。

欧阳鹦哥是一位又聪明、又滑稽的人。一天晚上,他们全家都睡熟了。一个小偷悄悄溜进他的家里,摸到他家的面柜边,把衣服铺在地上,然后打开柜门。欧阳鹦哥从梦中惊醒。他想,是小偷开柜门偷麦面来了,便轻手轻脚爬起来,也摸到面柜边。他摸到一块什么布,便把那块布轻轻拿走,退到后边听动静。

这时,小偷舀出第一瓢面粉来,弯身摸那铺下的衣服准备倒下去,怪了,衣服不见了。小偷一急,又碰响了柜子。

这时,鹦哥的老婆听见响声,就大声叫起来:"有小偷!有小偷!"欧阳鹦哥假意地说:"没有,哪里有小偷!?"小偷听了生气道:"没有小偷,我的衣服呢?"说着,便逃走了。

不爱做(白族)

讲述:马朝富 白族
记录:张福三
1960年采录于剑川东岭

从前,有一个人名叫"不爱做"。看见人家坐轿骑马就眼红,成天只想吃好的、穿好的,可就是自己不爱劳动。这样,成天闷闷不乐,没有多久,就愁闷死了。死后,他去见阎王,阎王叫判官查生死簿,"不爱做"阳寿未终，要他回到人间去。可是，"不爱做"不愿去，他想找一个既不做活又能过好日子的去处。阎王就叫他去投胎变花猫，变作"乌云盖雪"，可以讨得主人欢喜，就有好吃的了。

"不爱做"答应了，变了一只好看的猫。起初，主人很喜欢，净拿好吃的喂它。长大了，它只吃好的，不拿耗子，主人家里耗子成群，闹得主人家晚上不安宁。一天，主人出外有事，他的儿媳就把花猫塞进装粮食的囤子里，那天晚上，老鼠不敢出来了。主人一回来，儿媳对他说："这花猫还是有用，它一进去，耗子就不敢来闹了。"这样，就不让花猫出来，可把它饿着了。

洞里的耗子饿得发慌，一个胆子大点的耗子说："躲在洞里没有用，还是得出去想法子，多去几个试试看。"一大群耗子就偷偷地出来了，花猫只是叫，并不去捉。这样一来，耗子们的胆子越来越大，甚至从花猫面前溜过。花猫又饿又懒，不愿捉耗子，只等主人送好吃的来。耗子越闹越凶，把什么东西都咬坏了。主人一生气，他儿媳就把花猫从窗口往外一摔，摔死了。

花猫死后，又来找阎王诉苦："主人不给好的吃，反而把我摔死了，真是冤枉！"

阎王没办法，只好对他说："你去找世上最慈善的人吧，他会给你好的吃。"

当时，有个最慈善的人，名叫张爱，是个穷人，每天靠打柴为生，已经二十多岁，还娶不上媳妇。"不爱做"就投胎成美女，嫁给了张爱。"不爱做"成天光吃不做，全靠张爱养活她。

一天，张爱去看望生病的祖父，要出门三天。"不爱做"很为难，丈夫一走，就没有人服侍了。张爱想了想，做了个够吃三天的大饼，中间通一个洞，挂在她的脖子上。但她吃完面前的，也懒得移动一下上边的，不到三天，她就饿死了。

"不爱做"又去找阎王，她说："慈善的人也不行，我还是饿死了，另外想一个办法吧！"

阎王想来想去，只好说："你要一点也不劳动，又要装饱肚子，那只有去变个夜壶，你不消动，人家就会把你灌满！"

从此，"不爱做"就变成了夜壶！

早上属鸡　晚上属鸭（白族）

采录：江锐　白族
1980年采录于剑川东岭

从前，有个狗年生的人，没有名字，人们就叫他"属狗的"。他干什么事都马马虎虎，挖地就像猫盖屎，砍柴拣的老鸦窝。好吃懒做，日子过得很艰难。但他不怪自己懒，却怪自己属相不好：属狗的，狗吃屎，命薄命苦。

有天早上，属狗的路过一家菜园旁，见一位老大爹在挖菜园，就攀谈起来。两人谈了一阵，日上三竿，儿媳妇给大爹送来早饭，大爹就邀属狗的一起吃。属狗的拘①了两声就吃起来：红米饭，韭菜炒芋头，排骨萝卜汤，还有一碟卤豆腐。吃起来非常爽口。

吃完饭，属狗的抹抹嘴问："阿大大②，你家多大年纪啦？"

"今年六十二，属鸡。"

"属鸡，好命相呵！"

"好命相？你咋不属鸡？"大爹没好气地说。属狗的心想：申酉戌亥，鸡和狗只差一点点，鸡年三十晚上和狗年大年初一只隔一夜，我咋不属鸡？！我家也有一块菜园地，我就学老倌盘菜园，也好吃韭菜炒芋头，排骨萝卜汤。想到这里，辞别大爹，回家找出锄头，到菜园里挖了起来。

过路人见属狗的突然挖起园子来，十分奇怪，便问："属狗的，今天怎么挖起园子来啦？"

"我不属狗啦，从今早起我属鸡。"

挖了一阵，十分劳累，属狗的丢下锄头，不愿再挖了。他走出菜园，来到街心，见馆子铺里有两个人喝酒吃肉，心想：这些人的命相才好，不知他们属什么，便上前问道："二位仁兄属什么？"

这两人正在搳拳赌输赢，没听到属狗的问话，搳他们的拳："八八八八，八福八寿……"

属狗的以为他们答应他"鸭鸭鸭鸭，鸭福鸭寿"。心想：原来他们是

---

① 拘：白语，客气的意思。
② 阿大大：白语，伯父的意思。

属鸭的,命相才这么好,怪不得世间属鸭的人这么少,鸡鸭相近,我何不属鸭?!

属狗的正呆想着,搳拳的转过头问他:"你说什么?"

属狗的以为他们问他"属什么",就连忙答应道:"和二位仁兄一般,我也属鸭,鸭福鸭寿嘛。"

两个搳拳的听了,觉得好笑,趁着酒兴,邀他一块吃酒。

晚上,属狗的满心欢喜地回家,早上的那个过路人正好碰着他,便问道:"属鸡的,菜园子挖好了吗?"

"咳,从今晚上起,我不属鸡,改属鸭啦!"

尽管属狗的早上属鸡,晚上属鸭,由于好吃懒做,做事有始无终,始终没有过上好日子。

两公婆

采录:杨登农

从前有两公婆①,又馋又懒,在家无事,女的问男的:"你说,如果我们明天上山去砍一背柴,背到街子上卖了,第一要买什么?"

男的不假思索地回答:"先割它两斤肉。"

"肉买回来咋个吃法?"女的又问。

"青辣椒炒肉,好下酒。"男的回答。

女的不同意:"不,剁成碎肉,氽丸子才好。"

"就是要青辣子炒肉!"男的叫起来。

"就是要剁肉氽丸子!"女的也叫起来。

"我说炒!"

"我说煮!"

两个各执己见,互不相让,后来竟动手打起来。

隔壁大妈赶过来劝架,问他们为什么打架?男的说:"我们商量吃肉,我说青辣椒炒肉,又辣又香味道好,可她偏不同意。"

---

① 两公婆:白族有时称两口子为两公婆。

女的说:"我说氽丸子,有肉又有汤,吃起来像水推沙,可他偏跟我犟。"

大妈笑起来:"莫争啦,把肉拿来给我,我帮你们分成两半,一半炒,一半煮,这不就成了吗?"

男的说:"肉还没有买回来哪,明天上山砍柴的刀都还没有磨呢!"

女的说:"明天背柴的绳子也还没有搓呢!"

偏心灯（白族）

采录：郑绍堃
1960年采录于剑川城

从前,我们村里有一个老妈妈。她很信奉观音老母,把观音塑像供在家堂①里。每天晚上,在观音像前点上一盏灯,磕三个响头,祷祝道:"大慈大悲观世音,我诚心向善一片心,求你超度超度我吧。"

这样不停地祷祝了好久,观音老母也受了感动,决定下凡来试试老妈妈向善的心到底诚不诚。

这一天,老妈妈到街上卖生姜。观音老母就化成一个山区婆,手提一个破提篮,向老妈妈买生姜,"阿大嬷,给我称三斤生姜。"

老妈妈见买生姜的是个山区婆,欺她不会看秤花,煞她的马虎,只称给她两斤。

观音一看问道:"阿大嬷,称的是足三斤了么?"

老妈妈瞪了她一眼说:"三斤还是旺旺的呢!"

观音老母看了老妈妈一眼,说:

　　两斤当作三斤称,
　　怕你点的偏心灯;
　　观音也难度化你,
　　善口不善心。

说完,观音老母化作一股清风不见了。老妈妈大吃一惊,赶回家里一看,观音像前的那盏灯真的成了一盏"偏心灯"啦。

---

① 家堂：供祖宗的地方。

公修公得　婆修婆得（白族）

采录：沈葆清　白族
1984年采录于剑川城

　　金华山脚下有个小村子，村里有老两口，前半辈子相亲相爱，可翻过五十，竟在家里唱起对台戏来。老妈子信神，初一、十五总要在祖先牌、灶君位、大门前敬一对红香，碗筷也得用灶灰水褪洗一番，表明今天吃素。老倌起来就要杀一对小鸽子，或者磕两个鸡蛋，嘴里还故意说："饭后去拿鱼，晚上煮肉吃。"老妈子无奈，只好再点上一对香，插在老倌杀鸽子的地方并祷告说："公修公得，婆修婆得！"老倌生了气，就拿洗鸽子的那盆血水往香上一泼，也说："不修也得，吃得用得！"就这样，谁也说不服谁，谁也压不服谁。

　　有天清早，老倌起来，披衣出门，突然一阵大风，把门前李子树上的李子吹落了一地。老倌心生一计，就选了较大的一个，衔在嘴里，把腮巴弄得胀鼓鼓的，用手捂着腮巴，"哎哟，哎哟"地哼着回家，倒在床上。老妈子急忙过来问，老倌说："别问啦，我信啦，快请神婆！"老婆子一听，又急又乐，急的是老倌出了事，乐的是听到"我信了"，就三脚两步出去请了个巫婆来。那巫婆设了香案，请了请神，一双眼睛就瞪了起来，说要到古城隍、东岳庙、阎王殿等处禳解。老倌在床上暗笑，等神婆醒了，就大吼一声："放屁！"从床上跳下来，吐出那个大李子。

　　巫婆一看，连东西都不敢收拾，活像只挨了打的狗，夹着尾巴跑了。老妈子看着，也目瞪口呆，没有话说。

阿哥县太爷（白族）

讲述：张用修　白族
记录：张文渤　白族
1980年采录于剑川城西门街

　　从前，剑川城里有个老妈妈，很穷。县太爷逼她上粮上税，她无法交纳,就被县太爷抓进衙门关起来。由于她不懂汉话,县太爷审问她时,听不懂,就随便乱回答。这样,县太爷只管问,她只管申述理由;答的不懂问,问的不懂答,只见他们咿哩哇啦,各说各的,吵得还热闹。

过堂时,县太爷问:"你是哪里人?叫什么名字?多大了?"老妈妈好像听到"大堂上有些什么?"的问话,就用白族话说:

> 阿哥县太爷,
> 桌子也把围腰系,
> 椅子也给盖铺盖;
> 哪个比得你?

县太爷也听不懂,又问:"你可知道拖欠官家钱粮,该当什么罪?"老妈妈好像听到要交钱粮的意思,连忙说:

> 阿哥县太爷,
> 我儿大得就像你;
> 等到我儿出门回,
> 一笔还给你。

县太爷听不懂她在答什么,就问身旁的师爷,师爷翻译给县太爷说:"她说,你就像她的儿子一样。"

县太爷听了,大发雷霆,呵斥道"掌嘴!"因为"掌嘴"的字音很接近白族话的"攒者"(即"攒钱")。老妈妈以为县太爷要她"攒钱"还粮税款,便说:

> 吃的都没有,
> 你还叫我来攒钱;
> 我儿做官回来时,
> 比你更威严。

县太爷见这老妈妈胆气正,"出口成章",不是好欺负的人;又怕她儿子真的做官回来,不好交代,只好把她"请"出衙门去了。

吹亏子

讲述：二哥男 白族
记录：阿雄德 白族
1980 年采录于剑川东岭

吹亏子的情人阿十妹要出嫁了，明天就要由城里张大人家派轿子来抬人。阿十妹爹妈说："嫁给张大人的儿子张岛是前世修来的福气，虽说张岛做人不咋样，只爱喝酒玩乐，不好好读书；可是，张大人家的金银够吃几辈子，粮仓年年吃不完，嫁也得嫁，不嫁也得嫁。"吹亏子和阿十妹躲在村子后山松子坡抱着哭，真是难舍难分。

吹亏子说："莫哭了，明天我送你进城，陪你去送亲，有我在，你不用怕，包你回得来。"

第二天，轿子抬进张大人家，拜堂，入洞房，就不见吹亏子，只有一个"哑巴使女"一直跟着服侍她。阿十妹偷看了一眼，那哑巴使女对她眨眨眼，又悄悄捏了一下她的手，阿十妹似乎明白了，是吹亏子装扮成哑巴使女跟进来了，也就说是她表姐家派来的哑巴丫头服侍十小姐的，张大人家白白送来了不花钱的使女，有什么不好。

晚上，张岛与阿十妹刚刚喝过哑巴使女送来的"交杯酒"，就昏昏沉沉地趴在桌子上睡熟了，装扮成哑巴使女的吹亏子马上脱下外衣，就与阿十妹上床了。

完事后，吹亏子交给阿十妹一个小土瓶子说："等会张岛醒来要上床同你睡觉，你就打开瓶子这样那样，明天张大人家就会把你赶回来。"说完，吹亏子就从窝子门爬出去走了。

将近四更天，张岛醒来，迫不及待地拉下裤子，掀开阿十妹的被子，钻进去要扑上去时，阿十妹拔掉小瓶塞，只听见张岛大叫一声："啊呀！疼死我了！爹呀，妈呀！"一边叫，一边握着麻雀开门往外冲。爹妈赶来了，家里人也起来了，只见张岛的阳物已经红肿得像个棒槌。医生也请来了，说是被马蜂蜇了。张岛家就把这个胯下养马蜂的阿十妹赶回家，不要了。

后来，四乡八寨的人都说："阿十妹胯下养马蜂，没人敢来娶她。"吹亏子说："我会治马蜂，我要。"阿十妹家父母就把阿十妹嫁给了吹亏子。

成亲那天晚上，吹亏子同阿十妹说着悄悄话："谢谢马蜂大媒人；你吹亏子才是鬼精明。"

附录一　故事家小档案

张明德

1900—1973，白族，剑川县城北板洞河村人。中国民间文艺家协会、中国曲艺家协会会员。幼年只读过三年多私学，做过木匠，种过田，后来学会弹唱本子曲（白族故事歌），所以不仅能讲很多故事，还能编唱，成为著名的民间文艺家。

赵慰昌

1917—1975，又名玉昌，白族，剑川县金华镇西门外人。曾经到兰坪县普米族地区教过书，创作长篇小说《西番缩影记》。是著名的白族民间故事家，语言生动，每次说故事都受到热烈欢迎。几个家喻户晓的好故事都被李星华收入1959年出版的《白族民间故事传说集》。

杨杰

1908—1983，又名杨一贤，白族，剑川县巩北乡人，在剑川东山等地任小学教师，课余给学生和村里群众讲故事，唱白族本子曲，很受欢迎。他还创作了《妇女翻身调》等一批故事歌，在群众中广为流传。

王恩兆

1880—1947，白族，剑川县甸南江尾登人，能说许多"古话"（即故事），又能自弹自唱本子曲（即故事歌）。著名的《割田埂调》就是从他那里传下来的。

附录二　未收入本卷的主要故事篇目

狮子过悬关

点将台与诸葛棋

鲁班的墨斗

长养人才

赵式铭贴对联

赵藩画门画

喝水屙金

宝相寺

老君山

水古楼

没鼻子老大

墨斗山

芸香草

清水江、浊水江

畅宽子

美姜妞

后记

剑川县位于云南省西北部、大理白族自治州北部,东连鹤庆县,南接洱源县,西靠兰坪县,北邻丽江县。地跨北纬26°12′～26°42′,东经99°33′～100°33′,地势西北高东南低。东部、中部、西部为高山山地,山脉河谷呈南北向分布。县境东北金华坝镶嵌着淡水湖泊剑湖;全县东西相距58公里,南北纵长55公里,总面积2250平方公里。山区面积占90%以上,盆地占7%,其余为湖泊、河流,属高寒山区农业县。剑川距大理白族自治州州府所在地下关126公里,距省会昆明市460公里。

剑川于元代建县,明清建剑川州,民国二年(1913年)恢复剑川县建制。1949年4月2日,中共滇西工委在剑川举行"四·二"暴动成功,1949年10月滇西北行政专员公署在剑川成立,1949年12月底改设丽江行政专员公署。1956年8月剑川县划属大理专区;11月大理白族自治州成立,剑川属大理州。1958年剑川、洱源、邓川3县合并称剑川县。1961年9月洱源(含邓川)从剑川分出,剑川县恢复原建制。

2002年剑川县分为6镇3乡,即金华镇、剑阳镇、甸南镇、沙溪镇、马登镇、上兰镇、羊岑乡、弥沙乡、象图乡,下辖93个村委会。

2002年末，剑川县总人口167955人，主要民族为白族，白族154025人，占总人口的91.70%；汉族6104人，占总人口的3.63%；彝族3378人，占2.01%；傈僳族1933人，占1.15%；回族1257人，占0.75%；纳西族1118人，占0.67%。

剑川是云南开发较早、文化较发达的地区之一。据考古资料证明：早在新石器时代晚期就有当地土著的原始族群居住，出土的青铜器有极高的工艺水平……县境各地都有重要的古文化遗迹。石宝山唐宋石雕誉满中外。

在长期的历史进程中，剑川人民创造了灿如繁星的民族民间文化艺术。其中繁花似锦、独具特色的民间文学作品，早在20世纪50年代就已引起李星华等名家及省内外有关部门的关注，曾组织采风小组调查收集。有的故事传说已拍成电影，有的已编入公开出版的白族民间故事集中，有的已译为外文传到日本和其他国家。

剑川是白族聚居区。白族民间故事传说绚丽多姿，丰富多彩。从某种意义上可以说它囊括了纵向的历史、横向的人生、广阔的大自然，以深邃的寓意和哲理，反映了白族人民的社会生活和民族性格，表达了白族人民的审美观念和艺术情趣。

剑川风光秀丽，景色迷人，山川风物故事较多。石宝山歌会、石钟寺庙宇……一石一木，一山一水，都流传着美丽动听的传说。

剑川历史上木匠很出名，素有"木雕之乡"的称誉，因而木匠故事独具一格。它歌颂了劳动人民的机智勇敢和勤劳善良的本色。

剑川有"文献名邦"之称，历代出了不少文人学士。从明代嘉靖至崇祯年间，曾考中八个进士，数十个举人，故文人故事较多。这些故事大多赞颂了他们的学识才华以及忧国忧民的美德。如明代的杨栋朝、段高选、段九章和清代王兆、欧阳丰、赵藩、赵式铭等的故事，就在民间流传不少。

人的生存离不开水，古代人认为管理水的神灵是龙王。剑川地处滇西北高原，气候寒冷，土地贫瘠，旱涝频繁，因此，反映白族人民治水斗争的龙的神话传说也很多。

本主是白族独有的一种宗教信仰。1949年以前，剑川几乎村村都有本主庙，剑湖两岸就有十八坛神的说法。每个村子一年要做一次本主会，让本主享受人间香火，以报他们为民消灾免难的功绩。闲暇之时，老年人便给大家讲述大黑天神、古城隍、石崖天子等传说。

白族的故事比天上的星星还多。在剑川还流传着很多生活故事、寓言故事、地名故事、动植物故事、奇联妙对故事、石宝山传说与佛教人物观音老母的传说、民族节日传说故事、民间笑话、民间童话等。

民间故事为什么千百年来能够在群众中一直广泛流传？为什么它能获得长久的生命力？因为它是劳动人民根据自己所处的社会现实、自然环境以及亲身经历的生产劳动和斗争生活创作出来；它又经过后人不断的丰富提炼加工，使故事有明确的主题、生动的情节、严谨的结构、轻松的格律等特点；它着重于人物的心灵塑造，表达了人们的理想和愿望、好恶与追求，体现了人们的心理素质和审美情趣，反映了本地区的风情面貌，而富有浓郁的生活气息和民族特色。

在剑川，人们把讲故事称为"讲古话""讲传"。每个村寨里都有很多能讲古话的老人。"老人不讲古，青年不识谱"。不论在木匠的工地上以及果园的窝棚里或办喜丧二事人家的火塘边、庄稼地里、放牧场上……只要有老人在场，人们都要请他们讲上几则古话。他们一开口，不是讲杨木匠，就是讲本主老爷；不是讲俩老友一同去做生意，就是讲白龙黑龙争水。他们所讲的都是产生于本地区的故事，很少讲三国、列国、红楼、水浒。因为大多数会讲古话的人都识字不多，那些书上的文言语句、诗词歌赋，他们是无法看懂的。即使群众中讲一些三国历史人物故事，也都富有地方色彩。

1981年6月，我们到沙溪采风，在甸头乡西边的果园里，七十七岁的王锡康老人一连给我们讲了十一个故事。讲的都是石宝山的传说及沙溪区的山川风物、本主、文人等故事。在民间很少有汉族民间故事的译作，这也可说是剑川故事活动的一个特点。人们用讲故事来调剂自己的生活，得到美的享受，同时寓教于乐，继承古代劳动人民的传统美德，净化人们的心灵。

我们编选这本集子，目的在于继承民族文化传统，进一步加强各民族的文化交流，发展本民族的新文化。在精神文明建设中对群众进行传统美德和爱国主义教育；也为建设中国式的民间文艺学和其他各类社会科学学科提供一点研究素材。

在编选过程中，我们力图以"全面性、代表性、科学性"作为编辑工作的指导方针，翻译记录的稿件要求做到"信、达、雅"。"信"是指忠实原文思想，"达"是指语言表达通顺，"雅"是指体现原文的文体风格。即做到"正确、通顺、易懂"。由于历史的原因，不少故事难免带有时代的局限，亦请读者用历史唯物主义的观点加以鉴别！

欣逢盛世，中央有关部门决定在全国范围内抢救民间文化，收集、翻译并编纂《中国民间故事丛书》，每县一卷。这一历史重任，光荣地落在我们肩上。现将开展集成工作两年多以及此后18年来所收集的资料，经过一再筛选，编成这本集子，作为抢救民间文化工程中的重要资料而存世。

不当之处，在所难免，敬请指教！

编者

2004年7月1日

图书在版编目（CIP）数据

中国民间故事丛书·云南大理·剑川卷 / 罗杨总主编 . —北京：知识产权出版社，2016.8
ISBN 978-7-5130-4362-5

Ⅰ.①中…　Ⅱ.①罗…　Ⅲ.①民间故事—作品集—剑川县　Ⅳ.① I277.3

中国版本图书馆 CIP 数据核字（2016）第 194906 号

责任编辑：孙　昕　　　　　　　　　装帧设计：研美设计
责任出版：刘译文

中国民间故事丛书·云南大理·剑川卷
中国民间文艺家协会　组织编写
总 主 编　罗　杨
本卷主编　段忠民

出版发行	知识产权出版社有限责任公司	网　　址	http://www.ipph.cn
社　　址	北京市海淀区西外太平庄 55 号	邮　　编	100081
责编电话	010-82000860 转 8111	责编邮箱	sunxinmlxq@126.com
发行电话	010-82000860 转 8101/8102	发行传真	010-82000893/82005070/82000270
印　　刷	北京科信印刷有限公司	经　　销	各大网上书店、新华书店及相关专业书店
开　　本	720mm×1000mm　1/16	印　　张	18.25
版　　次	2016 年 8 月第 1 版	印　　次	2016 年 8 月第 1 次印刷
字　　数	308 千字	定　　价	46.00 元
ISBN 978-7-5130-4362-5			

出版权专有　侵权必究
如有印装质量问题，本社负责调换。